权威·前沿·原创

皮书系列为

“十二五”“十三五”国家重点图书出版规划项目

澳大利亚发展报告（2017~2018）

ANNUAL REPORT ON DEVELOPMENT OF AUSTRALIA (2017-2018)

北京外国语大学澳大利亚研究中心
主　编／孙有中　韩　锋
副主编／李建军

社会科学文献出版社
SOCIAL SCIENCES ACADEMIC PRESS (CHINA)

图书在版编目（CIP）数据

澳大利亚发展报告．2017－2018／孙有中，韩锋主编
．－－北京：社会科学文献出版社，2018.12
（澳大利亚蓝皮书）
ISBN 978－7－5201－4133－8

Ⅰ．①澳…　Ⅱ．①孙…　②韩…　Ⅲ．①经济发展－研究报告－澳大利亚－2017－2018②社会发展－研究报告－澳大利亚－2017－2018　Ⅳ．①F161.14

中国版本图书馆CIP数据核字（2018）第293209号

澳大利亚蓝皮书
澳大利亚发展报告（2017～2018）

主　　编／孙有中　韩　锋
副 主 编／李建军

出 版 人／谢寿光
项目统筹／张晓莉　叶　娟
责任编辑／叶　娟

出　　版／社会科学文献出版社·国别区域与全球治理出版中心（010）59367200
地址：北京市北三环中路甲29号院华龙大厦　邮编：100029
网址：www.ssap.com.cn
发　　行／市场营销中心（010）59367081　59367083
印　　装／三河市龙林印务有限公司

规　　格／开　本：787mm×1092mm　1/16
印　张：16　字　数：238千字
版　　次／2018年12月第1版　2018年12月第1次印刷
书　　号／ISBN 978－7－5201－4133－8
定　　价／89.00元

皮书序列号／PSN B－2016－587－1/1

本书如有印装质量问题，请与读者服务中心（010－59367028）联系

本书由教育部一流学科建设项目资助出版

北京外国语大学区域与全球治理高等研究院
“区域和国别研究蓝皮书系列”

澳大利亚蓝皮书编委会

主要编撰者简介

孙有中 北京外国语大学副校长，教授，博士生导师，教育部高等学校外国语言文学类专业教学指导委员会主任（2018～），中国澳大利亚研究会会长（2016～），中国跨文化交际学会会长（2013～），外国新闻传播史研究会会长（2015～），中国亚太学会副会长（2018～）。担任《澳大利亚研究》集刊主编、《跨文化研究论丛》集刊主编、《国际论坛》（CSSCI期刊）主编。主要研究领域包括跨文化研究、美国研究、澳大利亚研究、外语教育研究。主要代表作有《美国精神的象征：杜威社会思想研究》、《解码中国形象：〈纽约时报〉和〈泰晤士报〉中国报道比较1993～2002》、《西方思想经典导读》、《核心价值观国际比较研究》。入选教育部新世纪百千万人才工程国家级人选、中宣部文化名家暨“四个一批”人才工程和中组部国家“万人计划”哲学社会科学领军人才计划，享受国务院政府特殊津贴。

韩　锋 中国社会科学院亚太与全球战略研究院研究员，北京外国语大学特聘教授，中国澳大利亚研究会前会长（2010～2016）。主要研究领域为亚洲太平洋地区的国际关系和安全关系、澳大利亚和新西兰的政治与外交。主要代表作有《当代澳大利亚——社会变迁与政治经济的新发展》、《澳大利亚的亚太政策》、《澳大利亚与台湾的关系》、《东盟的大国关系平衡战略》等。

李建军 北京外国语大学澳大利亚研究中心主任（2013～），中国澳大利亚研究会秘书长（2014～），澳大利亚格里菲斯大学访问学者（2002），伦敦大学国王学院澳大利亚研究中心客座研究员（2016）。主要研究领域为中澳文化交流、澳大利亚文学、澳大利亚文学汉译。主要代表作有《隔海看澳洲：中国人眼中的澳大利亚》（黑龙江人民出版社）、《澳大利亚发展报告（2015～2016）》（社会科学文献出版社）和译著《澳大利亚的亚洲观》（社会科学文献出版社）等。

摘　要

2017～2018 年澳大利亚处于政治动荡期，党派斗争激烈，特恩布尔（Malcolm Turnbull）领导的联盟政府民意下滑并且屡遭挑战，最终导致政府更迭。但澳大利亚经济依然呈现出乐观向好的趋势，中澳经济关系稳定发展。澳大利亚在处理区域关系和大国关系上以稳健平衡为主、微调为辅。国内政治和经济将是未来澳大利亚关注的重点。

国内政治方面，澳大利亚政治斗争不断激化、动荡不安。特恩布尔领导的自由－国家党联盟政府与反对党针锋相对，工党不仅在 2018 年的议员补选中获得压倒性的胜利，甚至发起了对特恩布尔政府的不信任案。民意调查显示，特恩布尔当时领导的联盟政府的民意支持率持续下滑，低于反对党工党的民意支持率。另外，执政党内部的分歧日益凸显，集中体现在特恩布尔制定能源政策方面所面临的阻碍，最终导致执政党发生“内斗”，特恩布尔的党首地位连连受到挑战，直到 2018 年 8 月 24 日，前国库部长斯科特·莫里森（Scott Morrison）赢得自由党党首地位，成为澳大利亚第 30 任总理。特恩布尔政府未兑现执政联盟当初的政治诉求，而新上任的莫里森政府不但要解决党内分歧问题，还要在 2019 年大选中面临来自工党的挑战。目前，澳大利亚党派斗争已经受到大选因素的影响，国内政治接下来将以大选为导向。

经济方面，澳大利亚这一年的经济依然保持稳定发展，呈现出相对乐观和强劲的发展态势。尽管 2017 年国内经济增长率有所下降，2018 年经济增长率有所提升，并超出预期。目前，就业和收入水平总体有所改善，失业率下降，工资水平总体提升。对外贸易呈现较强的增长动力，国际直接投资大幅回升，但由于国际直接投资流入依然不足，国际直接投资出现净流出现象。国内财政收支总体保持平衡，债务风险处于较低水平。澳元兑美元汇率大幅下降，并可能进一步贬值。股票市场表现良好，创下新高。中澳贸易关系依然保持良好发展势头，中国依然是澳大利亚最大的贸易伙伴、第一大出口市场和第一大进口来源地。展望2019年，澳大利亚经济增长的趋势不会发生太大变化，但受各种因素的影响，经济增长势头将有所减缓。

外交方面，澳大利亚依然处于西方价值体系的外交框架之内，并力求维持地区平衡和大国关系的平衡。澳大利亚设立印太专门机构。在区域关系上，澳大利亚重视与东盟的关系，加强与东南亚国家的紧密联系，以提升自身在印太地区的影响力。这一年澳大利亚针对南太地区采取了新的“介入”政策，加强与南太岛国的合作与交流，进一步提升澳在南太地区的地位。在处理大国关系方面，尽管美国在亚太地区的影响力逐渐减小，澳大利亚总体上依然紧跟美国的步伐，坚守澳美同盟的立场与原则。中澳关系依然受到澳美关系的影响，并且出现新的摩擦与波动。澳大利亚国内重现关于“中国威胁论”的论调，指责中国对澳大利亚经济和政治的“干预”，质疑中国在澳“扩张”影响力，中澳关系因此持续下滑。不过，中澳关系的重要性使得特恩布尔政府做出调整，逐渐呈现出改善中澳关系的趋势，新上任的莫里森政府也力求改善中澳关系。

展望未来一年，澳大利亚将着眼于国内大选，在处理外交关系上将力求稳健，中澳关系将得到缓和。中澳双方应该同时着眼于双边关系和区域合作的长远利益，跳出零和思维，形成互利、共享的双赢关系。

关键词： 澳大利亚　特恩布尔政府　莫里森政府　中澳关系

目 录

Ⅰ 总报告

Ⅱ 分报告

Ⅲ 专题篇

Ⅳ 附录

皮书数据库阅读使用指南

总 报 告

B.1
2017～2018年澳大利亚的发展与展望

韩 锋*

摘　要： 2017～2018 年，澳大利亚国内政治紧张，执政党内斗争激烈，不仅更换了党魁与总理，还出现了多个派别互相竞争的内斗局面，结果执政党内伤严重，众议院席位仅够半数，政府地位不稳。幸运的是澳经济健康发展，并有把握保持到 2019 年。澳大利亚在外交上开始推进白皮书的既定战略，特别是印太地区的构建，注重地区和大国关系的平衡。

关键词： 澳大利亚　莫里森　自由党　补选

* 韩锋，中国社会科学院亚太与全球战略研究院研究员，北京外国语大学教授，中国澳大利亚学会前会长（2010～2016 年），主要研究领域为亚太地区国际关系和安全关系、澳大利亚和新西兰的政治与外交。

一　动荡不安的国内政治

《澳大利亚发展报告（2016～2017）》有关澳大利亚国内政局的分析和预测不幸言中，2017～2018 年澳大利亚政治斗争激化，结果出人意料。澳大利亚 2019 年需要举行大选，分析人士普遍认为执政党可能会提前举行大选。大选临近，大选因素在国内政治中时时显现，使得澳大利亚本年度政治更加纷繁复杂。

（一）执政党内斗达到高潮

1. 执政党“政变”

如果说 2017 年澳大利亚国内政治争斗主要在执政党和在野党之间，那么 2018 年的政治矛盾则以执政党内部斗争最为精彩。进入 2018 年之后，随着支持率连续低迷，执政党内部“生变”的传言不断。8 月，执政党的派别斗争公开化。特恩布尔在争取将“国家能源保障计划”（National Energy Guarantee，NEG）提交议会讨论时，遭到了来自本党的阻碍，以前党魁阿博特为首的一部分议员明确表示反对。特恩布尔领导的执政联盟仅占政府中的微弱多数，如果党内不能形成合力，提案更没有希望获得通过。特恩布尔不得不做出政治让步，放弃提案。阿博特派仍然不肯罢手，内政部长皮特·达顿（Peter Dotton）直接发动了对特恩布尔的政治挑战，要取代特恩布尔的党首地位。8 月 21 日，特恩布尔以 48∶35 的投票结果保住了自由党党首和总理的位置。出人意料的是，特恩布尔继续执政不是执政党内斗的结束，而是内斗的序幕。随着达顿的辞职，政府内阁迅速分化，重要阁员陆续离开。先后共有 13 名内阁部长提出辞职，自由党 11 位前排议员中有 10 人辞职，特恩布尔成了孤家寡人，不仅无法调整政府，还眼睁睁地看着执政党陷入瘫痪状态。特恩布尔最终无奈退出党首的竞争。8 月 24 日，前国库部长，当时接替达顿任内政部长的斯科特·莫里森（Scott Morrison）在新一轮党内选举中，先淘汰了前外长毕晓普，后以 45∶40 票战胜达顿，赢得自由党新党首地位，成为澳大利亚第30任总理。

澳大利亚执政党党争的直接原因：在长期民意支持率落后的情况下，特别是在当时最新的一期民意调查中，工党已经取得了明显的领先优势，民调支持率为55%，而执政联盟的支持率仅有45%。按照澳国内大选前政治判断惯例，民调领先高于10%预示着大选胜率很大。因此，自由党内一方面认为特恩布尔作为党的领袖对这样低的支持率负有责任；另一方面，大选临近，依靠改变政策提高执政党的支持率可能性不大，要迅速改变被动局面的措施之一就是更换领袖。深层次的原因如下。第一，党内的分裂没有得到有效的弥合。特恩布尔通过党内“政变”让阿博特失去了党首地位和总理宝座之后，不但没能与阿博特及他的派别改善关系，实现党内的团结，还担心帮助他成为总理的毕晓普和她的派别做大，威胁到自身。因此，毕晓普在党内的地位受到压制和限制，执政党内的旧病没能医治，又添新伤，难以形成统一的力量。第二，澳大利亚政府国内外政策没有明显的作为，且国内争议很大。虽然经济长时间保持增长，但特恩布尔上台以来，结构调整和改革收效有限，越来越多的人担心未来澳大利亚的发展。第三，澳政府面对变化的世界反应迟钝。新的外交政策白皮书原计划2017年年中公布，结果拖到了年底才出版，在国内受到批评；澳政府与美、中等大国关系面临调整，但都出现了一些问题；国内的难民和移民，以及外国留学生政策也有矛盾。第四，客观上，特恩布尔政府是弱势政府，不能完全兑现其上台时许下的承诺。

自从2007年陆克文领导工党上台以来，工党和联盟党交替执政的11年期间，因为党内斗争已经各换了3位总理，平均不到2年就换一位总理。自由党此次的党争登峰造极，不仅更换了总理，还出现了多个党内派别“竞争”① 的局面，在澳政治中罕见至极。这不仅伤害了澳主要政党的形象，也暴露出了澳政治制度中的缺陷。政党之间力量相当，党内利益多元。党内的

① 除了特恩布尔被迫退出，还有国库部长莫里森、外长毕晓普和刚辞职的内政部长达顿同时进行党首的竞争。

派别利益或者执政需要可以随时转化为权力斗争，更换政府。未来选举如果不能产生优势政府，执政党内的矛盾如何有效管控已成为澳政治中的诟病。

2. 补选“失利”

澳大利亚的补选（By-election）通常是指联邦众议员因各种原因失去议员资格之后，其所在的选区举行选举，选出新的议员以替补失去资格的议员。[①] 澳在2018年3月、7月和10月分别举行了补选。三次补选执政党均没有收获，但是，前两次补选并没有改变澳大利亚的政治格局，也没有造成执政党议会席位减少，从而削弱执政联盟的地位。3月和7月补选的议席实际是“物归原主”。尤其是7月的补选，工党所获得的4席都是先前工党议员由于各种原因而造成的空缺。而执政党的补选策略也很明确，没有“全面进攻”，只是侧重在昆州朗曼（Longman）和塔州的布莱顿（Braddon），争取在工党的地盘寻求突破。虽然补选结果不尽如人意，对执政党的直接影响并不大。但是，败选对于执政党的士气和民意支持都有不利影响。更严重的是补选与未来大选相隔太近，可能产生政治上的连带效应，并扰乱执政党的战略部署。时任总理特恩布尔在补选后马上进行了内部调整，任命了新的顾问皮特·伍尔科特（Peter Woolcott）接替6月因政治原因辞职的约翰·劳埃德（John Lloyd）。伍尔科特是职业外交官，出身外交世家，曾经被派驻欧洲、亚洲并在国际组织任职。同时还任命了克莱夫·马蒂森（Clive Mathieson）为其副手，马蒂森曾负责《澳大利亚人报》。执政党明显要改善外交，使其更加稳健和平衡，并强化舆论准备，提前为大选做政治准备。

然而，澳执政党内生变之后，8月31日被赶下台的党首和总理特恩布尔愤然向联邦众议院递交辞呈，放弃在悉尼东部温特沃斯（Wentworth）选区的议员身份，并脱离政坛。他的政治报复使仅有一席优势的执政党面临“生死补选”。在2018年10月20日的补选中，执政党候选人大卫·夏尔马

① Australian Electoral Commission, *By-elections factsheet*, 15 April 2014, https://www.aec.gov.au/Elections/supplementary_by_elections/by-elections-factsheet.htm.

（Dave Sharma）得票率仅为48.82%，独立候选人凯恩·菲尔普斯（Kerryn Phelps）得票率为51.18%。[①] 这个失利将自由党推到了悬崖边，因为执政党原来在众议院150席中只占了76席，刚刚达到执政门槛，此次补选再失一席便失去了多数优势。执政党的生存只能依靠其他小党议员或独立议员的支持。更严重的是温特沃斯作为自由党传统的票仓，117年来一直支持自由党。此次补选，自由党在自家地盘翻车，反映了当地选民对自由党内部争斗的严重不满和对特恩布尔的支持。[②] 此外，温特沃斯是犹太裔居民聚居区。莫里森政府在10月16日根据自由党候选人、澳前驻以色列大使夏尔马的提议，匆忙宣布澳政府考虑将耶路撒冷视为以色列的首都，可能要将澳使馆由特拉维夫迁至耶路撒冷。[③] 自由党想寻求犹太裔居民的支持，守住多数地位。可是补选失利，莫里森政府不仅没能得到犹太裔选民的全力支持，还得罪了澳国内阿拉伯裔选民和穆斯林信众。鸡飞蛋打的结局令自由党和新政府始料不及。目前，澳政府的危局不仅是自由党为其党内斗争所付出的政治代价，更为令人担忧的是传统选区失利是否会在联邦选举中出现连锁效应。

（二）执政党与反对党的较量

1. 不信任案提议

反对党工党趁执政党内各派互相残杀的机会，想给执政党致命一击，竟然动用了对执政党的不信任提案。8月21日，澳前总理特恩布尔在赢得了第一轮党内投票，得以继续执政之后仅数小时，工党对澳联盟政府提出不信任案。这在澳大利亚是鲜见的政治现象。在澳大利亚，对政府的不信任案需要由众议院议员发起，一般由反对党议员，通常是反对党领袖对执政党所领导的政府提出不信任问题。一经通过，执政党便失去执政权力，党魁（总

---

① Australian Electoral Commission, *Wentworth By-election*, 25 Oct. 2018, https://tallyroom.aec.gov.au/HouseDivisionPage-22844-152.htm.

② 在2016年选举中，温特沃斯选区2/3的选民投票支持特恩布尔。

③ 《澳大利亚外交政策重大转变　考虑将驻以色列大使馆迁耶路撒冷》，《澳大利亚人报》2018年10月16日，https://cn.theaustralian.com.au/。

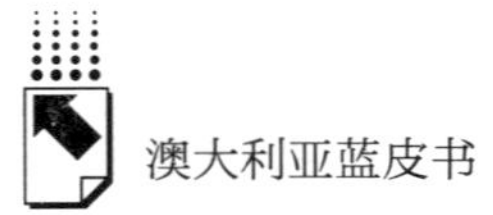

理）需要辞职，向总督交权，并由反对党组阁，建立新的政府。由于不信任提案涉及执政党的整体生存，在众议院占多数的执政党议员投了反对票，包括执政党内反对特恩布尔的议员。工党的不信任案没有成功。但这一天是澳大利亚政治最为混乱的一天，也是特恩布尔政治生涯中最为惊险的一天，来自党内和党外的联合夹击，虽然有惊无险，但同时爆发，在澳政治舞台上争夺权力的剧目中演出了一个惊心动魄的“高潮”。

2. 补选全胜

反对党在补选中全胜，没给执政党任何机会。2018 年 7 月 28 日，澳大利亚分别在塔斯马尼亚、昆士兰、南澳和西澳等州的 5 个选区进行了补选，补选 5 名众议员。结果反对党工党赢得了 4 席，另 1 席被一小党获得，执政联盟未获得席位。因补选在周六举行，工党称“超级星期六”为工党的政治胜利，甚至预示了未来大选的方向。从补选结果看，无疑工党获得了大胜。临近的澳大利亚第 46 届澳联邦议会选举有两项任务：一是选举一半到期的联邦参议员，时间是在 2018 年 8 月 4 日至 2019 年 5 月 18 日之间；二是选举全部 150 名众议院议员，时间是在 2019 年 11 月 2 日之前。由于执政党的议席优势微弱，而澳国内社会经济表现尚佳，预计执政党会提前举行大选。然而，补选的全面失利会让执政党提前举行大选的信心受到影响。执政党领袖更换之后，其选择选举时间上更加困难。

对工党来说，7 月补选是 3 月工党议员歌德·科尼（Ged Kearney）补选取胜之后的又一次成功补选。与这次大胜相比，3 月补选胜利重点强化了工党与工会的政治关联（歌德·科尼是澳工会 2010 ~ 2018 年的主席）。同时，歌德·科尼所在的巴特曼（Batman）选区位于澳大利亚重要的政治中心城市墨尔本，她还是历史上该选区第一位当选的女议员，成功吸引了更多的女性选民对工党的关注。实际上，在此次补选之前，工党已经着眼于大选。工党退休元老韦恩斯旺（Wayne Swan）在澳补选前夕（6 月 18 日）担任工党全国主席（工党第三号人物），他曾在工党内担任各种要职。更重要的是他在工党内部出现分裂的时候能够为各派所接受。他此时出山，明显不仅仅是为了补选，而是工党针对大选的战略安排。但是工党的缺陷是上届“陆克文－吉拉德政府”经济上表现欠佳和工党党魁肖顿个人政治魅力不足。民调中，工党支持率超过执政党。但工党领袖肖顿一直落后于特恩布尔，差距始终较大。另外，澳大利亚在自由党－国家党联盟执政期间，经济一直保持平稳较快的发展，社会反应较好。

总之，澳政党政治已经转入准备大选的轨道，国内事务将是澳大选前执政党和反对党的优先关注点。工党更多的是打民意和民生牌，规避在经济战略和规划上的短板。因此，工党将更多地对执政党的政策和政绩进行批评和攻击；而执政党将更多地利用其所取得的成就为国民提供未来更美好的蓝图。但由于双方实力不相上下，政治上保持稳健，不犯致命错误是目前双方信守的要点之一。

二　相对稳定和强劲的国内经济

2017～2018 年，澳大利亚经济依然保持稳定增长的向好趋势。在 2017 年经济从 2016 年 GDP 增长 2.6% 下降到 2.3% 之后，2018 年恢复了更快的增长，GDP 增长预计可以达到 2.9%，而且 2019 年还能继续保持这一趋势，预计实现 3.0% 的增长（见表）。

表　2017～2018 年澳大利亚经济指标（2015/2016 价格）

单位：%

	2015	2016	2017	2018	2019
GDP*	2.5	2.6	2.3	2.9	3.0
私人消费	2.4	2.9	2.7	2.0	2.0
政府消费	4.3	4.2	3.8	2.9	2.0
货物服务出口	6.3	6.8	4.0	4.3	3.8
货物服务进口	1.7	0.4	7.7	4.2	6.1
物价指数	1.5	1.3	2.0	2.1	2.3
失业率	6.1	5.7	5.6	5.4	5.3

注：* GDP at market prices。

资料来源：OECD，*Australia—Economic forecast summary*（May 2018），p. 98，http：//www.oecd.org/australia/australia-economic-forecast-summary.htm。

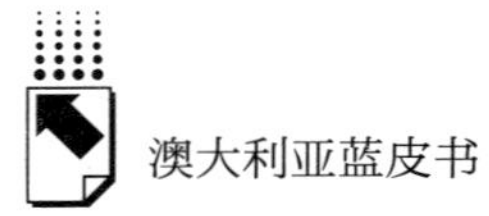

经济的强劲增长势头主要得益于投资和贸易的拉动。其中基础设施的投资和出口的贡献最为突出。经济的整体快速发展保证了劳动力市场的繁荣，澳大利亚的失业率从 2015 年开始一直保持下降趋势，2017 年和 2018 年分别为 5.6% 和 5.4%，低于 2016 年 5.7% 的水平，预计 2019 年可能降至 5.3%。就业率的提高又促进了私人消费和市场的活跃。尽管通货膨胀率有所提高，在 2016 年 1.3% 的基础上，2017 年和 2018 年分别达到了 2.0% 和 2.1%。但因工资总体水平也有相应的提高，经济总体保持良性的互动。此外，全球经济增长对澳大利亚的资源需求提高，资源领域的投资旺盛，其他领域的投资也随之增长。政府的相关消费和基础设施投资也为经济的发展提供了支持。

2017 年，澳大利亚对外贸易大幅增长。澳大利亚统计局数据显示，澳 2017 年货物和服务进出口总额达到 7643.94 亿澳元，比 2016 年增长了 11.1%。贸易赤字也得到扭转，全年贸易顺差额达到 95.62 亿澳元。2018 年上半年货物和服务进出口总额为 4044.98 亿澳元，较上年同期增长了 8.6%。

在国际直接投资方面，澳大利亚统计局公布的 2017 年吸引国际投资存量为 33853.19 亿澳元，比 2016 年增长 2.7%。而澳大利亚对外投资存量为 24128.78 亿澳元，较上年增长 3.6%。2017 年国际直接投资流入额为 444.36 亿澳元，流出额为 418.03 亿澳元。而到了 2018 年，澳国际直接投资大幅增长，但是其流出增速远大于流入增速，因此其国际直接投资呈现净流出状态。

在经济发展平稳的同时，澳大利亚也有一些经济上的担忧。首先是国内政治不稳。执政党在社会政治方面一再受挫，已近山穷水尽。经济是其唯一可以倚重的领域，可以为未来的大选和政治博弈助力。因此，很难在近期内指望澳大利亚经济能够在正常的规划和调整中有长期的安排，一切可用的措施都是确保经济的繁荣，为大选服务。同时，执政党的弱势地位也很难对经济出现的问题做出及时的反应和调整。其次，澳大利亚经济增长重要的动力——消费和出口增长速度都在放缓。国内消费和出口增长的下降都会对未来经济造成不利影响。私人消费在2016年增长2.9%之后，一路减速，2017年增长2.7%，2018年仅增长2.0%。预计2019年将保持2018年的水平。政府消费也是同样，在2016年增长4.2%之后，2017年和2018年分别降至3.8%和2.9%，预计2019年将进一步减缓至2.0%。货物和服务贸易出口增长率也从2016年6.8%的水平，降至2018年的4.3%，2019年估计还会降至3.8%。

总之，澳大利亚2017～2018年的经济保持稳定发展，预计2019年基本会延续这种发展势头。但是传统的经济发展动力在同步下降，值得关注；另外农业因为自然条件和环境，发展不振，制造业的调整也不尽如人意。加上受到国内政治动荡的干扰，国际经济形势不确定和与中国关系走低等因素都可能成为澳经济的隐忧。2019年澳大利亚将会在国内政治稳定之后，根据国际经济的发展变化，适时调整国内的经济政策和结构。

三　外交力求平衡

2017年底，澳大利亚政府出台了《2017年外交政策白皮书》，与2016年发表的《国防白皮书》相呼应，构成了完整的联盟政府的对外安全外交战略。澳大利亚遵循西方的价值观，在确保本土和周边安全的基础上，维护澳美同盟，倡导西方主导的、以规则为本的现行国际秩序，并致力于实施“印太战略”。同时，致力于地区关系的均衡与投资和贸易的自由化。2017～2018年，澳大利亚外交的主要特点是在落实澳对外战略的同时，维持地区平衡和大国关系的平衡。

（一）地区调整

1. 设立印太专门机构

为了推动印太地区的建设，澳大利亚在其外交贸易部中设立了专门管理机构。澳大利亚外交贸易部分为行政、战略政策和内务三大部门。其中战略政策部门下设印太组，包括5个地区局，分别是东南亚局、北亚局、太平洋局、美国与印太战略局、南亚与西亚局。具体职责又按国别和地区进行细分，东南亚局负责海上东南亚、陆地东南亚、印尼、东南亚地区合作；北亚局负责东亚、东北亚；太平洋局负责太平洋地区经济、新西兰与波利尼西亚和密克罗尼西亚、巴布亚新几内亚、美拉尼西亚、太平洋政治与安全、海底电缆；美国与印太战略局负责美国与加拿大、东盟与地区机制、“印太战略”与地区海域；南亚与西亚局负责印度与印度洋、巴基斯坦与阿富汗和中亚、南亚。①

澳外交贸易部的机构设置勾勒出了澳大利亚实施“印太战略”的范围，包括东南亚、东北亚、南亚、南太、美加等地区和国家。澳大利亚是首个在政府中设立专门和综合行政管理机构，负责印太地区事务的国家。

2. 批准“跨太平洋伙伴关系协定”（TPP）

“跨太平洋伙伴关系协定”是奥巴马执政时期美国为重返亚洲、实现地区经济贸易自由化而打造的，原定首轮参加谈判的成员为12个。特朗普上台之后，拒绝继续推进TPP，并退出了TPP的谈判。参与TPP谈判的其他11个成员形成共识，继续推进TPP，也改称为“TPP－11”。2018年10月30日，澳大利亚莫里森政府按照相关国内法律程序批准了TPP，澳正式申请加入TPP，成为继加拿大、日本、墨西哥、新西兰、新加坡之后，TPP第6个申请成员。②

3. 东南亚

东南亚12个国家中有10国是东南亚国家联盟（东盟）的成员，东帝汶因独立较晚，现为东盟观察员。巴布亚新几内亚主要国土位于南太平洋，只有部分国土在东南亚，归属南太。因此，可以说东南亚地区已经被地区组织东盟覆盖。东盟位于印度洋和太平洋之间，作为地区组织，东盟的地区作

① Department of Foreign Affairs and Trade, Australian Government, *Organisational Structure*, 4 April 2018, https://dfat.gov.au/about-us/department/Documents/dfat-org-chart-executive.pdf.

② Department of Foreign Affairs and Trade, Australian Government, *Australia ratifies the TPP－11*, 31 October 2018, https://dfat.gov.au/trade/agreements/not-yet-in-force/tpp-11/news/Pages/australia-ratifies-the-tpp-11.aspx.

用可与大国比肩；东盟与澳大利亚毗邻，所以东盟是澳大利亚实施“印太战略”不可忽视的周边关键地区。澳大利亚在注重发展与东盟主要国家关系的同时，还要发展与东盟组织的关系。2018 年澳大利亚－东盟特别峰会在澳举行，会议发表了《悉尼声明》，标志着澳大利亚与东盟的整体关系从普通双边关系的合作发展为地区构建的合作。

4. 南太地区

南太地区一向是澳大利亚发挥重要影响的区域，也是其重点关注的区域。澳大利亚一直不希望区外势力插手。然而，为了配合印太战略的实施，2017～2018 年澳大利亚也进一步调整了对南太地区的政策。新的南太政策不仅将南太地区列为其外交重点之一，还更加进取地介入南太地区：首先，通过劳动力培训、促进人员流动和更加紧密的经济联系促进地区的活力和发展；其次，推动泛地区的安全建设，包括人的安全、人道救援、环境安全、地区安全合作、抵御自然灾害能力、网络安全、社会安全等；最后，加强地区的人文交流，包括教育、科研和各种社会联系等。

（二）大国关系

2017 年，澳大利亚与美、日、印达成四国正式的安全合作。2017～2018 年，澳政府进一步加强与上述三国的双边磋商。

2018 年 7 月 23～24 日，美澳之间的国防、外交双部长对话（2+2）在美国举行期间，美澳双方就印太地区的战略安排进行了讨论，双方同意将印太地区作为新的区域平台进行深化合作。双方除了开展军事和安全合作之外，重点是推进和促进在美国领导下，形成印太地区的和平、稳定和繁荣。澳大利亚地处印太两洋当中，对于印太的平台建设和区域合作更为积极主动。美国也赞成澳大利亚的动议，不仅可以在印太更广泛的区域形成美国的领导权，也可利用美国海上力量的优势，巩固在印太两洋的地缘优势。澳美双方还在印太框架下，涉及了南海问题。双方均强调所谓的“航行自由”，以及国际裁决的遵守和落实，明显是作为“印太战略”中牵制中国的手段。

2018 年 10 月 10 日，第八次澳日外交和国防部长双部长磋商（2+2）在澳大利亚悉尼举行，会议主要内容之一也是“印太”合作。澳日在印太合作领域进一步确认了双方合作的意向和以维护规则为基础的秩序；强化澳、日、美三国在印太地区和海上安全协调；加强与印度的合作，密切美、日、澳、印的四边合作；此外，澳日还要推进印太地区的经济合作，特别是在基础设施领域的合作。①

2017 年 4 月，澳大利亚总理特恩布尔访问印度，与印度政府就印太地区合作达成协议，两国同意在印太地区推行“民主价值观”、国际海洋法和基于规则的国际秩序，维护地区的稳定和繁荣。为此，两国要加强安全、政治和经济合作，并开展定期的海空军的军事演习；筹备发起澳印外交部长和国防部长的双部长协调机制；联合打击地区恐怖主义；开展相关人文交流；等等。② 目前，澳印有始于 2015 年、两年一次的海军演习（AUSINDEX）和始于 1981 年、两年一次的空军演习（Pitch Black）。

综上所述，澳大利亚已经与四边合作的全部成员就地区安全合作和印太地区推进形成了双边协调关系，可以说四边合作在澳政府已进入具体实施阶段。

2017 ~ 2018 年，澳大利亚大国关系出现了失衡，尤其是澳与中美的关系出现了明显疏密之分。虽然澳没有同意美国关于澳美联合在南海地区进行巡航的建议，但中澳关系还是出现了连续不断的问题和摩擦。最重要的是在澳大利亚国内，双边的教育、商务、科研合作和相关的交流活动被有意政治化，加上媒体的炒作，成为较为集中攻击中国“渗透”澳大利亚的一股风潮。中澳双边关系深受其害，高层交往暂停，负面影响向其他领域扩散，前景堪忧。不过中澳双边关系恶化在澳大利亚社会政治中引发了广泛的争论。

① Department of Foreign Affairs and Trade, *The Eighth Japan-Australia 2 + 2 Ministerial Dialogue*, 10 October 2018, https: //foreignminister. gov. au/transcripts/Pages/2018/mp_ tr_ 181010a. aspx? w = E6pq% 2FUhzOs% 2BE7V9FFYi1xQ% 3D% 3D.

② Ministry of External Affairs, Government of India, *India-Australia Joint Statement during the State Visit of Prime Minister of Australia to India*, 10 April 2017, https: //www. mea. gov. in/bilateral-documents. htm? dtl/28367/IndiaAustralia + Joint + Statement + during + the + State + visit + of + Prime + Minister + of + Australia + to + India.

特恩布尔政府在新的《反外国干涉法》通过前后，已经意识到调整中澳关系的重要性，并不断向中国发出示好的信号，着手改善关系。莫里森政府上台后继续了这种努力，并迅速与中国改善关系。11 月 5 日，中方正式邀请澳外长访问中国，实现了中断多时的政府直接对话。按照双方外长在 2018 年 9 月联大会议期间会见时达成的共识，中澳将在平等互利基础上拓展各领域的交流与合作，推动中澳关系取得新进展。

中澳之间的结构互补关系依然存在，从上到下各层次的友好关系也比较牢固，预计双边关系可以得到恢复。同时，中澳之间的差异也显而易见，双边关系的改善不代表双方差异自然消失。要保持中澳关系的理性发展，双方需要在国际和地区形势变化的大背景下，拓宽合作领域，在双边关系上保持建设性的协调和沟通，积极应对存在的分歧和差异。在双边合作的同时，也要更多地进行多边和地区合作，共同面对剧烈的国际政治和经济变化。尽管中澳关系出现缓和，但要有实质性改善还需时日。一是澳国内政治动荡，并将要举行选举，新政府的对华政策将决定中澳关系的未来走向，澳内部问题是重中之重；二是无论美国复兴是短期的策略还是长期的战略都会不同程度地冲击现行的国际秩序和规则，澳大利亚是从西方价值观的立场还是国家利益的立场进行定义还不得而知。

分 报 告

B.2 2017～2018年澳大利亚国内政治动向

〔澳〕克里斯·奥力克*

摘　要： 自由党－国家党执政联盟内部的保守派和自由派之间的根本差异本年度暴露出来，最终导致马尔科姆·特恩布尔总理被撤职，为澳大利亚带来自2007年以来的第六任总理。特恩布尔被撤职突显了自由党－国家党执政联盟在制定能源政策方面所面临的内部分歧。

高等国内两大政党在国际关系问题上的立场相对一致，澳大利亚国内政治却持续动荡。在制定能源、税收政策（包括经济政策）等问题上，两大主要政党已确立战线、针锋相对。两大阵营的对抗集中体现在参议院，因为执政党未能在参议院占多数席位，而需要少数党和独立议员的支持来确保

* 克里斯·奥力克，堪培拉大学管理与政策学院客座教授，新南威尔士大学堪培拉校区兼职教授。

其政策的通过与实施。本年度，议会既没有通过税收政策也没有通过能源政策。

高等法院对宪法第 44 条的解释导致 14 名议员被撤职，其中参议员 9 人。参议院内部议席的重组给特恩布尔政府在制定个人以及公司税收政策方面增添了新的阻碍。

另外，婚姻平权议题少有地得到了主要党派的一致拥护。

关键词： 澳大利亚政治　能源政策　税收政策　婚姻平等　宪法第 44 条

2017～2018 年，澳大利亚国内政治持续动荡，而国内两大政党在国际关系问题上的立场则相对一致。这两年间，两大政党（自由党和工党），尤其是执政联盟[①]（自由党和国家党）内部的党派意识形态差异进一步扩大。

2018 年 8 月 24 日，执政联盟内部的分裂达到顶峰。自由党发起党内投票，撤换现任总理及党首马尔科姆·特恩布尔（Malcolm Turnbull），新当选的党首斯科特·莫里森（Scott Morrison）作为新总理正式上任。自 2010 年起四位总理均在任期内被本党拉下马，这不禁令人思考这种现象只是一时乱象，还是已经成为澳大利亚政坛文化的一个鲜明特色。

自由党－国家党执政联盟的内部问题，由于国家能源担保政策（NEG）的提出而最终爆发，并且引发了以特恩布尔和其支持者为首的中立派和执政联盟内部的保守派旷日持久的争论。国家能源担保政策法案的最终失败凸显了特恩布尔政府执政的不稳定性，并且也最终导致他无法应对自由党内对其执政的挑战。本文将通过这一事件讨论两个方面的问题：澳大利亚总理"旋转门"现象和执政联盟内部的严重分歧。

本文也将重点关注澳大利亚在能源、税收等关键性政策制定方面的问题，在这些政策问题上，两大主要政党已确立战线、针锋相对。两大阵营的

① 2016 年大选后胜出的执政联盟由澳大利亚自由党和国家党组成。

对抗集中体现在参议院，尤其是执政党未在参议院占大多数席位而需要少数党和独立议员①的支持来确保其政策的通过和实施。结果就是，这一时期的关注点都集中在政府和中立参议员的相互影响上。

2018 年发生的另一个重要事件是拥有双重国籍的参议员②席位合法性之争。高等法院裁决 14 名议员无议员资格将导致参议院内部新的议席重组，这也给特恩布尔政府推行新政策增添了新的阻碍。

最后，本文描述了作为婚姻平权重要部分之一的同性婚姻合法运动被误解和两极化的进程。婚姻平权获得了压倒性的支持率，通过法律确保同性婚姻合法得到了两大党的一致拥护，这在两党政治中是相当罕见的。

本文的结尾部分评估了特恩布尔的执政成果。特恩布尔以为自己的总理任期会伴随着大量的民众支持。事实确如一位评论家所言："特恩布尔的上位显然令民众松了一口气；然而人们只是很欣慰地看到阿博特执政时代的结束罢了。"当特恩布尔承诺他将建立一个灵活机变、拥有创造力和创新精神的政府之时，他甚至为政府带来久违的自信风气。③ 笔者认为本届政府依旧壮志未酬。

一　澳大利亚总理的"旋转门"现象

2018 年 8 月，斯科特·莫里森作为自由党党首成功当选澳大利亚总理，成为自 2007 年以来澳大利亚的第七任总理。④ 这一更迭体现了自由党内部保守派和中立派（自由派）之间的严重分歧。本文随后将以两大重要政

---

① 整体上被称作"中立议员"。

② 澳大利亚选入议会下院（众议院）的被称为"众议员"，拥有议会上院（参议院）席位的被称为参议员。本文将议会议员统称为"议员"。

③ Grattan, M. (2016). There's never been a better time to change, in Aulich C. (ed) *From Abbott to Turnbull*, Echo Books, West Geelong, pp. 1－22, 14－15.

④ 约翰·霍华德（1996～2007），陆克文（2007～2010），朱莉娅·吉拉德（2010～2013），陆克文（2013），托尼·阿博特（2013～2015），马尔科姆·特恩布尔（2015～2018），斯科特·莫里森（2018 年至今）。

策——能源和税收为例来讨论为何自由党领袖最艰巨的任务是能够团结党内两派，并且制定出完整且能够被普遍接受的政策。

澳大利亚自由党由罗伯特·孟席斯（Robert Menzies）于1944年[①]创立，聚合了当时众多利益。自由党主张实用主义，注重自由，关注个人和家庭作为社会之基的作用。后来，该党在许多事件上的立场逐渐从实用主义向注重意识形态的方向过渡。党内保守派与自由派之间剑拔弩张之势也日益显现。前任总理约翰·霍华德（John Howard）的政治手段使得自由党在约翰·斯图尔特·密尔（John Stuart Mill）的经济自由主义和埃德蒙·伯克（Edmund Burke）的社会保守主义间游刃有余。而自由党自霍华德之后则再没有能处理好党内意识形态分歧的总理了。

有些人认为自由党最初的实用主义只是为了掩饰自己的反工党情绪；自由党成立的本质任务是反对工党及其不可能实现的"社会主义目标"。[②] 然而这些描述与今天的自由党并不相关，因为反倒是工党的霍克和基廷政府通过浮动美元、取消关税、鼓励自由贸易等方式最大程度上推进了经济自由主义。

现在，自由党内部的剑拔弩张之势更多是基于不同的价值观和利益冲突。例如，党内自由派通过国家能源担保政策向保守派"摆了一道"，保守派一直都更倾向于政府补贴传统燃煤电站，且反对自由派倡导的"市场作为最佳调节机制决定了最合适的能源结构是煤炭和新能源的结合"。同样的价值观分歧还存在于社会政策上，例如，在是否允许领地自由决定安乐死的相关政策以及在同性婚姻合法问题上，两派针锋相对。[③]

自由党内部的分歧可能解释了导致联盟政府总理职位更迭所面临的一些挑战，但无法解释为何工党政府内部也频频换选的事实。在讨论这种领导权频繁更迭到底只是一时风波还是已经成为新的政坛常态的争论中，评论家们

① 孟席斯（1949～1966年在位）是澳大利亚任职时间最长的总理。

② Brett，J.（2017）. He will never stop，*The Monthly*，August，pp. 8－11.

③ Melleuish，G.（2018）. Fracturing Liberals need a new brand-"broad church" is no longer working，*The Conversation*，21 August，https：//theconversation. com.

给出了许多原因来解释这一现象。①

第一种解释由作家兼记者保罗·凯利（Paul Kelly）给出，他认为澳大利亚的政治体系已经崩溃。② 当今的政治体系与民众最初的诉求背道而驰。凯利认为这已是世界上许多民主制政府的一个特征，并且指出了特殊利益在阻碍政策通过上扮演着有力角色。鉴于澳大利亚民众在应对气候变暖、同性婚姻合法等问题上的压倒性支持，以及政府内部消极抵抗的反应，凯利的看法确实有一定的道理。

第二种解释则是党首那一套从政技巧在总理的位置上并不适用。这些国家的领导人为了找到应付之道，并没有在寻找共同利益上下功夫，反倒是对相互对立抵抗轻车熟路。正如墨菲（Murphy）所说，"争吵已经成为团结政党的一个机制"。③ 作为总理，有必要寻求两党合作之道，特别是当处理长期性的政策问题诸如环境、养老金、交通、基础设施等时。频繁的政府换届对长期计划的实施有着毁灭性的打击。不管是向少数党派寻求帮助还是折中妥协以使政策提议能够上达议会，谈判协商的艺术被简单地忽视。自从霍克和霍华德之后，澳大利亚再无能够以出色的谈判协商技巧在两党间周旋以达成一致合作共识的总理了。

谈到从政技巧的问题，大部分候选人会受到质疑。记者尼基·萨瓦认为④："现在有很多的言论、文章都在讨论我们的政治体系如何崩溃，改革也是亡羊补牢，总理的'旋转门'现象……种种如此都证明了我们有根深蒂固的错误。事实是我们的体系确实有从根儿上就坏了东西：议会里议员的资质。"

政治学家及前自由党部长大卫·坎普（David Kemp）提供了第三种解

---

① Walsh, M. (2016). Five Prime Ministers: a crisis, a political aberration or the new normal, in Aulich C. (ed.) *From Abbott to Turnbull*, Echo Books, West Geelong, pp. 323 - 344.

② Walsh, M. (2016). Five Prime Ministers: a crisis, a political aberration or the new normal, in Aulich C. (ed.) *From Abbott to Turnbull*, Echo Books, West Geelong, pp. 323 - 344.

③ Murphy, K. (2018). *On Disruption*, MUP: Melbourne, p. 81.

④ Savva, N. (2016). *The Road to Ruin*, Scribe: Melbourne, p. 293.

释。[①] 他认为当代领导人并不真正理解一个受过更好教育且愤世嫉俗的选民与政治阶层之间的断层。每时每刻都沦陷在实时新闻以及媒体对投票的持续关注之中，领导者已经不愿意去表达和争辩良好的政策有赖形成的价值。随着既得利益的增长，不愿意为公共利益发声的倾向越来越明显。

学者安妮·蒂尔南（Anne Tiernan）给出了第四种解释，即我们为当代领导人提供的支持程度和建议水平都是不够的。她认为，幕僚频繁的变动导致了政治记忆缺失和无法从已有经验中学习。她总结说："这个国家的领导人没有治理国家的能力，更别提实施什么真正的改革了。"[②] 这种能力不足也是某种"政变文化"的产物，而这种文化不断削弱主要大党内部的信任感，政治家们都将注意力集中在了短期桎梏而非长期议题上。

最后，问题集中在右翼媒体在部分总理下台中所扮演的角色。特恩布尔暗示，"议会之外的势力"导致了他的下台，毫不拐弯抹角地指明默多克媒体、新闻集团下的广播、电视台在其总理任职期间发起的反对运动。这一话题也被第九频道的政治编辑克里斯·乌尔曼（Chris Uhlmann）提出，他控诉部分媒体"发动了针对澳大利亚总理的战争"。[③] 新闻集团下的媒体放大了自由党保守的特征，如否认气候变暖、煽动种族主义情绪、夸大移民危机等。[④] 这种澳大利亚政坛的"福克斯现象"[⑤] 与默多克媒体对特朗普的支持密不可分。

像许多其他的国家一样，澳大利亚也见证了诸如"重夺澳大利亚组织""澳大利亚崛起党""澳大利亚防卫联盟""爱国者阵线联盟""真蓝会""澳大利亚反抗组织"等极右翼组织的崛起，这些组织与成员的国家主义、

---

① Walsh op cit.

② Tiernan, A.（2016）. Beyond the nadir of political leadership: can partisans learn, *The Griffith Review*, 51, pp. 11－23, p. 17.

③ Reported in Muller, D.（2018）. How the right-wing media have given a megaphone to reactionary forces in the Liberal Party, *The Conversation*, 24 August, https://theconversation.com.

④ Reported in Muller, D.（2018）. How the right-wing media have given a megaphone to reactionary forces in the Liberal Party, *The Conversation*, 24 August, https://theconversation.com.

⑤ 这一术语用以形容新闻集团和福克斯新闻对唐纳德·特朗普当选美国总统的影响。这里指的是澳大利亚政坛同样受新闻媒体影响。

种族主义、反对移民、否定民主等倾向息息相关。虽然大多数澳大利亚民众对此并不关注，但还是获得了一些主流政治家和右翼媒体的支持，允许他们对澳大利亚政坛文化“产生缓慢影响”。[①]

总理频繁更换的现象不是单一的因素导致的，而是以上所有因素合力导致的。可以明确肯定的是，领导权力的更迭已经与澳大利亚政坛文化相融，我们有足够的理由相信这一现象导致了选民对政治体系逐渐丧失信任、信心。[②]

二　能源政策

在陆克文政府上台后的十年间，澳大利亚政府未能落实呼吁应对气候变化的政策。政府试图发展诸如碳排放交易计划（ETS）、减少碳污染计划、碳价机制（碳税）、芬克尔报告下的清洁能源目标（CET）等计划，以及2018 年的国家能源担保政策，然而所有的计划要么未被议会通过，要么在政府换届时被迅速淘汰。

通过一个国家性的能源政策如此艰难，很大程度上是由于对气候变化真实性的长期争论，特别是煤和碳排放在气候变化中所起的作用。两大党对于新的能源政策从始至终未能达成共识，在新能源政策的制定过程中也是摇摆不定。而这种争执不休也成为澳大利亚始终没有产生一个连贯的、长期性的能源政策的主要原因。执政联盟内部对煤炭业始终持坚定支持态度的保守派不断制造分裂的声音，不认同气候变化的科学性的政府官员正好借此反对。

2009 年，能源政策的分歧导致了当时自由党党首特恩布尔的下台，阻断了引入一个两党都同意的能源政策的可能性。在当时，陆克文声称气候变

① Markus, A. (2018). The far-right's creeping influence on Australian politics, *The Conversation*, 16 April, https: //theconversation. com.

② Triffitt, M. (2018). A growing mistrust in politics is causing extremism and strong man politics to flourish, *The Conversation*, 10 July, https: //theconversation. com.

化是对“当代人严峻的道德挑战”，并承诺“建立一个气候变化全国统一战线”。[①] 特恩布尔当时非常支持工党提出的碳排放计划，即对碳征税。他在应对气候变化问题上与陆克文志同道合。在2012 年，他曾说道：“世界会对气候变化问题采取措施吗？我想会的。我的担忧是只怕到那时已是于事无补……如果我们一直像今天一样燃烧煤炭，长此以往终将给后代留下一个满目疮痍的地球。”[②]

特恩布尔并未预料到他对碳排放交易计划的支持会遭到自由党和国家党内部保守派的强烈反对。反对这一决议的保守势力要么是气候变化怀疑论者，要么是担忧澳大利亚应对气候变化的努力会对本国经济带来负面影响，而与此同时主要的污染源国家，却不愿意冒着危害经济的风险去向相关产业征税。这个结果给特恩布尔带来了挑战，阿博特逐渐在自由党掌权。

阿博特强烈反对吉拉德政府的碳税，他的口号“砍掉碳税”是其能够赢得 2013 年大选的一个重要因素。尽管阿博特签订了《巴黎协定》，但他根本没有打算在支持新能源上采取进一步的行动，或者对为澳大利亚经济发展起了基石性作用的火力发电站进行限制。随后，特恩布尔于 2015 年取代阿博特成为总理，再一次踏上了发展一个致力于减少澳大利亚对燃煤电站依赖的新能源政策的征程。

在这个时候回溯一下能源政策发展的历程是很有启发意义的。1956 年，经济学家勃姆（E. A. Boehm）在一份有关澳大利亚供电产业结构的报告中写道，“最初独立的私有制和公有制企业模式正向着中央管控模式转变”，“逐渐加强的集中化管理及随之产生的协调控制”在各州法定公司已初见雏形。能源供应最基本的要求是，各供电部门应“对公共利益负责”，包括保障电力安全性（电力供应可靠、连续、充足）和经济性（电力供应对于消

① Kelly，P.（2007）. Green Light on the Hill，*The Australian*，4 April；Koutsoukis，J.（2007）. Rudd Plans China Talks on Climate，*Sunday Age*，1 April.

② Turnbull，M.（2012）. *The Monthly*，April.

费者而言最廉价）。①

由于其他供应商的准入成本通常非常高，尤其是在输电和配电领域，电力系统本身就是典型的天然垄断行业，企业国有、统一安排的运营体系就是基于这一现状形成的。电力体系的资本密集程度高，且受制于经济规模，因此电力行业的垄断结构没有也不能产生本可以通过竞争产生的效益。此外，由于电力供应网络需要几个不同类型的独立部分（发电、输电、配电、供电）完整一体地相互配合，所以垂直完整的实体才是最高效的供应模式。最后，电力是一种无弹性的商品，消费者无论其价格高低都得购买。这给供应商提供了巨大的市场掌控力。然而，总体来说，各州却并不相信公有制下这种市场力量能有效发挥作用。②

然而，随着新公共管理（New Public Management）的影响越来越广泛，大型国有公共能源公司很快就被要求更加透明化和商业化。商业化和随后的私有化很快又将公共垄断企业拆分，取而代之的是更具竞争力的小部门。正如贝德尔（Beder）③ 所说："国有和国家监管的电力垄断企业不仅浪费还非常低效，而在自由市场上竞争的私人公司却可以节省足够的钱，在降低电价的同时获得利润。"

这给由大型国有企业控制的各州供电垄断企业带来了巨大压力。特别是在自由党领导下的州，它们取消了国有供电网络，将所有权转移到私人手中，但监管环境几乎没有任何变化。然而在其他州，工党的势力更为强大，所以如今国有电力供应商的比重依然很大。

尽管有国家能源市场（NEM）的庇护，但涉及许多参与者的能源市场在商业化和私有化的过程中，已经分解重组。然而，能源网络还远未整合完成，为数众多的公有和私人组织担任着生产者、传送者、经销商、供应商

---

① Boehm, E. A. (1956). Ownership and control of the electricity supply industry in Australia, *Economic Record*, 32 (2), pp. 257 – 272.

② Toner, P. (2012). Electricity Privatisation in Australia: A Briefing Note, Unpublished Paper, University of Sydney, Sydney.

③ Beder, S. (2003). Thieves in the Night. *Arena Magazine*, 67, pp. 37 – 40, p. 1.

（零售）的角色。截至 2011 年 7 月，全国有 40 家发电厂，遍布五个州；NEM 输电系统涉及五个州和一个领地的 5 家发电厂和 13 个配电网络。[①] NEM 运营着世界上最长的互联电力系统，每年都有超过 110 亿澳元[②]的电力交易，以满足约 1900 万终端用户的需求。其所有权、控制、监管都非常复杂。

在过去的 20 年里，尽管有许多政策评论建议制定统一明确的国家政策，但相关政策一直未出台，由此造成了市场扭曲。[③] Vertigan 报告总结道，“存在着一种战略政策赤字，它导致角色分工的清晰度和重点弱化，造成市场碎片化和共同目标感减弱”；格拉顿研究所（Grattan Institute）认为，缺乏完善的应对气候变化政策造成了目前能源市场的“混乱”[④]；澳大利亚竞争与消费委员会（ACCC）的报告指出，“市场操纵”是导致目前“不可接受和不可持续的”能源市场的幕后推手。

特恩布尔政府也试图解决民众对这些政策的担忧，以及 2017 年夏天对两州（南澳大利亚州和新南威尔士州）发生的能源不稳定供应的抱怨和不断上涨的能源费用等问题。不断有人担忧，如果没有州的参与，澳大利亚很可能无法完成其在《巴黎协定》中承诺的减排义务。[⑤]

由此产生的国家能源担保政策，其设立之初有三个目标：第一，实现可

① Australian Energy Market Operator（AEMO）（2010）. *An Introduction to Australia's National Energy Market*, Australian Energy Market Operator, http://www.abc.net.au/mediawatch/transcripts/1234_aemo2.pdf.

② 本文所有货币均以澳元为单位。

③ 参见 Vertigan, M., Yarrow, G., and Morton, E.（2015）. *Review of Governance Arrangements for Australian Electricity Markets*, Final Report, October 2015, COAG Energy Council Secretariat: Canberra; Finkel, A.（2017）. *Independent Review into the Future Security of the National Electricity Market: Blueprint for the Future*, Department of Environment and Energy: Canberra; and the Australian Competition and Consumer Commission（ACCC）report in Karp, P.（2018）. Electricity Prices, *The Guardian*, 11 July.

④ Wood op cit.

⑤ 澳大利亚是世界上居民电费最高的国家之一，是加拿大和美国居民电费的两倍不止。电费价格上涨是因为国家电力市场监管系统的资本利润率远高于在国有制下运行该系统的正常所需，参见 Wood, T.（2017）. Why the free market hasn't slashed power prices and what to do about it, *The Conversation*, https://theconversation.com。

靠的能源供应；第二，降低澳大利亚居民的能源花费；第三，履行《巴黎协定》中澳大利亚做出的承诺。该政策要求电力零售商能够随时提供可靠电能，同时还得保证能在2030年之前将电力产业温室气体排放量降低26%。政府称，此项举措将使每户每年平均少交115澳元。然而评论家对此仍持怀疑态度。[①] 与该政策相关的投资也受到支持该政策的相关产业的欢迎。

政府预测国家能源担保政策能使澳大利亚实现其在《巴黎协定》下的承诺，尽管这一说法遭到质疑。工党并不同意该政策设定的目标，但仍大体上支持其结构框架，且以限制性条款做出保证，即在未来工党的领导下，新能源目标将增至45%。[②] 工党的决定得到了相关研究的支持，这些研究认为该政策将不会实现“任何明显的有意义的排放量减少……除非既定的2030年目标能够更加大胆”[③]。

然而，执政联盟的保守派成员仍旧反对国家能源担保政策，阿博特声称该政策“根本不可能在政府内运行”，保守派甚至向世界上最大的煤炭出口商阿达尼（Adani）游说一项补贴，来发展新的燃煤电站，或者为政府援助即将关闭的火力发电站提供帮助。

保守派强加的压力使得特恩布尔政府不得不放弃国家能源担保政策，即使这样最终也难以自保其位。在其执政的后期，特恩布尔向议会建议政府撤回这个本可以发展为全国性能源政策的法案。这个法案是澳国内长达数十年对气候变化问题激烈争吵的顶峰，同时确保履行对《巴黎协定》减缓气候变暖的承诺。尽管在设立的目标上有分歧，工党大体上赞成此政策，也使得数十年来两大党第一次在能源问题上达成一致成为可能。

新上任的总理斯科特·莫里森，以及他的能源部长安古斯·泰勒（Angus Taylor），却试图逐渐从国家能源担保政策中抽离出来，转而集中于

① 政府声称这将使批发电价降低20%，这一说法受到质疑。

② Yates, O. (2018). NEG: a bipartisan agreement to disagree? *The Sydney Morning Herald*, 17 April.

③ Murphy, K. (2018a). Turnbull's national energy guarantee could have no meaningful emission reduction, *The Guardian*, 18 April; Murphy, K. (2018b). Labor to support price caps on power bills as Coalition's NEG woes continue, *The Guardian*, 19 August.

实现降低能源价格的具体目标上。本来在该政策中占主导地位的碳排放问题被“降级”了，再一次使澳大利亚陷入了没有一个两党均无争议的、战略性的、符合所有公众利益的能源政策的境地。

保守派内部在气候变化问题上的分歧之大使他们根本无法发展出一个长期的、全国性的能源政策。民意调查持续显示大部分的选民支持对气候变化采取行动，尤其是最近支持人数上涨。[①] 如果联盟政府不进一步推行一个全国性的气候变化政策，很可能会影响到其是否能在2019 年大选中获胜。

三　预算案和税收政策

自 1788 年欧洲人定居澳大利亚以来，澳大利亚人一直非常依赖政府，政见迥异的政府都被共创一个牢固的国家传统这一观念吸引，这包括国有制、优厚的福利制度和累进税制。[②] 澳大利亚经济曾通过一个对出口、物价和工资高度监管的结构运转，这种结构与广泛的政府活动体系相互联系并靠其维持。

因为国家能通过累进税制资助和监管社会保障制度，从而为最低工资、养老抚恤金、带薪假期、带薪病假和八小时工作制提供强有力的保障，所以两大政党都支持累进税制。自由党创始人罗伯特·孟席斯认为：“社会保障措施是公民应享有的权利，而非对他们的施舍：如果我们要求公民必须首先证明自己很贫困才能得到他们需要、想要、期待的东西，就等于把他变成了

---

① 一个追踪选民意见数十年的调查发现73%的被调查者关注气候变化，68%的被调查者认为政府应该设立与《巴黎协定》承诺一致的碳排放目标。参见 Hewson, J. (2018). Policy Curse Killing PMs, *The Canberra Times*, 30 August; Murphy, K. (2018). Climate poll shows Morrison politically vulnerable as more voters back action, *The Guardian*, 12 September。

② 累进税制指的是收入越高纳税越多。累进税率是一种等级税率，它将课税对象分为若干个级距，某一级距适用于某一相应的税率，课税对象数额越大，适用的税率越高。统一税率和增值税率（如商品和服务税）相对落后，不论纳税人支付能力如何，都按同一税率收税。

对国家福利的恳求者……这与民主社会里公民的正当尊严不相符合。”①

然而，自20世纪80年代以来，这个两党一致赞成的福利制度已经逐渐受到破坏。澳大利亚联盟政府在执政期间实施的更为严苛的规则和冻结特困人群津贴等措施，更使得保障制度的价值大打折扣。寻求医疗或药学服务、申请福利金和养老抚恤金、寻求高等教育支持的公民都受到了影响。此外，通过收取百分之十的商品和服务税来提高税收的行为实则是一种退步。历届联盟政府都以澳大利亚经济存在支出问题为借口继续大幅削减政府服务开支，尤其是社会福利和国外援助开支。

由于预算案能对来年和未来几年的事务做出财务承诺，所以成为政府表明其政策重点的主要手段。2017年和2018年的预算案尤其有力地展示了特恩布尔政府的施政重点，特别是在税收方面。

2017年预算案提出了第一个提案，计划在七年内削减800亿澳元的公司税。然而，公共广播②、家庭护理、就业援助、国外援助以及环境和气候变化等领域的开支也会相应下降。2018年预算案提出了第二个提案，旨在十年内减少1400亿澳元的个人税，试图以此刺激消费，让“澳大利亚人保留更多的收入”。

特恩布尔政府声称，这两个提案将刺激经济增长，从而缩减一直居高不下的财政赤字。实际上，特恩布尔政府未能降低在2015年达到最高水平的赤字。当时的澳大利亚总理托尼·阿博特宣称，澳大利亚正处于“预算紧急状态……，其债务和赤字都已迫在眉睫”。③

削减公司税的提案以“涓滴经济学”的理论为依据：较低的营业税将为企业带来更高的利润，进而提高就业率，提升工资水平和改善工作条件。

---

① Denniss, R. (2018). Dead Right: How neoliberalism ate itself and what comes next, *Quarterly Essay*, No. 70.

② 例如，澳大利亚广播公司（ABC）的预算被削减了8400万澳元，指数化冻结到2022年。同样令人关注的是，新南威尔士州的自由党投票支持澳大利亚广播公司私有化，这反映出右翼保守派对公共广播公司缺乏信心。

③ Hunter, F. (2015). What budget emergency? Abbott government ministers ditch doom and gloom talk, *The Sydney Morning Herald*, 3 March.

该政策假定企业会将因低税收而获得的额外收益投资于企业发展，而非将其视为更高利润。反对该提案的人则认为，削减的税收更有可能被用作企业利润，顶多被用于企业的资产投资，而工人的工作条件不太可能会得到改善。

许多权威机构都支持这一反对意见。议会预算办公室（the Parliamentary Budget Office）的数据显示，绝大多数情况下，减税是为了让最富有的人减最多的税。澳大利亚国家社会和经济建模中心（NATSEM）和澳大利亚智库机构葛拉顿研究所也证明了这一推论。同时，反对削减个人所得税也是考虑到所得税可能会因此变成落后的统一税。根据政府削减所得税的提案，年收入 4 万澳元的人将和年收入 20 万澳元的人以同样的税率缴税，这就导致年收入 20 万澳元的人不仅有五倍于前者的收入，还会有十六倍以上的减税幅度。[①] 而减税带来的实际效益也将被“税级攀升”[②] 抵消，因此削减所得税很可能会对特困人群产生消极影响，但对富人的影响较小。

工党强烈反对政府的这两项提案，称它们加剧了澳大利亚日益严重的不平等。他们反对削减所得税，认为真正需要改革的是征税制度。工党表示，如果能在 2019 年当选为执政党，他们将会提议弥补富人能将纳税义务降到最低的漏洞，废除纳税人能通过房产负扣税和资本利得税减少应缴纳的所得税的规定，限制股东应缴税款的退款额度。工党称，他们的提案将在缩减预算赤字的同时，提高基本服务的开支。

澳大利亚商业理事会（the Business Council of Australia）对其成员进行了调查，试图了解如果政府削减企业税收的提案被通过，他们会如何处置公司的这笔意外之财。报告显示，80% 的公司将把这笔钱用于提高股东回报或

---

① Jericho, G. (2018). Don't believe the marketing—the biggest tax cuts are not for "middle Australia", *The Guardian*, 11 September, https: //www. theguardian. com; Grattan, M. (2018). Shorten gives Turnbull a character-forming task of tax, *The Conversation*, 11 May, https: //theconversation. com.

② 由于固定收入等级，工资上涨令更多的人进入到一个更高的税阶，也就意味着要交更多的税。就目前的提案来看，未来十年税级攀升对那些占 20% 的最低收入者并无太大影响，占 40% 的中收入者将面临 5. 4% 的税率上涨，占 20% 的高收入人群却只面临 2. 9% 的税率上涨。

投资公司，这与“涓滴经济学”的理论完全相悖。工党利用这一结果，带头发起了反对企业减税的运动。此外，也没有证据能有力地证明“涓滴经济学”确实奏效。①

虽然议会同意降低小企业的公司所得税和低收入者的个人所得税，但参议院拒绝通过将减税范围扩大到大企业和富有人群的这两项提案。尽管特恩布尔政府不遗余力地试图赢得参议院中立议员的支持，但未能如愿把提案写入法律。

四　澳大利亚联邦宪法第44条

议会在过去一年面临的一大关键问题是，有 14 名议员被取消资格，因为高等法院发现他们违背了澳大利亚联邦宪法第 44 条第一项的规定。这条宪法用以确保议会议员不会“效忠、服从或依附于国外势力”，这实际上剥夺了拥有双重国籍的公民在联邦议会任职的资格。高等法院判定 9 名议员没有任职资格。另外 5 名议员尽管已宣布放弃外国国籍，但因在提名审判前尚未完成脱籍程序，也被取消议员资格。

两大政党都相信，高等法院会更为自由地解释宪法第 44 条规定，对那些做出“合理”努力以放弃外国国籍来纠正立场的议员会比较宽容。这种信心基于高等法院先前的裁决，它一直拒绝严格按照第 44 条判案，因为如果一个澳大利亚公民已采取合理措施来摆脱相互冲突的效忠关系，严苛的宪法还剥夺他的任职资格，那将是错误的。②

特恩布尔总理曾自信地预测，尽管他的副手巴纳比·乔伊斯（Barnaby Joyce）拥有澳大利亚和爱尔兰双重国籍，但他不会被高等法院取消议员资

① Guest, R. (2018). Research Check: we still don't have proof that cutting company taxes will boost jobs and wages, *The Conversation*, 12 May, https://theconversation.com; Tingle, L., and Coorey, P. (2018). Secret BCA survey does not back tax cuts going to jobs, wage rises, *Financial Review*, 26 March, https://www.afr.com.

② [1992] HCA 60; 176 CLR 77.

格。特恩布尔声称，“国家党领袖、澳大利亚副总理有资格担任参议员。高等法院也一定会这样裁定”。[①] 但高等法院并没有这么做，而是判定乔伊斯的议员身份无效。

反对党领袖肖顿（Shorten）也相信，高等法院会让工党议员继续留在议会。肖顿认为，工党的预选审核严格且专业，一切有关工党成员的问题都会得到解决。和总理一样，他也错估了高等法院的判决。特别是对参议员加拉格尔（Gallagher）一案的裁定，表明高等法院将严格界定宪法中“合理措施”一词的决心。加拉格尔的父亲出生于英国，她因为父亲的身份而获得英国国籍。虽然她早在提名联邦议员之前就已按规定提交了脱离英国国籍的申请，并支付了脱籍费用，但英国内政部（the UK Home Office）直到2016年大选之后才正式登记她的脱籍情况。高等法院因此判定，加拉格尔还不完全符合“合理措施”的标准，所以没有继续在议会任职的资格。

在众议院，所有被取消资格的议员的替补者，或者说他们同一党派的候补议员，都会在随后的议会补选中选出，所以失去14名议员并没有严重影响众议院政党人数的平衡。这意味着工党政府仍能保持微弱多数的优势。

但在参议院，更换参议员的方式却有所不同[②]，由此产生了不同寻常的结果。代替国家党参议员的是一名自由党人士；一国党参议员被同一政党的议员取代，后者先是立即宣称自己是独立派人士，随后又声称自己是凯特党成员；一名塔斯马尼亚兰比网络党替补议员转而加入国家党；一名南澳大利亚色诺芬团队成员也当选为参议员，但他早先已被驱逐出党，目前是一名独立人士。按照宪法第44条规定，参议院主要政党的总人数没有变化，但新的政党联盟使政府随后的立法谈判变得更为复杂。

议会设立了一个特别委员会来审查如何最好地处理宪法第44条。鉴于超过一半的澳大利亚人拥有双重国籍，除非他们重新调整国籍，否则将无法

① *ABC News*（2017）. 15 August，https：//www. abc. net. au.

② 如果一个参议员因死亡、退休或被剥夺权利而失去议员资格，新议员将根据上次的投票结果挑选产生。

参加议会选举。① 这一问题非常严重。该委员会撰写了一份名为《排除》的报告，建议修改宪法，以便使此事在将来更加清晰明了。报告最后总结道，宪法第 44 条目前的措辞“给那些有父母、（外）祖父母或配偶生于海外的人造成了持续的不确定性。而不确定的疑云也会影响那些没有家庭背景资料的人，包括澳大利亚土著居民”。②

澳大利亚宪法规定，任何对宪法的修改都需要事先经过全民公投通过。鉴于公众已对主要政党处理问题的方式感到不满，短期内举行公投的可能性不大。这份《排除》报告得到了两党的支持，他们都同意修正宪法，因为各政党自问题出现时起都把它当作相互攻击的武器，而不是试图解决问题。③ 在现阶段不太可能举行公投的情况下，候选人必须在下一次联邦选举前公开自己及父母和（外）祖父母的出生地和国籍，试图在无须公投的前提下以此结束所谓的“澳大利亚公民身份危机”。④

五　婚姻平权

婚姻修正（定义及宗教自由）法案于 2017 年 12 月 9 日以压倒性票数——130 票赞成 4 票反对正式通过。伴随着新法律在两院都以多数票通过，它也象征着持续近两年的激烈辩论达到顶峰。

1961 年，联邦政府通过 1961 年婚姻法将解释婚姻的权力收回中央，一系列以州为基础的婚姻法被废除。然而此项法案并未包含对婚姻的明确定义，传统上其只限于一个男人和一个女人之间的结合。

---

① Grattan, M. (2018). Fixing citizenship imbroglio is not just a matter of better paperwork, *The Conversation*, 18 May, https://theconversation.com.

② Grattan, M. (2018). Fixing citizenship imbroglio is not just a matter of better paperwork, *The Conversation*, 18 May, https://theconversation.com.

③ Colebatch, H. (2018). Enough is enough on section 44: it's time for reform, *The Conversation*, 10 September, https://theconversation.com.

④ Karp, P. (2018). Citizenship crisis: Coalition resists referendum in favour of new rules for candidates, *The Guardian*, 17 May.

然而，在2004年，霍华德向议会引入了婚姻法修正案，此修正案对《1961年婚姻法》做出了补充，将其定义为“一男一女自愿结合生活”。通过这条规定，政府禁止同性婚姻并明确表示海外同性婚姻在澳大利亚国内将不被认可。

2004年对《1961年婚姻法》的修订并未得到澳大利亚民众的普遍认可和接受，并且引发了之后十年内关于废除此条修正案的焦虑情绪。2004～2016年，公众对婚姻平权的支持率从38%上升至63%。[①] 自从工党于2007年竞选成功后，政府给予了同性婚姻伴侣许多政策上的让步。包括修正上百条法律来确保同性伴侣配偶的权利和责任，特别是在退休养老金、税收、社会保障、移民等方面。然而，尽管被形容为举足轻重、“对法律平等有着奠基石一般作用”的同性婚姻，却遭到许多同性夫妇拒绝。[②]

工党领导人比尔·肖顿和总理马尔科姆·特恩布尔都表示支持婚姻平权。尽管他们在如何实现这一问题上未能达成一致，肖顿承诺如果工党赢得大选，将会在议会内部进行直接投票，而联盟政府则更支持通过全民投票来评估公众支持率。后者的选择是经过深思熟虑以试图尽量安抚党内保守势力，他们中的许多人依旧寄希望于这场争论可以持续下去，从而推迟婚姻平权的进程。

特恩布尔的方法被高等法院否决，随后澳大利亚统计局于2017年被授权进行了一项邮寄形式的澳大利亚婚姻法调查。这场自愿的、无约束力、非机密性的意见表达耗费了将近1亿澳元，且遭到公众的普遍指责。因为在民意调查不断显示大部分澳大利亚人支持婚姻平权的背景下，这场调查简直就是浪费公共资金。

这场争论也伴随着激烈的争吵和离间。因为赞成和反对的双方都抱怨对手在竞争时使用的伎俩。特别是许多同性伴侣也表达了他们的担忧，他们的

---

① Crowe, D. (2017). Same-sex marriage must protect religious freedom: Newspoll, *The Australian*, 21 August.

② Croome, R. (2015). *From This Day Forward: Marriage Equality in Australia*, Walleah Press: Hobart, pp. 6–7.

性生活和育儿方式经常被拿来作为嘲笑的主题和无事实依据且过时的研究对象。而许多反对者也经常被贴上“有偏见”或“恐同”的标签。总体看来，尽管在教会内有大量反对者，支持的声音依旧压倒一片。

2017 年 11 月 15 日澳大利亚广播公司的调查结果显示，61.6% 的受调查者表示赞成修正法律以承认婚姻平权。此调查在全国各州和领地以及 150 个选区中的 133 个选区中开展。[①] 鉴于投票率接近 80%，这也表明了公众支持修订婚姻法的决心。

然而，这些投票结果对议会议员毫无约束力，仍然需要立法通过。保守势力依然可以不顾投票结果继续反对立法进程。特恩布尔总理“提醒”议员：“数以百万计的澳大利亚民众都在为同性婚姻平权而发声和投赞成票……他们赞成是为了公正，为了承诺，为了爱。现在是议会里的我们各位，来决定是否继续这一伟大进程了。”[②]

议会内投票的结果是婚姻平权取得巨大胜利，这也令在此问题上一度饱受困扰的特恩布尔缓了口气。然而，这项政策得以成功，很大程度上是由于后座议员最初的积极推动。自由党参议员迪恩·史密斯（Dean Smith）是此项法案的关键倡导者。

这一事件进一步揭示了执政联盟内部的分裂之深，就算在保守派内部也分裂为两方势力，一方只想让问题赶快解决，另一方则希望不断拖延下去。保守派威胁说将对此法案提出超过 100 条的修正案，大部分用以重新平衡婚姻平权和宗教自由之间的关系。[③] 不过这些很快就被淡忘，因为显然现存的反歧视法存在更多亟待解决的问题。

新法律通过更改一些字眼重新定义了婚姻，将婚姻是“一男一女”之间的结合改为“两个人”之间的结合。法案中也有相关的规定条款来使虔

---

① ABS（Australian Bureau of Statistics）（2017）. 1800.0 Australian Marriage Law Postal Survey, 2017, http://www.abs.gov.au, 15 November.

② Sukhija, S.（2017）. Australia makes history, votes to legalize same-sex marriage, *Big News Network*, 16 November, https://www.bignewsnetwork.com.

③ Karp, P.（2017）. Coalition conservatives working on rival same-sex bill, *The Guardian*, 1 November, https://www.theguardian.com.

诚的宗教拥护者和婚姻宗教设施运营者免受性别歧视法案的指责。

迪恩·史密斯法案因其综合性而被两大党一致拥护且成为新立法的基础。这也就意味着那些想保护宗教自由的各种修订将得不到足够的支持，因为大多数议员对此项法案已相当满意。议会也鲜有像婚姻平权立法成功这样欢乐的场景。一位资深评论员写道："胜利如烈火燎原一般席卷议院，在我的职业生涯里好久没感受过这种胜利的喜悦了。"[①]

尽管如此，关于保护宗教自由的争论仍在持续，考虑到之前婚姻法案改革时走过的路，特恩布尔宣布了一项对保护宗教自由的全国性调查。该项调查由前议会议员菲利普·路多克（Philip Ruddock）主持。调查结果已于2018 年 5 月向政府递交，但尚未在议会进行讨论。

结　语

尽管民调结果并不是衡量一届政府成功与否的唯一方式，但它确实能体现选民对政府政策的响应程度。特恩布尔政府在定期民调中落后于工党的时间比托尼·阿博特还要长，暗示了其领导下的政府逐渐失去人心的事实。

然而，特恩布尔政府也留下了一些成就：继续推进"大雪山计划 2.0"——一个助力澳大利亚逐渐向新能源发电靠拢的大型电力计划；改善阿博特政府留下的财政预算的"烂摊子"；促进"冈斯基"中小学改革来筹集以需求为基础、不分部门的资金[②]；创造了数以百万个就业岗位，尽管未能显著降低就业不足的问题；进一步简化医疗卫生体系；等等。

尽管如此，特恩布尔政府并没有因完成其选举之时承诺的改革而留名，更为人知的反倒是其未能发展一个首尾一贯、完整一体、有战略意义的能源政策，以及未能说服议会削减个人和企业税——通过应用"涓滴经济学"来刺激经济发展，同时改善低收入工人阶层的生活。还应该受到指责的是其

① Murphy, K. (2017). The day people stepped in to save politics from its pointless squabbling, *The Guardian*, 9 December, https: //www. theguardian. com.

② 资金以需求为基础直接流入学校，无论学校是公立还是私立。

未能推动政策改革以缩小澳大利亚土著人与其他澳大利亚公民在医疗健康、教育公平以及社会福利上的巨大差距。

新上台的莫里森政府如果想要在2019年大选中阻击工党上位，需要对现况进行大量地弥补。届时，澳大利亚经济可能会趋向稳定，但政府会不得不面对皇家委员会对金融服务部门的调查中所发现的澳大利亚主要大银行和保险服务机构的丑闻及不当行为。作为前国库部长，莫里森想要从银行业的丑闻中抽身是很困难的，他甚至十分固执地反对皇家委员会存在的必要。总之，莫里森必须杀出重围，找到能够让执政联盟内部各派都接受的领导方式，并且让公众相信执政联盟可以管理好整个国家。

B.3

2017～2018年澳大利亚经济形势分析与展望

徐秀军*

摘　要： 2017年以来，澳大利亚经济增长出现波动，但未改变总体向好势头。物价低迷的状况得到进一步缓解，就业和收入总体有所改善。对外贸易增长动力明显增强，国际直接投资止跌回升。财政收支趋于平衡，公共债务快速上涨势头得到抑制。澳元汇率大幅下降，股票市场表现较好，国债收益率高位波动。展望未来，全球保护主义的发展动向、美国加息的力度和节奏、中澳经贸关系的发展以及突发性的自然灾害等因素值得关注，2019年澳大利亚经济增速将较上年出现下降，并维持在3%的增长水平。

关键词： 经济增长　汇率贬值　中澳关系

2017年，受恶劣天气影响，澳大利亚经济增长放缓。但随着政府消费和私人投资的大幅回升，2018年澳大利亚经济呈现良好态势，经济增速有望创2013年以来的新高。这与《澳大利亚发展报告（2016～2017）》的预期一致，同时也意味着澳大利亚将延续1992年以来连续27年的经济增长。为了展现澳大利亚一年来的经济形势，下面将从经济增长、物价、就业、收入、贸易、投资、财政以及金融市场等方面加以论述。

---

* 徐秀军，中国社会科学院世界经济与政治研究所副研究员。

一　经济增长

在发达经济体中，得益于良好的经济基础和政策条件，澳大利亚保持了经济连续增长年限最长的纪录。尽管2017年澳大利亚经济受突发自然灾害的影响出现波动并总体放缓，但未改变经济增长向好势头。同时，经济结构转型升级也给澳大利亚长期经济增长奠定了良好基础。

澳大利亚统计局数据显示，按可比价格计算，2017年第一季度澳大利亚国内生产总值（GDP）同比增长1.85%，较上季度下降0.66个百分点；第二和第三季度GDP同比增速分别上升至2.02%和2.77%；第四季度GDP同比增长率较上季度有所下降，为2.31%。但从经济增长趋势看，澳大利亚GDP环比增长率自2016年第四季度以来逐季增加，并到2017年第四季度环比增长达0.85%，创2012年第二季度以来的最高水平（见图1）。总体来看，2017年全年经济增长率为2.24%，比上年下降0.33个百分点。其中，最终消费支出占GDP的份额为77.8%，较上年上升0.5个百分点；实际增长率为2.94%，较上年下降0.27个百分点。资本形成总额占GDP的25.1%，较上年增加了0.3个百分点；实际增长率为3.42%，较上年增加5.65个百分点。由此可见，商品和服务净出口是拖累GDP增长的主要因素。从产业来看，服务业仍是拉动GDP增长的主要动力，而受恶劣气候影响，农林渔业成为GDP增长的主要拖累因素。澳大利亚统计局数据显示，2016/2017财年，服务业拉动GDP增长了1.77个百分点；工业和建筑业分别拉动GDP增长了0.76个和0.39个百分点；农林渔业拖累GDP增长0.24个百分点。

进入2018年，由于消费者和政府支出以及私人部门投资的增加，澳大利亚经济增长率大幅提升。澳大利亚统计局数据显示，2018年上半年，澳大利亚经济加速上行，按可比价格计算，GDP同比增长3.30%，较上年同期提高了1.36个百分点。按可比价格计算，上半年最终消费支出同比增长3.55%，其中政府部门和私人部门最终消费支出同比分别增长5.04%和

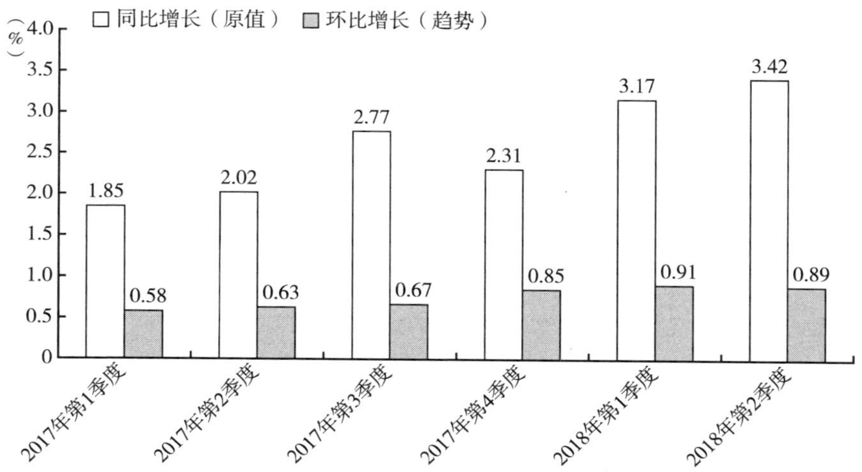

图1　澳大利亚经济增长率分季度变动情况

数据来源：澳大利亚统计局（www. abs. gov. au）数据库，2018 年 9 月。

3. 06%；同期固定资本形成总额同比增长 3. 59%，其中私人部门固定资本形成总额同比增长 5. 69%，但公共部门固定资本形成总额同比下降 3. 33%。分季度来看，第一季度 GDP 同比增长 3. 17%，环比增长 0. 91%；第二季度 GDP 同比增长 3. 42%，创 2012 年第三季度以来最高水平，环比增长 0. 89%，较上季度略下降。尽管 2018 年下半年面临一些外部环境的挑战，但经济总体良好的运行态势依旧。

二　物价、就业与收入

（一）物价：摆脱低迷

2017 年，由于酒类和烟草价格涨幅保持高位以及交通和住宅价格快速上涨，澳大利亚消费者价格指数（CPI）较上年有较大幅度提升。根据澳大利亚统计局数据，2017 年第一季度 CPI 同比涨幅为 2. 1%，较上季度提高 0. 6 个百分点，创 2014 年第四季度以来最高涨幅。其中，酒类和烟草价格同比涨幅最高，为6.1%；健康、交通和教育价格也出现较高同比涨幅，分别为3.8%、3.8%和3.3%。但通信价格大幅下降，同比下降4.8%；娱乐文化以及家具和家居用品价格也略下降，同比分别下降0.2%和0.1%。2017年第二、第三和第四季度，CPI小幅下降，涨幅总体维持在1.8%～1.9%的区间。服装鞋类价格的下降成为物价下降的主要因素。2017年第二季度同比出现下降，降幅为1.9%；第三和第四季度降幅分别扩大至3.2%和3.0%（见表1）。

表1　澳大利亚消费者价格指数同比增长率变动情况

单位：%

	2017年				2018年	
	第一季度	第二季度	第三季度	第四季度	第一季度	第二季度
CPI	2.1	1.9	1.8	1.9	1.9	2.1
食品和非酒精饮料	1.8	1.9	-0.7	-0.2	0.5	0.3
酒类和烟草	6.1	5.9	7.0	7.3	7.0	7.8
服装鞋类	0.3	-1.9	-3.2	-3.0	-3.5	-2.0
住宅	2.5	2.4	3.3	3.4	3.3	3.1
家具和家居用品	-0.1	0.0	-0.8	-0.8	-0.1	-0.5
健康	3.8	3.8	3.9	4.0	4.2	3.4
交通	3.8	2.1	2.7	3.3	2.9	5.2
通信	-4.8	-3.8	-2.9	-3.4	-3.4	-4.2
娱乐文化	-0.2	-0.1	0.6	0.6	0.6	0.8
教育	3.3	3.3	3.1	3.2	2.6	2.7
保险和金融	2.7	2.1	1.8	1.3	1.0	1.5

数据来源：澳大利亚统计局（www.abs.gov.au）数据库，2018年9月。

进入2018年，尽管各类物价出现波动，但澳大利亚CPI的总体涨幅较为稳定。澳大利亚统计局数据显示，2018年前两个季度CPI分别同比上涨1.9%和2.1%，达到澳大利亚央行通胀目标的下限。其中，第一季度酒类和烟草价格仍保持较高涨幅，同比上涨7.0%；健康价格同比上涨4.2%，比上季度同比涨幅提高0.2个百分点；住宅和交通价格略有下降，同比涨幅分别为3.3%和2.9%；服装鞋类和通信价格继续保持下降态势，同比分别下降3.5%和3.4%。第二季度酒类和烟草价格仍是CPI上涨的主要支撑，同比涨幅较上季度提高0.8个百分点至7.8%，涨幅创2011年第三季度以来的最高水平；通信价格同比降幅较上季度扩大0.8个百分点至4.2%；服装鞋类价格虽然同比仍然下降，但降幅较上季度收窄1.5个百分点至2.0%。

在生产者价格指数（PPI）方面，2017年以来总体保持上升态势，尤其是初级产品和中间产品价格增长较快。澳大利亚统计局数据显示，2017年第一季度初级产品价格同比上涨2.1%，较上季度提高1.2个百分点；中间产品价格同比上涨2.2%，较上季度提高1.2个百分点；最终产品价格同比上涨1.3%，较上季度提高0.6个百分点。至2018年第二季度，初级产品价格同比涨幅达4.4%，创2012年第一季度以来的最高水平；中间产品价格同比涨幅升至4.1%，同样创2012年第一季度以来的最高水平；最终产品价格同比上涨1.5%（见图2）。

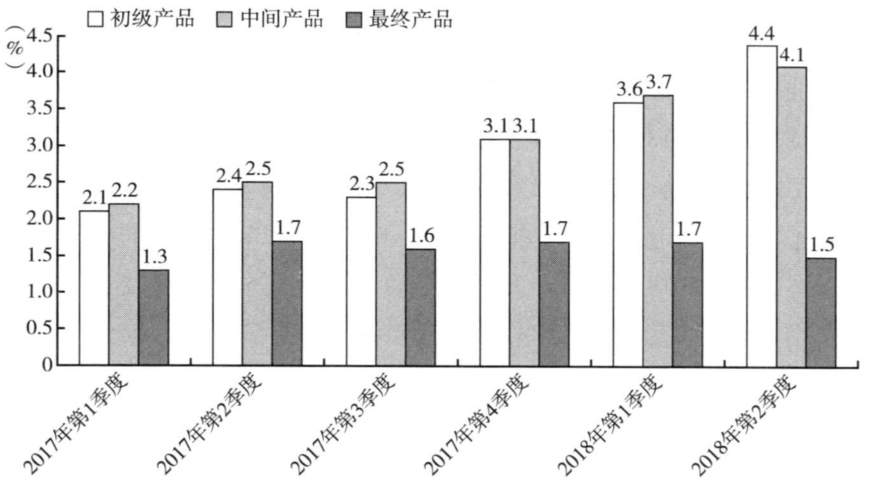

图2　澳大利亚生产者价格指数季度同比增长率变动情况

数据来源：澳大利亚统计局（www. abs. gov. au）数据库，2018年9月。

总体来说，目前澳大利亚的物价水平已摆脱2014年底以来的相对低迷的上涨水平，这预示着澳大利亚加息概率的提升。根据2018年9月18日澳大利亚央行公布的9月货币政策会议纪要，如果经济形势按预期发展，下一步将会采取加息措施。

（二）就业和收入：总体有所改善

2017年以来，澳大利亚失业率出现波动，但总体表现为前高后低的发展态势。澳大利亚统计局数据显示，2017年2月澳大利亚失业率为6.3%，创一年来的最高点。此后，失业率呈下降趋势，并在11月降至5.0%，创2012年12月以来的最低水平（见图3）。经济增长放缓并未带来失业率的攀升，主要得益于澳大利亚政府推出的基础设施投资计划带来的就业岗位的增加。与此同时，澳大利亚的劳动参与率也有所提升。2017年澳大利亚月平均劳动参与率为65.2%，较上年月平均劳动参与率提高0.3个百分点。尽管女性劳动参与率相对上年度有较大提高，但相对男性仍然较低。2017年女性月平均劳动参与率为59.9%，较上年提高0.5个百分点，但较男性月平均劳动参与率低10.8个百分点。进入2018年，由于季度性原因，第一季度失业率出现上升，但经季节调整后，失业率与上年末持平。澳大利亚统计局数据显示，2018年第一季度澳大利亚失业率为6.0%，较上一季度提高0.8个百分点；经季节调整后，2018年第一季度失业率为5.5%，与上季度基本持平。自3月起，失业率持续走低，6月为5.2%。与此同时，劳动参与率总体提升。2018年前8个月平均劳动参与率为65.7%，较上年同期提高0.7个百分点。其中，男性月平均劳动参与率为71.0%，较上年同期提高0.4个百分点；女性月平均劳动参与率为60.5%，较上年同期提高0.9个百分点。

澳大利亚工资水平加速提升，性别差距总体缩小。澳大利亚统计局数据显示，2017年澳大利亚成年员工收入为1185.25澳元/周，较上年增长2.0%，增速较上年提高0.2个百分点。其中，女性员工收入为953.15澳元/周，较上年增长2.6%，增速较上年提高0.6个百分点；男性员工收入为1422.50澳元/周，较上年增长1.9%，增速较上年提高0.1个百分点。2018年上半年，澳大利亚成年员工收入为1207.40澳元/周，较上年同期增

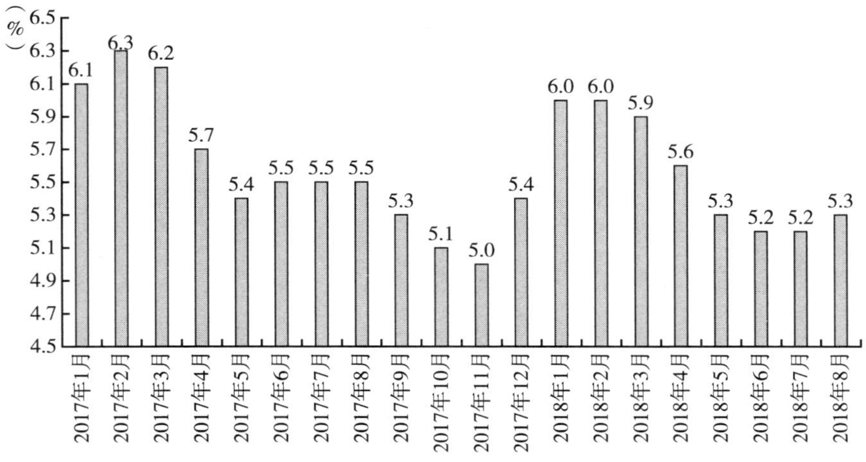

图3　2017 年 1 月～2018 年 8 月澳大利亚失业率变动情况

数据来源：澳大利亚统计局（www. abs. gov. au）数据库，2018 年 9 月。

长 1. 3%。其中，女性员工收入为 976. 30 澳元/周，较上年同期增长 1. 8%；男性员工收入为 1445. 30 澳元/周，较上年同期增长 1. 2%。2017 年女性员工周薪为男性员工的 67. 0%，较上年提高 0. 5 个百分点；2018 年上半年女性员工周薪占男性员工周薪的比例提高到 67. 5%。

三　对外贸易与投资

（一）贸易：大幅回升

2017 年以来，得益于澳元走弱对出口的刺激以及国际大宗商品价格回升，澳大利亚对外贸易呈现较强的增长动力。澳大利亚统计局数据显示，2017 年澳大利亚货物和服务进出口总额为 7643. 94 亿澳元，较上年增长 11. 1%，增速较上年提高 10. 5 个百分点。其中，出口额为 3869. 78 亿澳元，较上年增长 14. 8%；进口额为 3774. 16 亿澳元，较上年增长 7. 5%（见表 2）。同期，澳大利亚贸易顺差额为 95. 62 亿澳元，扭转了上年的贸易赤字。

其中，2017 年上半年实现贸易顺差额为 112.3 亿澳元，下半年由于进口扩大导致全年顺差低于上半年。2018 年以来，澳大利亚贸易增速有所下降，但仍保持较高增速。2018 年上半年，澳大利亚货物和服务进出口总额为 4044.98 亿澳元，较上年同期增长 8.6%。其中，出口额为 2065.12 亿澳元，较上年同期增长 7.6%；进口额为 1979.86 亿澳元，较上年同期增长 9.6%。同期，澳大利亚实现贸易顺差 85.26 亿澳元。

表 2　澳大利亚进出口情况

	2016 年		2017 年		2018 年上半年	
	规模（亿澳元）	增长率（%）	规模（亿澳元）	增长率（%）	规模（亿澳元）	同比增长率（%）
进出口	6881.34	0.6	7643.94	11.1	4044.98	8.6
货物	5261.04	0.0	5902.17	12.2	3154.71	9.5
服务	1620.30	2.7	1741.77	7.5	890.27	5.5
出口	3371.34	4.3	3869.78	14.8	2065.12	7.6
货物	2590.69	3.5	3019.99	16.6	1628.63	8.8
服务	780.65	6.9	849.79	8.9	436.49	3.4
进口	3510.00	-2.7	3774.16	7.5	1979.86	9.6
货物	2670.35	-3.2	2882.18	7.9	1526.08	10.2
服务	839.65	-1.0	891.98	6.2	453.78	7.6

数据来源：澳大利亚统计局（www.abs.gov.au）数据库，2018 年 9 月。

2017 年货物贸易增速大幅上升主要得益于矿产品等大宗商品价格上升。澳大利亚统计局数据显示，2017 年澳大利亚货物进出口总额为 5902.17 亿澳元，较上年增长 12.2%。其中，出口额为 3019.99 亿澳元，较上年增长 16.6%；进口额为 2882.18 亿澳元，较上年增长 7.9%。同期，澳大利亚货物贸易顺差额为 137.81 亿澳元，而上年逆差为 79.66 亿澳元；同期服务贸易逆差为 42.19 亿澳元，较上年减少 16.81 亿澳元。2018 年澳大利亚货物贸易增长依然强劲，尤其是进口增长较快。数据显示，2018 年上半年，澳大利亚货物进出口总额为 3154.71 亿澳元，较上年同期增长 9.5%。其中，出口额为 1628.63 亿澳元，较上年同期增长 8.8%；进口额为 1526.08 亿澳元，较上年同期增长10.2%。同期，澳大利亚货物贸易实现顺差102.55亿澳元，而服务贸易仍维持逆差，逆差额为17.29亿澳元。

（二）国际直接投资：再现净流出

澳大利亚是全球重要的国际投资目的地和来源地之一。澳大利亚统计局国际收支数据显示，截至2017年底，澳大利亚吸引国际投资存量为33853.19亿澳元，较上年度增长2.7%。其中，吸引证券投资存量为17810.18亿澳元，较上年增长6.6%；占比为52.6%，较上年提高1.9个百分点。直接投资流入存量为9421.01亿澳元，较上年增长5.0%；占比为27.8%，较上年提高0.6个百分点。同期，澳大利亚对外投资存量为24128.78亿澳元，较上年度增长3.6%。其中，对外证券投资存量为10473.34万亿澳元，较上年增长10.3%，占比为43.4%；对外直接投资存量为6988.41亿澳元，较上年增长6.4%，占比为29.0%。

在国际直接投资流量方面，流入与流出增长出现分化，并且流出增速远高于流入。澳大利亚统计局数据显示，2017年澳大利亚国际直接投资流入额为444.36亿澳元，延续上年的下降趋势，较上年下降20.5%；流出额为418.03亿澳元，较上年增长98.2%；净流入额为26.33亿澳元，较上年下降92.4%（见表3）。国际直接投资下降既与外部环境有关，也源于澳大利亚的外资管理政策收紧。根据2018年1月联合国贸易和发展会议（UNCTAD）发布的《全球投资趋势监测》报告估算，2017年全球FDI流入额为1.52万亿美元，较上年下降16%。其中，发达经济体FDI流入额较上年下降27%，而发展中经济体FDI流入额较上年上升2%。[①] 世界银行报告显示，2017年澳大利亚商业环境列全球第15位，较上年度排名下降2位；2018年较上年上升1位至14位。[②] 进入2018年，澳大利亚的国际直接投资出现大幅回升，但由于流出增速远大于流入，国际直接投资流量继2013年

---

① UNCTAD, *Global Investment Trend Monitor*, No. 28, January 22, 2018.

② The World Bank, *Doing Business 2017: Equal Opportunity for All*, 2017; The World Bank, *Doing Business 2018: Reforming to Create Jobs*, 2018.

以来再现净流出。数据显示，2018 年上半年澳大利亚国际直接投资流入额为 518.69 亿澳元，为上年同期的 3.04 倍；流出额为 549.41 亿澳元，为上年同期的 3.95 倍；净流出额为 30.72 亿澳元。

表 3　澳大利亚国际直接投资情况

	2016 年		2017 年		2018 年上半年	
	规模（亿澳元）	增长率（%）	规模（亿澳元）	增长率（%）	规模（亿澳元）	同比增长率（%）
存量						
流入	8976.65	6.6	9421.01	5.0	9939.7	8.7
流出	6570.38	3.3	6988.41	6.4	7537.82	12.3
净流入	2406.27	16.9	2432.6	1.1	2401.88	-1.5
流量						
流入	558.77	-36.6	444.36	-20.5	518.69	203.8
流出	210.91	-8.1	418.03	98.2	549.41	294.6
净流入	347.86	-46.6	26.33	-92.4	-30.72	-197.6

数据来源：澳大利亚统计局（www.abs.gov.au）数据库，2018 年 9 月。

（三）中澳贸易与投资：保持良好势头

近年来，中澳经贸关系发展迅速，并成为两国关系发展的重要支撑。尽管 2017 年下半年以来，中澳关系因澳方责难出现波折，但两国贸易往来仍保持了良好发展势头。截至 2018 年上半年，中国作为澳大利亚最大贸易伙伴、第一大出口市场和第一大进口来源地地位未发生改变。IMF 根据澳大利亚统计数据显示，2017 年中澳货物贸易总额为 1287.96 亿美元，较上年增长 22.0%。其中，对华出口额为 766.87 亿美元，较上年增长 31.4%；自华进口额为 521.09 亿美元，较上年增长 10.5%。同期，澳对华贸易顺差为 245.78 亿美元，较上年增长 119.0%。2018 年上半年，中澳货物贸易总额为 694.39 亿美元，较上年同期增长 14.0%。其中，对华出口额为 422.47 亿美元，较上年同期增长 13.2%；自华进口额为 271.92 亿美元，较上年同期增长 15.3%。同期，澳对华贸易顺差为 150.55 亿美元，较上年同期增长

9.7%。IMF根据中国统计数据显示，2017年中澳货物贸易总额为1345.09亿美元，较上年增长24.3%，其中自澳大利亚进口额为928.08亿美元，较上年增长32.3%；2018年上半年中澳货物贸易总额为739.30亿美元，较上年同期增长12.6%，其中自澳大利亚进口额为521.69亿美元，较上年同期增长11.0%（见表4）。

表4　中国与澳大利亚货物贸易情况

	2016年		2017年		2018年上半年	
	规模（亿美元）	增长率（%）	规模（亿美元）	增长率（%）	规模（亿美元）	同比增长率（%）
澳方统计						
进出口	1055.43	-3.9	1287.96	22.0	694.39	14.0
出口	583.83	-3.9	766.87	31.4	422.47	13.2
进口	471.60	-3.8	521.09	10.5	271.92	15.3
顺差	112.23	-4.4	245.78	119.0	150.55	9.7
中方统计						
进出口	1081.88	2.5	1345.09	24.3	739.30	12.6
出口	380.61	-5.7	417.01	9.6	217.61	16.5
进口	701.27	7.7	928.08	32.3	521.69	11.0
逆差	320.66	29.5	511.07	59.4	304.08	7.4

数据来源：IMF，DOT database，September 2018。

近年来，中国对澳直接投资屡创新高，澳大利亚已成为中国对外直接投资第二大目的国。根据毕马威和悉尼大学商学院共同发布的报告，2017年中国对澳直接投资额为133亿澳元（约合103亿美元），较上年下降11%（按美元计算）。[①] 中国对澳大利亚的投资总体呈现以下三个特点。一是尽管中国监管措施加强以及澳大利亚对外资加大审查力度导致投资总额出现下滑，但对矿业投资开始增长、商业房地产投资持续增长以及医疗领域的投资出现激增。二是尽管国有企业投资额出现2014年以来的首次下降，但中国

① KPMG and The University of Sydney Business School, *Demystifying Chinese Investment in Australia*, June 2018.

的私营企业在澳投资保持增长。三是从投资目的地来看，流向较为集中。2017 年，42% 的中国投资流向新南威尔士州，36% 的投资流向维多利亚州，14% 的投资流向西澳州。

四　公共债务

2017 年，澳大利亚调整了国际金融危机后的扩张性财政政策，财政收支总体保持平衡。澳大利亚统计局数据显示，2017 年澳大利亚一般政府收入总额为6301. 90 亿澳元，占 GDP 的35. 0%；一般政府支出总额为6350. 09 亿澳元，占 GDP 的 35. 3%；一般政府赤字为 48. 19 亿澳元，占 GDP 的 0. 3%，创2008 年实行赤字政策以来的新低。2018 年上半年，澳大利亚进一步收紧财政支出，并出现盈余。统计数据显示，2018 年上半年澳大利亚一般政府收入总额为 3442. 65 亿澳元，占 GDP 的 36. 8%；支出总额为 3248. 72 亿澳元，占 GDP 的 34. 7%；一般政府收支盈余 193. 93 亿澳元，占 GDP 的 2. 1%。

表 5　澳大利亚一般政府收支情况

单位：亿澳元

	2017 年				2018 年	
	第一季度	第二季度	第三季度	第四季度	第一季度	第二季度
一般政府收入	1521. 78	1676. 84	1476. 36	1626. 92	1605. 55	1837. 1
一般政府支出	1528. 72	1598. 92	1614. 12	1608. 33	1586. 87	1661. 85
一般政府收支差额	－6. 94	77. 92	－137. 76	18. 59	18. 68	175. 25

数据来源：澳大利亚统计局（www. abs. gov. au）数据库，2018 年 9 月 4 日。

2008 年国际金融危机后，澳大利亚政府债务水平快速攀升。2017 年以来，政府债务快速上升势头得到抑制，但仍处于历史高位。根据 2018 年 10 月 IMF 估计数据，2017 年澳大利亚政府总债务额为 7341. 83 亿澳元，占 GDP 的 40. 8%，创历史最高水平，较上年增加 0. 2 个百分点；政府净债务额为 3366. 90 亿澳元，占 GDP 的 18. 7%，较上年下降 0. 3 个百分点。IMF

预计，2018 年澳大利亚政府总债务为 7660.39 亿澳元，占 GDP 的比重有望实现金融危机以来的首次下降，为 40.5%；净债务额为 3592.50 亿澳元，占 GDP 的 19.0%。相对其他发达国家，澳大利亚的债务风险总体处于较低水平。

五　金融市场

在外汇市场，由于美联储加息等因素推升美元走强，澳元兑美元汇率逐步呈现下降趋势。澳大利亚储备银行数据显示，2017 年澳元兑美元汇率波动上行，并于 9 月 8 日升至 0.8121 澳元/美元，相对于 1 月 3 日的年内最低点上涨了 12.3%。此后澳元兑美元汇率逐步下降至 12 月 8 日 0.7512 澳元/美元的低点，并再度上升至 2018 年 1 月 29 日 0.8096 澳元/美元的高点，此后波动下降（见图 4）。截至 2018 年 10 月 9 日，澳元兑美元汇率为 0.7044 澳元/美元，创年内新低，与年内最高点相比下降了 14.9%。在澳大利亚维持现有不变的情况下，如果美国加息步伐高于预期，澳元仍存在进一步贬值的空间。

在股票市场，澳大利亚股指屡创 2008 年国际金融危机以来的新高。澳大利亚统计局数据显示，2017 年 1 月，澳大利亚所有股票指数为 5675.0 点，至 12 月上升至年内最高点，为 6167.3 点，较 1 月上涨 8.7%。进入 2018 年，澳大利亚股票指数在经过短暂回调后再创新高。2018 年 8 月，澳大利亚所有股票指数为 6427.8 点，创 2008 年 1 月以来的最高水平，相对于金融危机后的最低点上涨了 84.7%。2018 年 9 月，澳大利亚所有股票指数较上月有所下降，为 6325.5 点（见图 5）。经济复苏向好为股市的良好表现奠定了重要基础。

在国债市场，澳大利亚十年期国债收益率高位波动。澳大利亚储备银行数据显示，2017 年以来，澳大利亚十年期国债收益率延续了上年末水平，并于 3 月 10 日达到 2.980%，创 2015 年 7 月 16 日以来的最高水平。6 月 27 日，澳大利亚十年期国债收益率降至年内最低点，为 2.355%，较最高点下降 62.5 个基点。进入 2018 年，澳大利亚十年期国债收益率的波动幅度较上

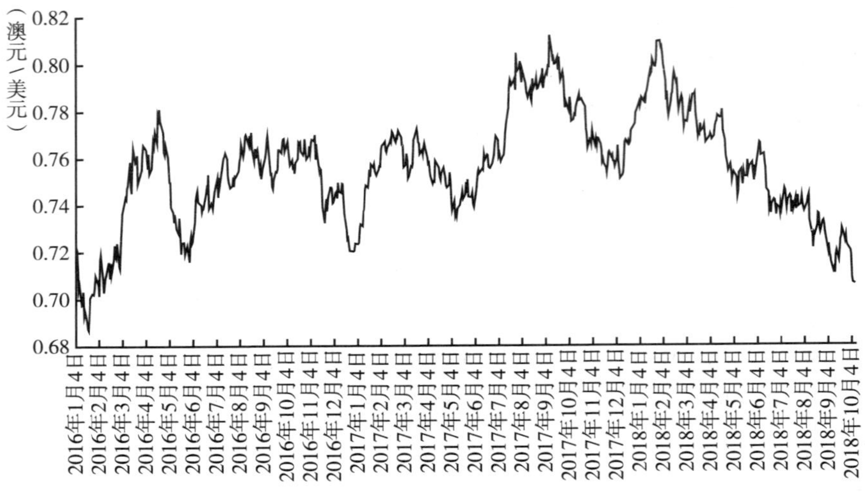

图 4　澳元兑美元汇率变动情况

数据来源：Wind 资讯全球宏观数据库，2018 年 10 月 9 日。

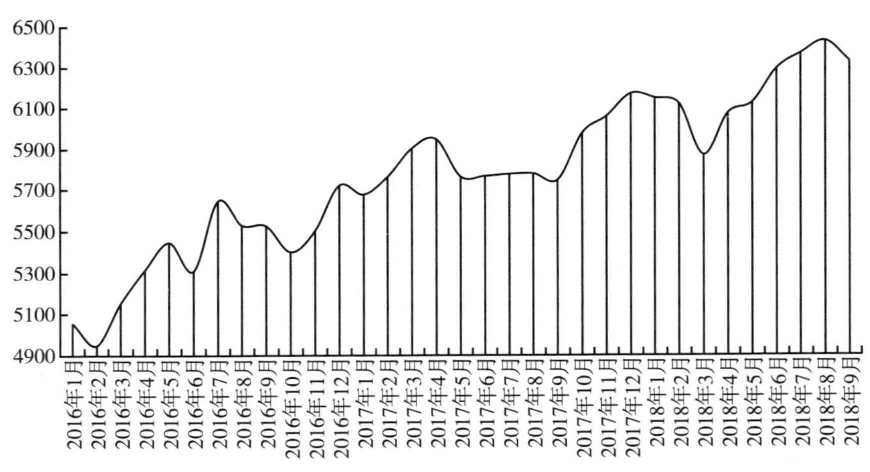

图 5　澳大利亚所有股票指数变动情况

数据来源：Wind 资讯全球宏观数据库，2018 年 10 月 9 日。

年减小。截至 2018 年 10 月 4 日，2018 年澳大利亚十年期国债收益率的波动区间为 2.520% ~2.935%（见图 6）。

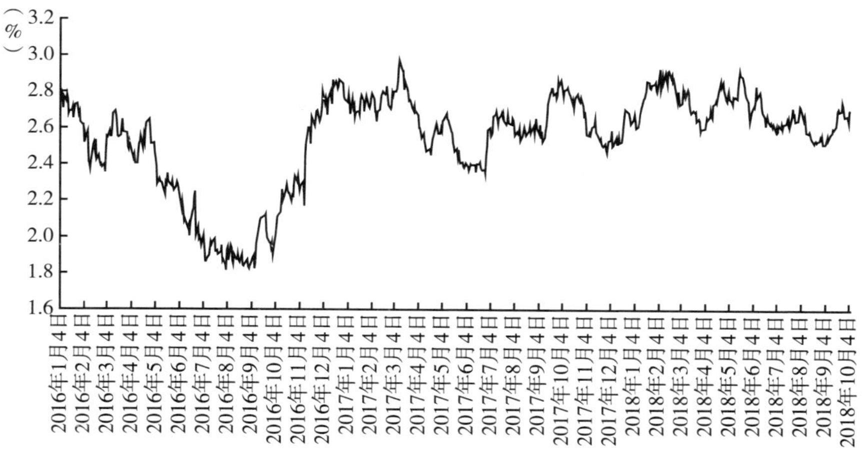

图 6　澳大利亚十年期国债收益率变动情况

数据来源：Wind 资讯全球宏观数据库，2018 年 10 月 9 日。

六　小结与展望

2017 年以来，澳大利亚经济增长出现波动，但未改变向好势头。物价低迷的状况得到进一步缓解，就业和收入总体有所改善。得益于国际大宗商品价格回升和澳元走弱对出口的刺激，澳大利亚对外贸易增长动力明显增强。国际直接投资止跌回升，流入与流出增长出现分化，并且流出增速远高于流入增速。财政收支趋于平衡，公共债务快速上涨势头得到抑制。在澳元兑美元汇率已出现大幅下降的情况下，澳元仍存在进一步贬值的压力。股票市场表现较好，国债收益率波动减小但处于较高区间。中澳经贸合作对澳大利亚经济发展的支撑作用得到进一步巩固。

展望未来，澳大利亚经济增长仍具有良好的基础，但受各种因素的影响，经济下行压力将逐步加大。具体来说，以下四个方面的因素值得关注。一是全球保护主义的发展动向。目前，一些主要国家加大了贸易和投资等领域的保护，而受此影响的一些相关国家也会因此采取新的保护主义措施加以应对。一旦全球经贸环境恶化的概率不断提升，必定对澳大利亚出口带来不利影响。二是美国加息的力度和节奏。如果美联储进一步按既定节奏加息，澳元将会继续承压。尽管澳元贬值有利于出口并改善通胀，但持续贬值将进一步挫伤市场对澳元的信心，其负面影响也将显著增加。三是中澳经贸关系的发展。尽管目前中澳关系中的一些不利因素尚未对两国经贸关系发展带来明显影响，但两国之间的政治与战略互信难以在短期内重建，其对两国经贸关系的影响还有待观察。如果澳大利亚新一届政府在改善两国关系方面未能采取实质性行动或出现进一步伤害两国关系的言行，中澳经贸关系发展必将受到影响，中国对澳大利亚经济的支撑作用也将因此受到制约。四是突发性的自然灾害。近年来，澳大利亚自然灾害频发，并明显拖累经济增长。不排除未来一年澳大利亚再次遭受恶劣天气、地质灾害等突发性事件的可能，如应对不力，还将引发社会问题。

基于当前澳大利亚经济发展的形势及所面临的国内外环境，2019 年澳大利亚经济将维持在 3% 的增长水平。

参考文献

IMF（2018），*World Economic Outlook 2018：Challenges to Steady Growth*，October 3，2018.

KPMG and The University of Sydney Business School（2018），*Demystifying Chinese Investment in Australia*，June 2018.

The World Bank，*Doing Business 2018：Equal Opportunity for All*，2018.

The World Bank，*Doing Business 2018：Reforming to Create Jobs*，2018.

UNCTAD，*Global Investment Trend Monitor*，No. 28，January 22，2018.

B.4

2017~2018年澳大利亚的对外关系

韩　锋*

摘　要： 澳大利亚受到国内政治和弱势政府影响，2017~2018年的外交以稳健为主。一方面保持与大国关系的稳定，另一方面逐渐推进澳大利亚新外交政策白皮书的战略部署和外交理念。其中有趣的看点是中澳关系的起伏和“印太战略”的推进。除了发展传统的大国关系，东南亚和南太地区在澳外交战略中的地位明显提高。

关键词： 澳大利亚外交　印太地区　大国关系　中澳关系

2017~2018年，虽然澳大利亚国内政治动荡，但其外交基本保持平稳。特别在新的《外交政策白皮书》在2017年底出版后，澳大利亚已经积极组织实施。澳大利亚的对外关系一年来有如下特点。

一　注重大国关系

在澳大利亚的大国关系中，最重要的还是澳美关系和中澳关系。在澳美关系方面，澳更多的是有选择地“跟随”；而在中澳关系方面，澳在保持现状和不继续恶化的基础上，寻求适当改善。

* 韩锋，中国社会科学院亚太与全球战略研究院研究员，北京外国语大学教授，中国澳大利亚学会前会长（2010~2016年），主要研究领域为亚太地区国际关系和安全关系、澳大利亚和新西兰的政治与外交。

（一）澳美关系

2018 年 7 月 23 ~24 日，美澳之间的国防外交双部长（2 +2）对话在美国斯坦福大学举行。根据目前双方关系走向和共同的安全外交关切，2 +2 对话以美澳联盟为基础，就印太地区的战略安排进行磋商和讨论。

首先，深化合作。印太地区是双方的一个新的合作平台和区域。除了军事和安全合作之外，如何推进和促进在美国领导下，形成印太地区的和平、稳定和繁荣是双方需要重点磋商的问题。澳大利亚地处印太两洋当中，对于印太的平台建设和区域合作更为积极。而美国也赞成澳大利亚的动议，印太地区需要更多的综合投入。澳计划从教育和科研入手，通过“美国研究中心”和“珀斯美国亚洲中心”来开展合作。未来 4 年将陆续拨款 1200 万澳元鼓励对于当代美国的研究和学习。澳外交贸易部、国防部、教育与培训部、工业与科技部将共同出资，由“美澳学会”负责管理，鼓励相关的政策研究。

其次，南海问题。“印太战略”成为美澳共同关心的重点，南海处在印太的要道之上，南海问题自然也成为地区战略问题的重中之重。美澳在所谓南海“航行自由”问题上一直有共识，澳大利亚还特别强调南海问题的国际裁决的遵守和落实，并担心中国在“南海扩岛”和“军事化”。因此，南海问题不仅是双方地区安全上的重要问题，也成为印太地区建设中的安全“障碍”。但双方在南海问题政策上的分歧依然存在。美国一直要求澳海军参与美国海军在南海的行动，进行共同巡航，或澳海军单方面采取更加“积极”的介入手段。到目前为止，都为澳大利亚所拒绝。

再次，经贸关系。两国外长就目前国际贸易形势进行磋商，特别是美欧、中美出现贸易问题时，美澳双方的磋商和交流对两国都很必要。澳大利亚希望能够通过交流评估美国的战略意图和国际影响，以做应对。在贸易问题上，澳大利亚对美国的贸易保护和动用关税来解决争端是存疑的，并担心国际贸易出现混乱，影响澳大利亚的经济安全。但是，美国作为世界最重要的经济体，也是澳大利亚最重要的贸易伙伴，其贸易政策的影响对澳来说也是不容忽视的。

最后，双边关系。澳大利亚在对话中希望向美传达澳坚持美澳同盟的一贯性立场，在当前国际形势动荡时期，美澳关系对未来地区和国际政治与经济都十分重要。同时，澳要表明尽管有分歧，美国仍然必须是北约的领导。此外，2018 年是美国和澳大利亚军事合作 100 周年。双方要利用这一重要的纪念日，进一步深化同盟关系和军事合作。

总之，2018 年的美澳“2 +2”部长磋商重点是围绕印太地区的安全与合作进行双边磋商，双方将在军事和安全合作的基础上，推行地区的经济贸易协调和海洋治理，从而使印太地区合作更加全面。

澳美关系在强化的同时，双边关系也有令人不满意的地方。这就是美驻澳大使空缺问题。自从前任驻澳大使约翰·贝瑞（John Berry）于 2016 年离任后，这一职位一直空缺至今，由詹姆士·卡罗索（James Carouso）留任临时代办。对澳来说，美国驻澳大使一直空缺始终是澳政府和社会的心结。美国是澳大利亚的盟国，视澳大利亚为亚太或印太地区的重要战略伙伴。可是因为澳对美大选特朗普当选的“误判”、难民问题以及澳北部美军基地等问题，澳美之间存在龃龉。美国在 2018 年 2 月，曾经任命退役的太平洋司令哈利·哈里斯（Harry Harris）出任驻澳大使，但特朗普政府 4 月又改任哈里斯为驻韩国大使，在澳引起不满。澳目前是美国 25 个仍空缺大使的国家之一。更为严重的是，在大国关系变化导致国际和地区形势迅速变化的时候，其他对美重要的国家，如新西兰和加拿大因为美国大使在任而使双边关系能够随时保持沟通和畅通，[①] 而澳大利亚却因没有美国大使，相对影响了澳美关系的日常协调和关系的畅通，不能不说是澳美双边关系中的一个“谜”。直至 11 月，特朗普终于计划提名阿瑟·卡威豪斯（Arthur B. Culvahouse Jr.）担任美国驻澳新一任大使。卡威豪斯先生已经年逾 70 岁，他曾是前总统里根的法律顾问、美国美迈斯国际律师事务所的名誉主席和法

① Alan C. Tidwell，“Time to fill the big hole in the Oz-US ties”，Lowy Institute，September 28，2018，https：//www. lowyinstitute. org/... /time-fill-big-hole-us-australia-ties.

律顾问。此前，他曾担任该律师事务所的主席。他还曾为特朗普 2016 年竞选提供过帮助。[①] 美国新大使的到任正值澳、美国内选举，将为未来两国政府新的变化提供更便利的沟通渠道。

（二）澳日关系

澳日关系在当下成为澳大利亚最重要的地区双边关系之一。中美的关系不确定，不仅影响澳日与世界最大的国家的关系，中美关系的最终走向还直接影响现行的地区和国际秩序。因此，澳大利亚和日本都有加强双边关系的意愿。

2018 年 1 月 18 日，澳大利亚总理特恩布尔出访日本，寻求推动 2014 年 9 月双边的意向协议《访问部队地位协定》成为正式的双边协议。该协定将可能推动澳日之间的“安全合作”取得重大突破，特别是澳大利亚可能因双边安全需要在日本临时驻军。这表明澳大利亚在地区寻求建立同盟关系，并从强化与美有同盟关系的国家之间的合作入手。2007 年澳日签署了《日澳安全保障联合宣言》，正式确立了双边安全关系，并开始了外长和防长“2 + 2”安全对话，从而启动了机制性安排。澳大利亚和日本加强双边战略和安全合作源自两国国内都有对美国的担心，还对在大国关系变化的时候，美国是否能够一如既往地保护盟国的安全充满担忧。特别是特朗普上台之后，强调对等的利益和义务，进一步降低了澳日作为美国盟国的信心。双方直接进行合作的意愿加强。澳大利亚一直在强化自身的军事装备水平，日本则力图解禁集体自卫权，建立更加独立的“新安保体制”。但因为 2016 年两国“潜艇购买”生变，澳日关系受到影响。两国在新的形势下，重新加强两国关系，特别是安全合作。

2018 年 10 月 10 日，第八次澳日外交和国防部长双部长磋商会议（“2 + 2”）在澳大利亚悉尼举行。会议主要内容是“印太”合作与地区和国际问题。

① 《特朗普选定美国驻澳大使　空缺已近两年》，*The Australian*，November 6，2018，https：//cn. theaustralian. com. au/2018/11/06/14329/。

在印太合作领域：双方确认了以合作和维护规则为基础的秩序；强化澳日与美国三边海上和安全合作，以及与印度的四方合作；加强印太地区的经济合作，特别是基础设施领域的合作，同时提高东南亚和南太岛国的能力建设和海洋发展援助。在地区与国际问题方面：澳日两国讨论了朝核、南海、东海、核不扩散、东盟、南太、跨太平洋合作、以规则为基础的地区和国际秩序以及与中国的合作等问题。澳新任外长玛丽斯·佩恩（Marise Payne）和国防部长克里斯托弗·派恩（Christopher Pyne）出席了会议。① 实际上这也是澳新政府首次与日本的高层对话，对澳日双边关系有双重含义。

二 加强地区合作

澳大利亚强调印太地区合作，在协调与美国、日本、印度等大国关系的基础上，也对印太地区内的次地区外交进行了一些结构性的调整。一方面更加注重澳大利亚与东盟的关系；另一方面利用东盟连接两洋的地缘优势，提高澳在印太地区的影响力。这也是澳大利亚参与地区合作过程中得出的一条不成文的“信条”。澳大利亚在过去众多地区合作动议中，没有东盟的支持和认可，成行的可能性不高；而有了东盟的认可，澳可以在印度洋和太平洋地区建设方面有所作为。相对来说，在美、日、印、澳4国中，澳大利亚是相对较弱的一方，作为重要的发起方，澳大利亚亟须提高政治上的权重。另外，南太地区在印太战略中还没有清晰的地位，但是南太地区的重要性明显突出，与印太地区的有机联系显而易见。

（一）与东盟的关系

澳大利亚推行印太地区合作，既要大国平衡，又要注重发展与东盟的关

① “Joint Statement：Eighth Japan-Australia 2 + 2 Foreign and Defence Ministerial Consultations”, Australian Government Department of Defence, October 10, 2018, https：//www. minister. defence. gov. au/minister/cpyne/media-releases/joint-statement-eighth-japan-australia-22-foreign-and-defence.

系，东盟是澳大利亚印太地区合作的战略要冲和地区的政治依靠。因此，澳大利亚利用举办东盟－澳大利亚特别峰会进一步深化与东南亚地区的关系。

2018 年东盟－澳大利亚特别峰会于 3 月 14～15 日在悉尼召开。这是澳大利亚首次在澳与东盟国家领导人举行峰会。印度尼西亚总统佐科、马来西亚总理纳吉布、泰国总理巴育、新加坡总理李显龙、文莱苏丹哈桑纳尔、越南总理阮春福、老挝总理通伦、柬埔寨首相洪森、缅甸国务资政昂山素季等东盟各国主要领导人出席会议。① 峰会主要聚焦安全和经济领域合作两大议题。商务峰会包括 CEO 论坛、中小企业会议、妇女创业早餐会等内容；反恐主要集中讨论打击恐怖主义金融活动与维护网络安全等问题。除了东盟各国领导人，东盟和澳大利亚的金融情报部门、银行、开发商、科学家，以及其他相关领域的人员应邀参会，共同商讨创建电子和数字方案，抑制恐怖组织的金融活动，加强网络安全。会议最后发表了《悉尼声明》，标志着东盟和澳大利亚走进关系日益紧密的新时代。会议还签署了《东盟同澳大利亚联合打击国际恐怖主义谅解备忘录》。

东盟－澳大利亚特别峰会始于 2016 年，首次会议在老挝首都万象举行。峰会两年举办一次。东盟对澳大利亚非常重要，2016 年东盟 10 国整体 GDP 达到了 2.5 万亿美元，双边贸易达到了 932 亿美元，其中农业食品贸易达到 124 亿美元。2016～2017 年度，东盟赴澳旅游人数达到 130 万人。2017 年，东盟成立 50 周年，并建立了共同体，不仅表明东盟已经是成熟的地区组织，而且在亚太地区和东亚地区都发挥着重要作用。东盟 10 个成员国整体与澳贸易超过美国、欧洲和日本等大国和地区，是澳大利亚对外贸易的第二大伙伴，② 占澳大利亚贸易总额的 15%。

澳大利亚与东盟的关系既密切又复杂。过去澳大利亚担心邻近的亚洲国家从移民、文化、社会和军事等方面威胁到澳大利亚的本土安全。澳大利亚

---

① 《东盟－澳大利亚特别峰会在悉尼闭幕》，新华网，2018 年 3 月 18 日，http://www.xinhuanet.com/asia/2018－03/18/c_1122555035.htm。

② 《东盟－澳大利亚特别峰会在悉尼闭幕》，新华网，2018 年 3 月 18 日，http://www.xinhuanet.com/asia/2018－03/18/c_1122555035.htm。

既希望融入亚洲又希望与东盟国家搞好关系，同时还希望以发达的西方国家代言人的形象，为地区提供指导和帮助。中国迅速发展之后，澳大利亚忧虑美国的衰落，在保持与美国同盟关系的同时，发展与地区的盟友关系，以保证地区的稳定和澳大利亚的利益。例如，近几年，澳大利亚分别与日本、印度、印尼等地区大国发展密切的双边关系。东盟作为地区组织也在澳大利亚的选择范围当中。澳大利亚在改善与东盟重要成员印尼、马来西亚等国的关系之后，与东盟的总体关系也随之提升。澳还模仿美日等国的做法，与东盟举办单独峰会，既拉近与东盟国家的关系又加强具体合作。2018 年东盟－澳大利亚特别峰会的主题看似一般，其中却体现了澳大利亚的优势和主导的意识，通过商务和金融反恐这两个东盟和澳大利亚都关注的领域，提高东盟与澳大利亚的合作层次。在合作过程中，澳大利亚可以通过技术优势和体系来影响东盟成员，特别是那些发展水平较低的成员。另外，东盟始终是澳大利亚融入亚洲的优先方向。过去受到日本和东盟的“抵制”，未能完全如愿，现在面临地区大国关系调整的大背景，澳大利亚顺势而动，符合澳大利亚的国家利益和其外交战略安排。

（二）与南太地区的关系

澳大利亚认为南太是其传统的利益攸关地区。太平洋岛国地区共有 27 个国家和地区，由 1 万多个岛屿组成，分属美拉尼西亚、密克罗尼西亚、波利尼西亚三大群岛区。其陆地总面积仅 55 万平方公里，总人口为 800 多万。澳大利亚更加侧重发展与美拉尼西亚地区的关系。澳大利亚对任何介入南太岛国事务的行动都持高度警惕和戒备的态度。为此，澳大利亚在 2017～2018 年致力于采取新的南太政策。

2017 年 9 月，澳总理特恩布尔在年度太平洋岛国论坛上提出“加强对南太的介入”。这实际也是澳大利亚 2017 年 11 月发布的新版《外交政策白皮书》中所列的今后澳外交 5 大重点之一。澳大利亚加强对南太介入的主要措施有以下几方面。

1. 增强伙伴关系，促进经济增长。第一，建立太平洋劳工计划。每年

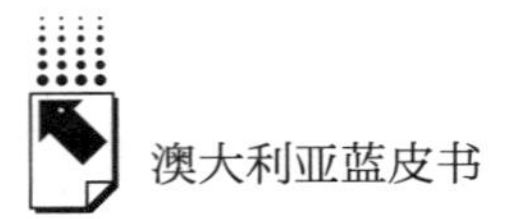

允许太平洋岛国2000名劳工赴澳的农业地区从事3年的低端和半熟练工种的就业。这是澳总理2017年9月提出的建议，已经与基里巴斯、瑙鲁、图瓦卢等国签署了备忘录。

第二，建立太平洋劳工便利化机制。该机制是为了管理和帮助在澳打工的岛国劳工。①提高劳工的数量和培训力度；②与澳雇主合作，促进太平洋劳工计划实施；③为岛国劳工在澳提供相应服务；④为返回的岛民提供融入当地社区和经济的帮助；⑤跟踪劳工计划执行后劳工移动造成的社会和经济影响。⑥加强"太平洋更紧密经济关系协议+"。澳明显是要利用"太平洋更紧密经济关系协议+"的机制来强化与南太地区的合作，加强南太一体化。

2. 增强伙伴关系，保障安全。第一，《比克塔瓦升级版宣言》(Biketawa Plus)。"太平洋岛国论坛"领导在2017年同意协商，将2000年宣布的《比克塔瓦太平洋地区安全宣言》升级为《比克塔瓦升级版宣言》，以指导地区未来应对可能出现的安全问题。澳希望新的宣言能够进一步扩大安全的概念，包括人的安全、人道救援、环境安全、地区安全合作、应对气候变化和自然灾害的能力等。为此，澳决定建立澳大利亚太平洋安全学院，对岛国的领导进行安全和专业拓展培训。

第二，地区信息网络。试点太平洋信息共享网络计划，加强地区情报合作，并探索地区安全和法律实施机构之间的联动，以应付地区面临的共同安全威胁。

第三，双边安全合作。澳与所罗门群岛、图瓦卢和瑙鲁在2017年分别签署了双边安全伙伴关系备忘录，旨在加强海洋巡查、执法、边境和法治能力建设等方面的合作。

第四，医疗合作。为了强化健康合作，澳与图瓦卢、瑙鲁、汤加、所罗门群岛和基里巴斯分别签署了备忘录，以使澳医疗设备管理部门可以进行医疗检查。

第五，海空管理。澳答应在未来30年资助太平洋海上安全合作项目20亿澳元，用以更新21艘巡逻艇；加强空中侦察能力，确保太平洋岛国海上安全。

第六，打击跨国犯罪。澳联邦警察通过太平洋跨国犯罪协调中心等机制，积极发挥强化地区法治的作用。

第七，渔业合作。澳渔业管理部门通过渔业论坛机制支持太平洋地区渔业管理合作和打击非法捕鱼。

3. 增强双方人民之间的关系。第一，“新太平洋互联计划”。2017 年，澳总理提出“新太平洋互联计划”，培育澳与太平洋岛国领导人在战略层面（包括公共、民间和社区之间）的更加紧密的关系。第二，文化教育合作。澳外长宣布澳自 2018 年开始实施澳与太平洋岛国学校间的伙伴计划，以及实施太平洋数字文化项目。第三，研究合作。2017 年 10 月澳大利亚发起了太平洋研究项目，增强太平洋－澳大利亚－新西兰区域内的研究和活力。在已有基础上，2018 年，澳将支持 1100 名参与者。

总之，澳要增加对南太的投入，并应对气候变化和自然灾害；保持可持续发展，为人口的增长提供教育、技能培训和就业机会；促进性别平等，承认女性在取得发展成果中的地位；防止重大疾病的爆发和跨国犯罪。

澳大利亚加强对南太介入的援助资金在 2017～2018 年度可达到 11 亿澳元。澳大利亚官方发展援助（ODA）的资助计划 2017～2018 年度为 1.8 亿澳元，2018～2019 年度为 2.613 亿澳元。其目标主要有：①发展经济；②提高地区机构的效率；③建设健康和有活力的社区；④提高女性地位。

澳大利亚的地区影响力由于长期积累已经形成较为深厚的基础，并与南太地区保持着密切的文化和人文联系，有大量南太岛民在澳居住。澳大利亚在南太拥有更加深厚的人文资源和地区情感基础。因此，澳大利亚对南太新政策呈现以下 5 个特点。

第一，作为澳大利亚的新的地区外交战略，被载入最新的政府外交政策白皮书中，说明其在澳新外交中的重要性和长期性。

第二，深化现有的地区合作（基本是在澳的指导和控制之下），在多边合作基础上，辅之以各种双边安排。

第三，抓住农业、渔业、海洋管理与安全等地区最关心的领域进行合作，并提供公共产品，投入不大，针对性强，效益明显。

第四，扩大安全的边界，将地区很多自然威胁和非传统安全威胁列入地区安全合作的范围，扩大了地区安全合作的领域，也增加了后来者参与的成本。

第五，加强文化、教育、就业等带有明显地区人文特点的合作，帮助形成地区共识和身份认同。

此外，巴布亚新几内亚 2018 年举办年度 APEC 会议。澳大利亚对巴布亚新几内亚主要采取的政策如下。①增加援助。澳对巴新的援助由 2017 ~ 2018 财年的 5.41 亿澳元提高到 2018 ~ 2019 财年的 5.722 亿澳元。②提高援助质量。除了经济援助之外，还致力于提高援助的综合效益。③加强制度安排。在双边战略框架和官方往来的基础上，加强移民安置、社会治理、地方政府、资源开发、网络安全等领域的合作，密切了人员交流，加强了官员培训、教育、科技等领域的合作。

三　中澳关系

中澳关系曾被称为中国与发达国家关系的典范，虽经历风雨，但还是一直保持积极发展的方向。然而，中国与澳大利亚两国在 2017 年建交 45 周年纪念之后，一年多没有政府间部级以上官方交往，实属罕见。其间，澳对华关系也成为国内的“焦点”，涉华“负面”问题频发。在政府层面，澳许诺达成的中澳之间的引渡条约没能成行；中国提出“一带一路”倡议与澳的相关国家开发战略对接意向也没有得到澳政府的回应。在社会层面，澳国内先后出现了歪曲指责具有华裔背景的澳公民和常住居民的“政治捐款”、留学生、军事科研交流、中国投资等一系列中国“干涉”澳内政和“威胁”澳安全的事件。最终，澳通过了新的反干涉法案（2018 年 6 月）。在地区安全层面，澳不断在南海问题和南太地区问题上指责中国。上述问题大多在 2017 年已论述过。2018 年，影响中澳两国关系的直接原因不能不提到澳大利亚新通过的反干涉法案。

澳大利亚政府修改和出台新的反干涉法案是2017年12月8日根据总理特恩布尔的提议进行的，其目的主要有：①强化对现有间谍、秘密活动、叛国、破坏，以及相关犯罪的惩戒；②将新形势下的外国干涉和经济间谍入罪；③建立外国在澳影响透明的制度。经过近半年的起草、协调和协商，2018年6月，澳议会负责法案修改工作的情报和安全联合委员会（Parliamentary Joint Committee on Intelligence and Security）出台了修改报告《国家安全立法修正案（〈反间谍与反外国干涉法案〉）的顾问报告》，并在6月28日通过了该法案。

尽管澳政府一再声明该法案不是针对中国的，但是在通过此法案过程中，澳政治上一直在利用中国"因素"，明里暗里指责中国"干涉"澳政治和主权。该法案出台之后，对中国的影响大致有以下三点。

（1）对在澳中资企业和机构的影响。由于法案重点要对有政府背景和政治背景的外国企业和机构进行约束，而中国在澳企业，特别是其中的国企或者政府资助的机构都有可能受到影响。影响主要体现在以下方面。第一，对我国有企业和政府资助的机构的影响。澳对我国公司在澳的监管会比以前更加繁琐，并强调"政治备案"，虽然可能不会直接伤害企业，但无形中将澳认为需要"关注"的中国企业打入"另册"，会间接影响企业的经营，并一定程度上限制企业的活动。长此以往，可能会导致歧视后果。第二，对中国企业和机构的影响。澳对中国企业鉴定时常会相对"随意"，即便不是国有企业和单位，也有可能被贴上为政府服务的标签，在新反干涉法出台之后，这个问题可能变得更为严重。这种"随意"背后有澳国内政治、行业保护、地区利益、社会政治等原因。这对中资企业，尤其是新进入澳大利亚的企业挑战性极大。第三，对中资企业和机构经营的影响。中资企业和机构在一定程度上受到国内经营套路的影响，在海外也习惯于与政府相关主管部门和主管官员、相关议员打交道，也有依靠当地华人的情况。而对于当地的市场环境、社会环境、风俗习惯、社区管理等软要素重视不够。在新的法律条件下，也非常容易出现问题。一是所谓的"涉密、影响和干涉"，以及"商业机密"等问题；二是软因素导致对中国企业和机构的不满，进而引发

对中国的不满。此外，除了上述影响之外，对中国在澳孔子学院也产生一定的影响。由于其特殊性和每个孔院的情况不同，这还有待具体评估；对于有政府资助的中国留学生的组织，可能会带来直接的影响，主要是有可能要求注册和公开财政、活动范围、内容等。对中国留学生的影响较小。

（2）对当前中澳关系的影响。澳修改反干涉法案的最关键的步骤和时刻恰好伴随着中澳关系出现问题，甚至出现摩擦。中澳双方都有人认为，该举动是针对中国的，或者主要是针对中国的。其中又分为不同的说法。例如，“中国干涉论”、“利用中国论”、“国内政治困境论”等。总之，有很强的中国因素。该法的实施可能导致中国对澳大利亚投资的下降和双边贸易的减少，这也是现在澳国内争论的焦点之一。此外，在澳华人受到一定的影响，也可能会影响到双边关系。澳现有 100 多万华裔，占总人口的 5.6%。尽管特恩布尔多次强调，拟议中的法律不针对中国或在澳华人，但事情可能远比政府估计的复杂。例如，一些在澳华裔多年来建立了与中国大陆的商业网络、社会活动关系。有的澳华人社区已有 100 多年的历史，而且华人社区不断壮大，其中包括很多新“华人”。

（3）国际影响。澳修改反干涉法案产生的国际影响大概有 3 个方面。第一，西方国家。澳此次修改法案参考了美国的相关法律和英国相关机构的做法，可以看出还是在西方，特别是“5 眼”国家法律框架和机制体系内的安排。新西兰已经明确表示不会跟随澳大利亚，其他国家还没有明确表示要采取类似的法律。第二，地区英联邦成员国。澳修改法案在法律上最直接影响的就是本地区的英联邦成员，尽管目前这些国家还没有明显的政治意愿要步澳的后尘。第三，地区政治上的影响。澳社会政治中对华有担心，这在地区很多国家普遍存在，有可能产生共鸣。但地区国家多数的法律体系无法与澳同日而语，因此，如果有国家要复制澳的反干涉法也多从政治上考虑。这个可能性不能排除，尤其是澳正式通过了该法案之后，其示范效应会有所影响。

除此之外，澳大利亚继续对中国的投资有选择地拒绝。例如，阻止华为进入澳大利亚；对于中国与南太岛国的合作高度警觉，甚至进行破坏性的竞争，或者指责“有军事意图”。

在澳国内，澳政府的中国政策不断遭到反对党、地方政府、学界和工商界的批评，说明澳在处理与中国关系上的偏执不符合现实的国际形势发展，伤害了澳大利亚的独立性和国际形象，也有损于澳的国家利益。澳政府的中国政策调整势在必行。莫里森新政府恰好没有包袱，可以采取更积极主动的姿态。中国和澳大利亚外交部11 月5 日同时发布了一条简短的消息：“应国务委员兼外交部长王毅邀请，澳大利亚外交部长玛丽斯·佩恩将于11 月7 日至9 日访问中国。”① 这条消息马上引起了极大关注，无疑这标志着中澳关系开始改善，这应该也是双方共同的期望。澳外长应邀访问中国，不仅恢复了中澳之间的双边部长级“外交战略对话”,② 还会针对目前的双边关系，采取改善措施。在9 月联大会议期间，王毅外长应约会见了澳新政府外长佩恩，双方达成重要共识：“共同努力，在相互尊重、平等互利基础上拓展各领域交流与合作，推动中澳关系取得新进展。”③ 其实，澳大利亚希望改善与中国的关系在特恩布尔政府晚期已经十分明显。6 月19 日，在澳大利亚中国工商业委员会上，总理特恩布尔推责给媒体，认为媒体“促成”了中澳关系的恶化，想要改善中澳关系。7 月30 日，澳当时的国防部长，现任外交部长佩恩宣布澳邀请中国派军舰参加由澳大利亚举办的卡卡杜联合演习（Exercise-Kakadu）。8 月4 日，外长毕晓普提出来北京“晨跑”，直接要求恢复双边官方交往。8 月7 日，特恩布尔在新南威尔士大学发表演讲时表示澳欢迎中国改革开放取得的非凡成功，积极评价华侨华人对澳社会所做出的贡献，期待同中方加强“一带一路”等领域的合作，推进中澳全面战略伙

---

① 《2018 年11 月5 日外交部发言人华春莹主持例行记者会》，中国外交部网站，2018 年11 月5 日，https：//www.fmprc.gov.cn/web/fyrbt_673021/t1610333.shtml。

② “Visit to China for 5th Australia-China Foreign and Strategic Dialogue”，Australian Minister for Foreign Affairs，November 5，2018，https：//foreignminister.gov.au/releases/Pages/2018/mp_mr_181105a.aspx.

③ 《2018 年11 月5 日外交部发言人华春莹主持例行记者会》，中国外交部网站，2018 年11 月5 日，https：//www.fmprc.gov.cn/web/fyrbt_673021/t1610333.shtml。

伴关系。[①] 莫里森上台后，澳政府继续寻求改善双边关系。10 月 4 日，莫里森访问华裔居民聚居的悉尼南区赫斯特维尔（Hurstville），强调澳与中国发展长期的全面战略伙伴关系，并承诺澳大利亚会一直欢迎中国学生、投资者和企业。[②] 几乎同时，澳反对党影子内阁外长佩妮·黄（Penny Wong）在墨尔本的一个会议上，“阐述了工党准备在处理中澳关系上遵循的原则：正确认识中国；清晰地识别双方利益的不同和共同之处；对中国要以尊敬为前提而不是恐惧”[③]。虽然澳执政党和反对党在对华关系问题上还有政策差异，但改善中澳关系已出现了共识。11 月 5 日，澳大利亚贸易部长西蒙·伯明翰（Simon Birmingham）不仅率团参加中国进口博览会，还公开表示支持最近澳大利亚维多利亚州政府签署“一带一路”倡议。莫里森总理虽然对维州政府“越权”“单干”、接受“一带一路”倡议颇有微词，[④] 但还是表示要在年底陆续召开的东亚峰会、G20 峰会和 APEC 等场合与中国领导人会面，探讨改善中澳关系。[⑤]

澳大利亚国内政治动荡，随时可能举行大选。中澳关系很难成为澳政府重要的政治议题。因此，从现在到澳大选选出的新政府站稳脚跟之前，中澳关系的改善很难系统和深入推进。现阶段澳为了国内大选需要，力求外交政策稳定，双边关系能够得到缓和。但由于澳国内政治博弈激烈，对中国释放出来的信号又不太清晰和具体。所以，实质性的双边关系调整还要等大选过

---

① 《澳大利亚总理称赞澳中教育科研合作》，中国新闻网，2018 年 8 月 7 日，http://www.chinanews.com/gj/2018/08-07/8592505.shtml。

② Australian Embassy China, “Prime Minister of Australia The Hon Scott Morrison MP speech at Chinese-Australian Community Event”, October 4, 2018, https://china.embassy.gov.au/bjng/181005pmspeech.html.

③ Senator Penny Wong, “Managing The Australia-China Relationship At 2018 Outlook Conference”, October 12, 2018, https://www.pennywong.com.au/speeches/managing-the-australia-china-relationship-2018-outlook-conference-melbourne/.

④ 《澳总理批评维州擅自与中国签署“一带一路”》，*The Australian*, November 6, 2018, https://cn.theaustralian.com.au/2018/11/06/14292/.

⑤ Australian Embassy China, “Prime Minister of Australia The Hon Scott Morrison MP speech at Chinese-Australian Community Event”, October 4, 2018, https://china.embassy.gov.au/bjng/181005pmspeech.html.

后。2019 年应该是中澳关系恢复和发展的一个契机。但具体如何恢复，以及发展的速度和广度取决于国际形势的变化和澳国内大选的结果。

总之，今后中澳双边关系在总体深入推进的同时，也会不断调整。中澳双方可以从双方的长远利益出发，在结构合作、地区建设和多边层面进行建设性的中长期安排，形成良性互动关系；还可以利用中国新一轮的对外开放，双方在地区合作方面深入探索。

专 题 篇

B.5
澳大利亚对中澳关系的争论：原因及其影响

〔澳〕艾琳娜·柯林森*

摘　要： 在澳大利亚，关于如何处理与中国的关系争论激烈，政府、学界、商界内部及各界之间关于此问题的分歧本身并不是新鲜事，但是近来讨论的基调和特征呈现出一种截然不同的态势。本文将探讨澳大利亚中国论调的潜在驱动因素和两国关系现状，以及哪些因素促成了当前的论调。最明显也最根本的事实是，澳外交政策在历史上始终与西方保持一致，那些"伟大且强大"的西方盟友往往占据其外交政策的首要地位。任何对现状的潜在"挑战"自然会受到阻挠并引发争论，这些"挑战"包括本文所指的中国崛起、国家发展、特朗普政

* 艾琳娜·柯林森（Elena Collinson），悉尼科技大学澳大利亚－中国关系研究院高级研究员。

府时期美国政策重心调整及其对后特朗普时代的潜在影响。本文还将考察价值观在制定外交政策中的作用如何受到越来越多的关注，探索上述因素如何促成现今的争论。

关键词： 澳大利亚　外交政策　中国论调　中澳关系

引　言

在澳大利亚，关于如何处理与中国关系的争论逐渐高涨。

虽然围绕双边关系长期存在争议，但自 1972 年两国建交以来，广泛的政策共识始终是与中国的往来符合澳大利亚利益。工党总理鲍勃·霍克（Bob Hawke）在 1983 年曾说道，“越来越多的中国体制和中国哲学正逐渐与我们的各种价值观（Values）接轨”，尽管“中国不会成为我们所定义的民主制国家，但其理念和实践与我们处理事务的方式愈加相容”①，此中所表达的乐观主义极为缓和，自惠特拉姆以来的历届政府均选择开展务实交往，同时也坚持一种非常口语化的说法，澳大利亚可以“边走路边嚼口香糖”，即澳不必在与美国联盟关系和与中国往来中做出选择。这种观念得到了两大主要党派的广泛支持。自由党总理约翰·霍华德（John Howard）表示，“我们可以同时拥有两种关系，我们对澳美关系非常坦诚，但这绝不会妨碍我们与中国的关系，我觉得与中国建立起牢固且务实的双边关系是我在任期内完成的一项非常重要的成就”②。工党总理朱莉娅·吉拉德（Julia Gillard）认为，“对于澳美防务联盟我们并没有闪烁其词……我们与美国有强大的防务联盟，与中国也建立了稳固关系。我清楚媒体上某些人流行辩驳

① Bob Hawke, “An Australian view of the world”, speech, Opening of 50th anniversary conference, Australian Institute of International Affairs, August 26, 1983.

② John Howard, Interview with David Speers, *Sky News*, September 11, 2003, https://pmtranscripts.pmc.gov.au/release/transcript-20909.

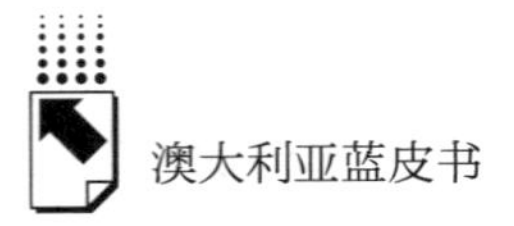

这种关系，那些说法非常幼稚，政府正在各个层面与中国开展深入往来”①。

但是在不断变化的大国权力格局和地缘战略环境中，澳大利亚必须重新审视和评估如何开展外交活动，特别是在如何应对迅速发展的中国方面。伴随外交政策重新调整而来的是激烈的争论，这在很大程度上也没有可大惊小怪的，外交政策调整与国际舞台上既定情况发生重大偏离有很大关系，而在政策调整上广泛缺乏统一性或一致性也是实情，因此，有必要进行全面讨论，以便检验不同的意见和建议。

但为什么恰恰澳大利亚对中国的讨论有特定期限，为什么最近一年半中讨论热度急剧上升，这似乎是多种因素共同导致的结果，例如：

（1）将价值观提升到国家安全保护的关键地位；

（2）习近平主席领导下的中国及其近期的发展，特朗普总统领导下的及后特朗普时代的美国存在的不确定因素，导致澳更加注重中澳关系的安全问题，同时第（1）点给双边关系的思考加入了一个强有力的价值观维度；

（3）希望驳斥关于澳大利亚在与美国的联盟关系中并没有竭尽所能的观点；

（4）反对国内政治向外交政策扩散。

这些因素相互融合推动，促成了一种变化中的中国论调。

最近几个月，关于中国论调，至少在政府层面似乎出现了基调调整。虽然实质性政策保持不变，但言论受到了控制，下文将进一步探讨。

一　价值观和国家安全

澳前驻美大使约翰·麦卡锡（John McCarthy）2017年表示：“价值观在澳大利亚外交政策理念和实践中所占比例比其他大多数西方民主国家都要高。”②

① Julia Gillard, Transcript of joint press conference, October 19, 2012, https://pmtranscripts.pmc.gov.au/release/transcript-18858.

② John McCarthy, “The values conundrum in Australia's foreign policy”, *The Lowy Institute Interpreter*, March 21, 2017, https://www.lowyinstitute.org/the-interpreter/values-conundrum-australias-foreign-policy.

在澳大利亚，关于是否强调外交政策中的价值观或利益的讨论始于20世纪70年代，当时的澳大利亚正将其重心转向亚洲地区，与此同时，在世界政治中价值观问题亦受到新的重视。澳面临的难题则在于：是否应该在寻求加强与亚洲联系的新出路的同时，对该地区内的共产主义国家进行说教？

澳政府一直以来都明白，许多所谓的个人权利其实都属于“西方”文化价值观，但在世界舞台上必须承担起捍卫这些权利的公众压力，因为它们也被视为澳大利亚的价值观。政客们四处宣扬个人权利的内在美德，例如，他们认为没有任何一个国家会官方否认联合国《世界人权宣言》。但澳政府也知道，像中国这样的非西方邻国不太会接受这些，中国将推行异于“西方价值观”的“亚洲价值观”。

自1972年中澳两国建交以来，澳各届政府在中国政策实施中较好地处理了上述困境，中国政策由自由党总理马尔科姆·弗雷泽（Malcolm Fraser）1976年的观点转化而来，即国家利益而非意识形态，应成为澳大利亚开展外交活动的主要动力，正如工党总理陆克文（Kevin Rudd）所说，“承认价值观上的不同，同时寻求共同利益所在”①。亦如约翰·霍华德（John Howard）所说，“从两国共同利益出发才是促进中澳关系发展的最佳途径。我们不会去解决体制上的差异……但必须适应这些差异”②。在这种以利益为基础的外交方式背后，澳大利亚曾寄希望于中国经济自由化将推动稳定的“政治自由化”。即使在霍克政府暂停援助的一年中，双边贸易和投资仍在继续，主流观点仍是澳大利亚应该与中国建立长期合作关系。

9·11恐怖袭击事件发生后，广义上而言，澳大利亚讨论制定外交政策的重点回到了价值观上来。诚然，价值观始终存在于政策领域，尤其是应对某些转折点时会显得异常突出。例如，约翰·霍华德明确提到1999年东帝

① Kevin Rudd, “Malcolm Turnbull's New McCarthyism on China”, *The Australian*, February 24, 2018, https://www.theaustralian.com.au/news/inquirer/malcolm-turnbulls-new-mccarthyism-on-china/news-story/8fd371077779d6e04647c8bb4eabad2f.

② Dennis Shanahan, “John Howard urges an end to freeze with China”, *The Australian*, June 1, 2018, https://www.theaustralian.com.au/national-affairs/foreign-affairs/john-howard-urges-an-end-to-freeze-with-china/news-story/3bfce0597b9882a71c6aabd3ef33c745.

汶危机中价值观在外交政策中所起的作用，当时澳大利亚与印尼的交锋一触即发，霍华德曾说，“外交政策需建立在明确的国家利益和价值观基础之上，这是第一真理”[①]，紧接着讲道，“国家利益的维护离不开捍卫澳大利亚社会的价值观”[②]。

9·11恐怖袭击后，制定外交政策时，价值观与国家利益更为紧密地交织在一起，更令人信服的一种观点是，以国家利益为基础的外交政策必须维护并反映价值观，同时也决定了国家安全。价值观与国家利益变得更为不可分割，正如英国时任首相托尼·布莱尔（Tony Blair）所讲，“9·11事件后我们不仅要通过传统的军事和情报手段，更要通过价值观来维护国家安全”[③]，这种观念似乎在澳大利亚决策者中产生了强烈共鸣，随即出现了对国家安全的新认识。

首次发布澳大利亚国家安全战略时，朱莉娅·吉拉德在题为“9·11事件后的澳大利亚国家安全”的演讲中表示，澳大利亚的“国家利益是我们自己的利益——为我们自己而维护，由我们的价值观所决定，不为其他人所左右”。[④] 她还指出，9·11事件突出了“加入国家安全共同体”的迫切要求，同时“私有领域和广大社区群体为实现这一目标而紧密结合”。[⑤] 在回应9·11事件时，吉拉德评论道，澳大利亚“基于我们的价值观，譬如民主、公平、尊重个人及个人权利和自由，仔细权衡我们应该如何保护国家安全，综合所有因素，我们对国家安全有了新的认识”。[⑥]

---

① John Howard, Speech to Parliament-East Timor, September 21, 1999, https://pmtranscripts.pmc.gov.au/release/transcript-30442.

② John Howard, Speech to Parliament-East Timor, September 21, 1999, https://pmtranscripts.pmc.gov.au/release/transcript-30442.

③ "The Blair-Bush memos: What PM told President", *Sky News*, https://news.sky.com/story/the-blair-bush-memos-what-pm-told-president-10465399.

④ Julia Gillard, "Australia's national security beyond the 9/11 decade", speech, January 23, 2013, https://pmtranscripts.pmc.gov.au/release/transcript-19005.

⑤ Julia Gillard, "Australia's national security beyond the 9/11 decade", speech, January 23, 2013, https://pmtranscripts.pmc.gov.au/release/transcript-19005.

⑥ Julia Gillard, "Australia's national security beyond the 9/11 decade", speech, January 23, 2013, https://pmtranscripts.pmc.gov.au/release/transcript-19005.

9・11 事件前后澳大利亚外交政策白皮书的制定以及白皮书中所采用的表达也反映出，价值观和国家安全不可分割的理念引发了澳决策者的共鸣。澳大利亚情报机构国家评估办公室前负责人艾伦・金杰尔（Allan Gyngell）2017 年指出："1997 年联合政府的第一本外交政策白皮书中几乎看不到价值观的说法。到 2003 年，正值国家为伊拉克战争蓄势待发，价值观的说法出现了，其中最为突出的是澳大利亚版本的'宽容、坚定和伙伴情义'。"①

随后，在大国权力格局瞬息万变、地缘战略环境急剧变化的背景下，2017 年的外交政策白皮书着重承诺，外交政策的制定需"以……价值观为基础"。② 白皮书表示，"建立国际关系的基石中，澳大利亚价值观是重要组成部分"。③"根据价值观制定澳大利亚外交政策，切实将身份认同置于价值观的基础之上，为澳大利亚以其特定方式思考和应对与中美两国关系奠定了基础。"④

二　不确定性引发对中国安全问题的强调

面对中国近年来的迅速发展，澳大利亚或多或少继续坚持其 1972 年以来贯彻的对中国政策。2007 年后，中国首次成为澳大利亚最大贸易伙伴⑤，导致澳大利亚经济和安全利益逐渐分离，而澳大利亚确信美国是其亚太地区的安全保证就意味着，与中国继续强调搁置分歧，追求共同利益。

---

① Allan Gyngell, "Foreign policy: magical thinking, no resources", *The Australian*, November 25, 2017, https://www.theaustralian.com.au/news/inquirer/foreign-policy-magical-thinking-no-resources/news-story/44ab323037d8b63125c25d51a3b790ce.

② Australian Government Department of Foreign Affairs and Trade, Foreign Policy White Paper 2017, https://www.fpwhitepaper.gov.au/.

③ Australian Government Department of Foreign Affairs and Trade, Foreign Policy White Paper 2017, https://www.fpwhitepaper.gov.au/.

④ Chengxin Pan, "Identity politics and the poverty of diplomacy: China in Australia's 2017 Foreign Policy White Paper", *Security Challenges*, vol. 14, no. 1, p. 15.

⑤ David Uren, "China emerges as our biggest trade partner", *The Australian*, May 5, 2007, https://www.theaustralian.com.au/news/nation/china-emerges-as-our-biggest-trade-partner/news-story/805457e7d980cf3b4462801320b63433?sv=73a18920a42cca97d2917ca928c31cbd.

但2016年美国大选，大选候选人的相关言论，特朗普当选总统等一系列事件，以及后特朗普时代美国外交政策可能恢复不到“一切正常”的状态，进一步加深了澳大利亚对亚太地区未来战略平衡的不确定感。美国可能从亚太地区撤退，使得澳大利亚看待周边环境的视角发生了转变，尤其是解读中国的角度。

特朗普当选总统见证了美国方面正式退出多边论坛和条约关系等一系列快速举动。2017年1月，特朗普上任第一天就退出了跨太平洋伙伴关系协定（TPP）①，履行了关键的竞选承诺。TPP是奥巴马时代“重返亚洲”战略的关键因素，也是对中国日益增长的经济影响力的一种平衡。但特朗普在竞选活动中猛烈抨击了该协定。② 退出一年后，2018年1月，特朗普随后表示对“重新协商”TPP感兴趣，在美国全国广播公司财经频道（CNBC）的采访中说道，“如果能够做出更好的协定，我会参与TPP。但是它烂透了，组织结构糟糕透顶，若能做出更好的协定，我当然欢迎TPP”③。这个表面上微乎其微的态度转变得到了某些TPP成员国的谨慎支持，但也有人认为重新谈判为时已晚。此前负责日本参与TPP事务的大臣茂木敏充（Toshimitsu Motegi）表示，“11个会员国均认为，拿出TPP协定部分条款，重新谈判或加以改变将极为困难”。④

2017年6月1日，美国宣布退出巴黎气候协定，特朗普称其为“苛刻的”协定，将导致“生活质量急剧下降”，还表示，“我当选总统是代表匹

---

① Office of the United States Trade Representative, Executive Office of the President, “The United States officially withdraws from the Trans-Pacific Partnership”, press release, January 2017, https://ustr.gov/about-us/policy-offices/press-office/press-releases/2017/january/US-Withdraws-From-TPP.

② 参见 Cristiano Lima, “Trump calls trade deal ‘a rape of our country’”, *Politico*, June 28, 2016, https://www.politico.com/story/2016/06/donald-trump-trans-pacific-partnership-224916。

③ Jacob Pramuk, “Trump: I would reconsider a massive Pacific trade deal if it were ‘substantially better’”, *CNBC*, January 25, 2018, https://www.cnbc.com/2018/01/25/trump-says-he-would-reconsider-trans-pacific-partnership-trade-deal.html.

④ Kyodo News, “Japan welcomes Trump shift on TPP, but warns against renegotiation”, *Japan Today*, April 13, 2018, https://japantoday.com/category/politics/japan-welcomes-trump-shift-on-tpp-warns-against-renegotiation.

兹堡公民的，不代表巴黎公民”。[①] 2017 年 10 月 12 日美国国务院通知联合国教科文组织（UNESCO），美国将退出该机构，并指责该机构持有反以色列偏见。[②] 美国随后于 2018 年 6 月 19 日以同样的理由退出联合国人权理事会，将其描述为“充满政治偏见的渣滓之地”[③]。

迄今为止，美国总统拒绝使用“美式和平”之类的措辞，据称他甚至反对在七国集团公报中加入标准短语“基于规则的国际秩序”[④]。实际上，到目前为止特朗普从未在任何公开讲话中使用过这种表达。从一系列演讲和简报可看出，美国政府继续安抚各国，声称美国会继续“主动密切”[⑤] 参与亚洲事务，但尚未明确发布一项兼具凝聚力、可行性和持久力的亚洲关系声明。此外，2017 年 3 月美国正式宣布终结“重返亚洲”战略。[⑥] 虽然的确承诺过要实施“自由开放的印太战略”，但并未对此有任何战略意义上的举动。下文将对此进一步讨论，可以说特朗普政府根本没有表明或坚持任何策略，实际上美国未来参与亚太事务仍然缺乏对该地区的明确承诺和支持行动，特别是针对澳大利亚而言。

尽管澳大利亚可能从美国最近制定的“自由开放的印太战略”中获得一点信心，但对于该战略在实践中如何有效开展仍旧存疑。2018 年 6 月，某东南亚高级官员表示对该战略持保留意见：“它就如一只华丽的杯子，往

---

① US White House, Statement by President Trump on the Paris Climate Accord, June 1, 2017, https: //www. whitehouse. gov/briefings-statements/statement-president-trump-paris-climate-accord/.

② John Irish, “US, Israel quit UN heritage agency citing bias”, *Reuters*, October 13, 2017, https: //www. reuters. com/article/us-unesco-election-usa/u-s-israel-quit-u-n-heritage-agency-citing-bias-idUSKBN1CH1YO.

③ Julian Borger, “US quits UN human rights council- ‘a cesspool of political bias’”, *The Guardian*, June 20, 2018, https: //www. theguardian. com/world/2018/jun/19/us-quits-un-human-rights-council-cesspool-political-bias.

④ Michael D. Shear, “Trump attends G – 7 with defiance, proposing to readmit Russia”, *New York Times*, June 18, 2018, https: //www. nytimes. com/2018/06/08/world/americas/trump-g7-trade-russia. html.

⑤ Ibid.

⑥ US Department of State, A preview of Secretary Tillerson's upcoming travel to Asia – Susan Thornton, Deputy Assistant Secretary, Bureau of East Asian and Pacific Affairs, March 13, 2017, https: //fpc. state. gov/268444. htm.

里看却空无一物。”某些评论家已经注意到，在此项新的战略框架内，美国可能希望重建澳美日印四国安全对话（即“四方会谈”）。[①] 这方面的信息众说纷纭，例如，美国国防部长吉姆·马蒂斯（Jim Mattis）2018 年 6 月在新加坡香格里拉对话会议上的讲话并未提及“四方会谈”，发言后被问及此事时，他开玩笑说，不省略掉“四方会谈”的部分，演讲可能就会有“7 个小时”长了。[②]

据报道，美日两国呼吁将四国对话从目前已经举办的联合部长级别提升到外长级别。但印度拒绝该提议，对于将四国对话扩大到四国官员对话倡议范围之外的建议，印度表现出极大的不情愿。在东盟高级官员会议期间，澳印美日四国官员于 6 月 7 日在新加坡举行会谈，四国分别发表相关声明，大体上相互呼应。但印度没有具体提到“航海和飞越自由”“国际法”等，并在声明中指出：“印度不会把印度太平洋地区视为一种战略或某些特定成员国家的俱乐部。”[③]

事实上，印度避免参与任何可能令外界将四国团体称为排外“俱乐部”的行动。2018 年 4 月 25 日，印度媒体报道称，澳不会参加 6 月举行的印美日马拉巴尔海军演习。[④] 澳曾参与了 2007 年马拉巴尔军演，但随后退出，同时也正式退出四国安全对话。2015 年以来，澳大利亚每年都会与印度洽谈重新参加演习，但遭到印度的断然拒绝。2017 年 12 月，澳外交贸易部长弗朗西斯·艾德森（Frances Adamson）重申了加入军演的意愿：“若受邀参

---

① Mark J. Valencia, “What does a ‘Free and Open Indo-Pacific’ actually man?”, *The Diplomat*, March 30, 2018, https: //thediplomat. com/2018/03/what-does-a-free-and-open-indo-pacific-actually-mean/.

② James Curran, “No Mattis miracles at Shangri-La as allies urged to keep the faith”, *East Asia Forum*, June 10, 2018, http: //www. eastasiaforum. org/2018/06/10/no-mattis-miracles-at-shangri-la-as-allies-urged-to-keep-the-faith/.

③ Government of India Ministry of External Affairs, India-Australia-Japan-US consultations, media release, June 7, 2018, http: //www. mea. gov. in/press-releases. htm? dtl/29961/IndiaAustralia JapanUS_ Consultations.

④ DH News Service, “India-US-Japan Malabr exercise at Guam in June”, *Deccan Herald*, April 25, 2018, https: //www. deccanherald. com/national/india-us-japan-malabar-exercise-guam-june –666625. html.

与，澳大利亚非常愿意加入马拉巴尔军演。”①

澳大利亚国防部于4月30日证实，澳不会参加2018年演习。《印度教徒报》引用印度国防部某位高级官员的话说，“将三国（美国、日本、印度）以外任何国家纳入军演的决定只能由总理办公室和外交部经与国防部磋商后做出”。而总理办公室和外交部长似在犹豫是否接纳澳大利亚，这表明除了国防因素，其他外交政策和国家利益的考量也在起作用。②

印度海军司令苏尼尔·兰巴（Sunil Lanba）5月23日在新德里维韦卡南达国际基金会的演讲中强调，印度希望避开“四方会谈”团体发出的军事方面的信号，他明确表示“四方会谈”不会涉及军事层面，“你觉得军事方面会有什么结果？印度是四国中唯一与中国陆地接壤的国家。如果发生冲突……没有谁会站出来施以援助”③。

澳美日三国联手建立了三边基础设施投资伙伴关系，于7月底公布，称之为中国“一带一路”倡议（BRI）的替代方案。美方承诺向印度太平洋地区投资1.13亿美元，参议院也刚刚通过了《更好利用投资引导发展法案》（BUILD），承诺投入600亿美元，建立一个新的机构，即国际发展金融组织，专门开展印度太平洋地区及其他地区发展中国家的战略投资，但仍不能与“一带一路”调动的资源相提并论。

迅速升级的中美贸易战也是澳大利亚非常关注的问题。美国现在对2500亿美元中国进口产品征收关税，作为回应，中国决定对1100亿美元美国进口产品征收关税。特朗普还威胁要立即对剩余2670亿美

---

① HT Correspondent, “Australia and India hold first 2 + 2 talks, Oz ready to join Malabar exercises”, *Hindustan Times*, December 13, 2017, https://www.hindustantimes.com/world-news/australia-and-india-hold-first-2-2-talks-oz-ready-to-join-malabar-exercises/story-FA8oBGDnUVtd1qD9OE6sNP.html.

② Suhasini Haidar and Josy Joseph, “No Australian presence in naval drills”, *The Hindu*, April 29, 2018, https://www.thehindu.com/news/national/no-australian-presence-in-naval-drills/article23714285.ece.

③ HT Correspondent, “Indian Navy chief says no need to give military angle to ‘the Quad’”, *Hindustan Times*, May 23, 2018, https://www.hindustantimes.com/india-news/indian-navy-chief-says-no-need-to-give-military-angle-to-the-quad/story-VZVrnkwhvVRICt5UwXB9tN.html.

元中国进口产品征收关税。正如某位澳大利亚评论员所说，美国副总统迈克·彭斯（Mike Pence）10 月 4 日对中国的敌对言论已经扩大范围了，“美中之间的竞争远远超出了贸易范围，已经扩展到基本的意识形态和安全领域”[①]。澳大利亚必须思考中美紧张局势对于澳而言的深层含义。

在澳大利亚对中国的思考中，中国在南海地区的强硬手段，拒绝接受2016 年常设仲裁法院“裁决”，加深了澳大利亚的焦虑。中国即将结束“美国在海军和空军方面的微弱优势”[②]，可能会给澳大利亚带来“明显的安全影响”，最近有关所谓中国“干涉”澳大利亚国内政治的情报和安全报告引发的惊恐更加剧了这种焦虑情绪。

中美两国发展对未来局势有何预示，美方越发闭门造车，而中方愈加自信，这又将给澳大利亚带来什么影响，这一系列不确定性促使澳将外交关系重心从经济方面转移到国家安全上来。正如澳大利亚国立大学教授约翰·布拉克兰（John Blaxland）所指出的，“有些澳大利亚前政客、官僚和外交官批判了所谓的‘军事或安全考量主导澳大利亚外交政策’”。[③] 最近前高级官员约翰·莫纳德（John Menadue）和前澳大利亚驻华大使芮捷锐（Geoff Raby）也表达了类似看法，特别是在有关中国方面，如某安全官员近来所说，为了国家安全，出口下降几个百分点并不重要。

在对中国的安全问题越发重视的背景下，价值观在澳大利亚政府中国政策中所起的作用也相应得到了提升。外交部长朱莉·毕晓普（Julie Bishop）

---

① Alan Kohler, “US declares cold war on China”, *The Australian*, October 8, 2018, https://www.theaustralian.com.au/business/opinion/alan-kohler/us-declares-cold-war-on-china/news-story/a506fe2625f63ea470c8c6c880eff9df.

② James Stavridis, China's military power already on par with US in East Asia, *Nikkei Asian Review*, November 22, 2017, https://asia.nikkei.com/Politics/China-s-military-power-already-on-par-with-US-in-East-Asia.

③ John Blaxland, “Strategic balancing act: Australia's approach to managing China, the USA and regional security priorities”, *Security Challenges*, Vol. 1, No. 1 (2017), pp. 19 – 39.

2017 年 3 月在新加坡演讲时呼吁中国要采用“民主体制”。① 同一时期，搁置十年的《中澳引渡条约》批准程序在 2017 年 3 月突然暂停，原因是某些后座议员担忧中国“人权”的问题，据时任外交部长的说法，以前条约制定过程中未出现目前反对者所提出的问题。② 价值观的考量在非政府性质的中国政策论调中则更为强烈。

将价值观与国家安全相联系可能在如下措施中起到了引导性作用，负责监管安全情报机构的澳大利亚内政部 2018 年计划与全国各地的教育部门合作，让孩子“多探讨核心价值”，③ 现由内政部管理的移民局可能会为在澳寻求永久居留权群体引进“价值观测试”。④

三　联盟关系的互惠互利

美国总统坚持其盟友和合作伙伴从美国一方过度索取却没有给予足够的回报，认为“用于加强他国政治经济和军事力量的投资都是浪费”⑤，面对这样一位热衷于制裁的美国总统，也许有理由相信，澳大利亚的中国措辞论调变化也可能是想要公开表明其在联盟关系中恪尽职守。

---

① Julie Bishop，“Change and uncertainty in the Indo-Pacific：Strategic challenges and opportunities”，28th IISS Fullerton Lecture，Singapore，March 13，2017，https：//foreignminister. gov. au/speeches/Pages/2017/jb_ sp_ 170313a. aspx.

② Stephen Dziedzic，“Australia-China extradition treaty pulled by Federal Government after backbench rebellion”，*ABC News*，March 28，2017，http：//www. abc. net. au/news/2017 - 03 - 28/government-pulls-australia-china-extradition-treaty/8392730.

③ Primrose Riordan，“Home Affairs Minister Peter Dutton calls for kids to recite citizenship pledge”，*The Australian*，February 21，2018，www. theaustralian. com. au% 2Fnational-affairs% 2Fhome-affairs-minister-peter-dutton-calls-for-kids-to-recite-citizenship-pledge% 2Fnews-story% 2F845cd716 74666a01eb66bfe230ca03d4.

④ Australia could add “values test” for migrants，Malcolm Turnbull says，*The Guardian*，July 20，2018，https：//www. theguardian. com/australia-news/2018/jul/20/australia-ethnic-segregation-minister-alan-tudge.

⑤ Jessica T. Matthews，“What Trump is throwing out the window”，*New York Review of Books*，February 9，2017，http：//www. nybooks. com/articles/2017/02/09/what-trump-is-throwing-out-the-window/.

维护澳美联盟是澳大利亚 2016 年国防白皮书的中心议题，是澳大利亚决策者的重中之重，也是澳大利亚外交政策制定的重要因素。丹尼斯·理查森（Dennis Richardson）在就任澳大利亚国防部长的最后一天中写道，“我们与美国的联盟会影响，甚至某些情况下决定外交和国防政策制定吗？或者更广泛的国家安全领域的决策吗？当然”①。

确定的是，澳大利亚强调避免像 2018 年 1 月发布的美国国防战略一样将中国形容为“威胁”。② 在 2 月对华盛顿进行为期三天的访问之前，澳大利亚前总理马尔科姆·特恩布尔（Malcolm Turnbull）在接受电视采访时重申，针对中国，澳大利亚采取了不同于美国的立场：“在我们看来中国没有任何敌意……我们也没有将中国视为威胁。”③ 他此前一个月曾声称，“亚太邻国对我们不构成威胁”④。前外交部长朱莉·毕晓普更明确表示，“俄罗斯或中国不会对澳大利亚构成军事威胁”⑤。

然而，必须承认中国的“安全问题”在美国占主导地位，美国副总统

① Dennis Richardson, “China and America: Australia is friends with both, ally of one”, *The Australian*, May 13, 2017, https://www.theaustralian.com.au/news/inquirer/china-and-america-australia-is-friends-with-both-ally-of-one/news-story/36f9c8b569a8c7330ffa97e4acd19c74.

② 参见 Malcolm Turnbull, Interview with Kieran Gilbert, *Sky News*, February 22, 2018, https://www.malcolmturnbull.com.au/media/interview-with-kieran-gilbert-sky-news-22-february-2018; Fergus Hunter, “‘We have a different perspective’: Julie Bishop distances Australia from US on China, Russia threat”, *Sydney Morning Herald*, January 29, 2018, https://www.smh.com.au/politics/federal/we-have-a-different-perspective-julie-bishop-distances-australia-from-us-on-china-russia-threat-20180129-h0ppym.html.

③ Malcolm Turnbull, Interview with Kieran Gilbert, *Sky News*, February 22, 2018, https://www.malcolmturnbull.com.au/media/interview-with-kieran-gilbert-sky-news-22-february-2018.

④ Primrose Riordan, “Russia, China no military threat to Australia, Julie Bishop says”, *The Australian*, January 29, 2018, https://www.theaustralian.com.au/national-affairs/foreign-affairs/russia-china-no-military-threat-to-australia-julie-bishop-says/news-story/e0fdccd4a263bee7783e98033c1c9183.

⑤ Primrose Riordan, “Russia, China no military threat to Australia, Julie Bishop says”, *The Australian*, January 29, 2018, https://www.theaustralian.com.au/national-affairs/foreign-affairs/russia-china-no-military-threat-to-australia-julie-bishop-says/news-story/e0fdccd4a263bee7783e98033c1c9183.

10 月 4 日的反华演讲之后更是如此，因此，澳大利亚有可能想要抵消在华盛顿逐渐流行起来的一种说法，即澳大利亚对中国太过软弱，比如说澳大利亚决定加入亚洲基础设施投资银行，不顾时任美国总统奥巴马的极力反对将达尔文港 99 年租赁权出售给岚桥集团，澳拒绝加入南海海域特定类型的联合或单边“航海自由”行动等。一位前国家安全顾问 2017 年指出，“现在华盛顿没有人会说澳大利亚表现出色”。

四　国内政治

澳大利亚国内政治也是中国论调的促成因素之一。2017 年 12 月，工党参议员邓森（Sam Dastyari）因接受两名在澳华裔富商代为偿付其个人债务而受到审查，随后从议会辞职。有消息透露，似乎因收受了捐款，邓森反对工党在南海问题上的政策，他曾在某中文媒体新闻发布会上表示，南海是“中国的内政”，“在南海问题上，澳大利亚应该保持中立并尊重中方决定”。[①] 邓森在偿清债务之后发表上述言论，因此备受指责，被称沦为中国“试图影响澳大利亚内政的工具”。某澳大利亚评论员称此次事件是“澳大利亚民主在竞争激烈的亚洲地区极易受到外国影响的一次宝贵教训”[②]。随后出现的一份报告则带来了更为深远的影响，据称，邓森在第一桩丑闻曝光数周后曾见过其中一个富商，并提醒他的手机可能被澳大利亚情报部门监听。

此次事件当然需要进行大量的严格审查，同时也成为国内政治加分的手段，考虑到整个事件审查进行的方式，这桩丑闻实则突出了澳大利亚的中国论调。时任国库部长斯科特·莫里森（Scott Morrison）给邓森起了个绰号

---

① Nick McKenzie, James Massola and Richard Baker, “Sam Dastyari defends Chinese government in secret tape”, *Australian Financial Review*, November 30, 2017, https://www.afr.com/news/politics/national/all-at-sea-shanghai-sam-dastyari-the-whale-and-the-lost-tape-recording－20171129－gzvde2.

② Rory Medcalf, “Sam Dastyari's South China Sea support is a big deal and a timely warning”, *Australian Financial Review*, September 5, 2016, http://www.afr.com/opinion/columnists/sam-dastyaris-south-china-sea-support-is-a-big-deal-and-a-timely-warning－20160903－gr88hb.

“上海萨姆”，被多家报纸选用，政府也称其为“四川萨姆”，而时任移民部长彼得·达顿（Peter Dutton）则称他为“双重间谍”。某自由党参议员——分别利用1972年和2007年大选中批判高夫·惠特拉姆（Gough Whitlam）和陆克文（Kevin Rudd）所用的标签——在议会中问道，“国内有我们自己的满洲候选人吗?”

邓森事件激发了对外来“干涉”问题的讨论，核心在于中国的“影响和干涉”，并将问题政治化。时任总理在2017年12月推出澳大利亚新的反外国干涉法时援引了此次事件。[①] 还引用毛泽东在公开演讲中的表述，“中国人民站起来了，这一句话表明了新中国的成立。今天以及之后的每一天，澳大利亚人民也站起来了，以议会和法治为武器维护我们的国家主权”[②]，将政治化问题进一步强化。

澳大利亚众议院本尼朗（Bennelong）选区联邦补选前的竞选活动也借由中国话题获取国内政治利益。为了获得大量澳大利亚华裔选民的支持，工党候选人克里斯蒂娜·凯内利（Kristina Keneally）竞选的关键就在于，为自由党政府贴上了反华和反澳大利亚华人的标签，指责时任总理散布“中国恐惧”，将其言论比作20世纪90年代一国党领导人宝琳·韩森（Pauline Hanson）发起的反对澳大利亚“被亚洲人淹没”运动。[③]

五　新基调的开端?

有迹象表明，澳大利亚政府正在做出重大努力，在公开对待中国问题

---

① Malcolm Turnbull, Speech introducing the National Security Legislation Amendment（Espionage and Foreign Interference）Bill 2017, Parliament of Australia, December 7, 2017, https://www.malcolmturnbull.com.au/media/speech-introducing-the-national-security-legislation-amendment-espionage-an.

② Malcolm Turnbull, Speech introducing the National Security Legislation Amendment（Espionage and Foreign Interference）Bill 2017, December 7, 2017, https://www.malcolmturnbull.com.au/media/speech-introducing-the-national-security-legislation-amendment-espionage-an.

③ PM's talk seen as “China-phobia”: Keneally, *Sky News*, https://www.skynews.com.au/details/_5675781565001.

时使用较为中立的言论。尽管实质性政策保持不变，但言论受到了基本控制。

2018 年早些时候，澳政府煞费苦心地赞扬中国积极处理朝鲜外交问题。① 如前所述，澳政府在美国将中国视为“威胁”的言论上撇清了关系，外交部长朱莉 · 毕晓普于 2018 年 7 月 24 日在澳美部长级磋商会（AUSMIN）前趁机详细说明了澳大利亚为何不会在南海海域进行单方面的航海行动。②

总理马尔科姆 · 特恩布尔的转变始于其 6 月 19 日的一次演讲，他表示，“我对澳中关系非常乐观，我认为双方都应该对此持积极态度，充分认识两国往来的好处……”③

虽然承认“两国会时不时地在某些问题上产生分歧”，但他在演讲中指出，两国之间唯一存在的“颗粒大小”的小问题是，澳大利亚葡萄酒出口中国进展缓慢。他选择重点强调中澳两国人民之间的关系，以及两国对自由贸易的承诺。在那次演讲中，他似乎把双边关系当前出现的问题归咎于媒体，说道，“媒体上展现出的负面信息比实际情况要更多”，“凸显现实”很重要。④ 在同一场合，澳外交部长指出，澳大利亚与中国存在分歧，与美国同样存在分歧，甚至关于后者可以列举出一长串的例证。⑤

---

① 参见 Malcolm Turnbull, Doorstop, Kurnell Visitor Centre, transcript, April 28, 2018, https://www.pm.gov.au/media/doorstop-kurnell-visitor-centre.

② Cameron Stewart, “US tells Australia to take on China over disputed islands”, *The Australian*, July 24, 2018, https://www.theaustralian.com.au/national-affairs/foreign-affairs/us-tells-australia- to-take-onchina-over-disputed-islands/news-story/f3905d87f899ef5a91482f7ca5750f04.

③ Malcolm Turnbull, Remarks to the Australia China Business Council, Canberra, June 19, 2018, https://www.malcolmturnbull.com.au/media/remarks-to-the-australia-china-business-council-canberra.

④ Malcolm Turnbull, Remarks to the Australia China Business Council, Canberra, June 19, 2018, https://www.malcolmturnbull.com.au/media/remarks-to-the-australia-china-business-council-canberra.

⑤ Julie Bishop, Address at the Australia-China Business Council, June 19, 2018, https://foreignminister.gov.au/speeches/Pages/2018/jb_sp_180619.aspx.

几周后，8 月 7 日，总理特恩布尔在新南威尔士大学（UNSW）发表讲话，似乎在继续缓和年初以来公开处理中澳双边关系时所采用的某些极端言论，[①] 他“致力于与中国领导人共同推进全面战略伙伴关系……以及中澳自贸协定”，也多次提及自己2016 年在中国的国事访问，尤其是在杭州与中国国家主席习近平的会晤，两次引用习主席的讲话，并高度评价习近平“2014 年对澳大利亚的历史性访问”。[②]

在新南威尔士大学的讲话中，他承认两国之间的分歧，但主要侧重于概述两国关系中的共同利益和共同关心的领域，并提议共同“应对亚太地区的能源挑战”，与其他国家一起开展全球基础设施投资。关于后者，他指出亚洲开发银行和中国领导的亚洲基础设施投资银行是开展合作的良好范例。

在中国发展方面，他试图呼吁遏制过度焦虑，表示“一个强大富裕的中国会在国际事务中发出更加自信更加坚定的声音吗？当然会。会试图说服其他国家中方的观点就是对的吗？会尝试在贸易中获得最佳利益吗？当然，其他国家也一样”[③]。

2018 年 8 月 24 日马尔科姆·特恩布尔下台，自由党党首由国库部长斯科特·莫里森（Scott Morrison）接任，但并没有引起政府在中国论调上的转变。实际上，在撰写本文时，新总理和外交部长似乎对中国言论非常谨慎。新任总理承认：“中国是一个主权国家，会根据其国内情况做出决定。”[④] 8 月 27 日，新任外交部长马莉斯·佩恩（Marise Payne）受邀评价她

① Malcolm Turnbull, Speech at the University of New South Wales, August 7, 2018, https://www.malcolmturnbull.com.au/media/speech-at-the-university-of-new-south-wales-sydney－7－august－2018.

② Malcolm Turnbull, Speech at the University of New South Wales, August 7, 2018, https://www.malcolmturnbull.com.au/media/speech-at-the-university-of-new-south-wales-sydney－7－august－2018.

③ Malcolm Turnbull, Speech at the University of New South Wales, August 7, 2018, https://www.malcolmturnbull.com.au/media/speech-at-the-university-of-new-south-wales-sydney－7－august－2018.

④ Neil Mitchell, “‘I feel for Victorians’: PM Scott Morrison says Victoria has a law and order problem”, *3AW*, September 3, 2018, https://www.3aw.com.au/prime-minister-scott-morrisons-first-interview-with-neil-mitchell/.

早些时候发表的言论[①]，她当时的言论似乎支持美国对中俄的评价，将中俄两国视为“国家安全威胁”，她对此回应说：“我们想要确保的是，参与地区事务的各国……为地区安全和稳定做出积极贡献，而非加以破坏。”[②]

如前任大使加里·伍达德（Garry Woodard）所指，澳大利亚的国内政策不能完全脱离于外交政策，但在2018年年初，澳似乎努力将两者在可能的情况下区分开来。

结　论

有迹象表明，中澳双边关系言论中较为偏激的基调开始趋于缓和，联邦选举将会在2019年初举行，有可能预示着又一次政府更迭，若工党当选，可能会继续控制偏激言论，某些政策立场可能会改变。工党制定了连贯如一的应对中国的公众路线，作为反对党，也一直呼吁政府政策的一致性，以及“明确澳中两国存在的共同利益和分歧”。[③] 影子外交部长黄英贤（Penny Wong）将澳政府处理中澳关系的主要方法定义为“不得当的”，当然也没有完全将两国紧张局势归咎于政府。[④] 但她确实说过，“我们（澳大利亚和中国）有达成共识的时候，也有产生分歧的时候，向来如此。如何在政治层面加以应对非常重要，我在过去几个月中观察到的一个因素是某些政治领导人的语气和措辞令人汗颜”[⑤]。影子国防部长理查德·马勒斯（Richard

① Paul Maley, “Our defence strategy: all the way with USA”, *The Australian*, January 26, 2018, https: //www. theaustralian. com. au/national-affairs/defence/our-defence-strategy-all-the-way-with-usa/news-story/4db0d0fea9881875b3bb91be046d4f72.

② “Marise Payne defends 5G block on Chinese telco”, *Sky News*, August 27, 2018, https: //www. skynews. com. au/details/_ 5827190848001.

③ Penny Wong, Sky News AM Agenda, transcript, May 21, 2018, https: //www. pennywong. com. au/transcripts/sky-news-am-agenda – 8/.

④ Penny Wong, Sky News AM Agenda, transcript, May 21, 2018, https: //www. pennywong. com. au/transcripts/sky-news-am-agenda – 8/.

⑤ Greg Brown, “‘Clumsy’ rhetoric sparks tension with China: Penny Wong”, *The Australian*, April 30, 2018, https: //www. theaustralian. com. au/national-affairs/foreign-affairs/clumsy-rhetoric-sparks-tension-with-china-penny-wong/news-story/7a6ba15b1c5e54f51f5c052f96014aee.

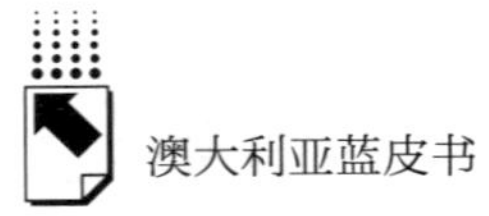

Marles）表示，“正是因为与中国的关系中充斥着真正的复杂性，因此也就没有空间处理无端言论”①。

关于美国对亚太地区和澳美联盟的意图的担忧，澳大利亚可能会有一些安慰来自特朗普担任总统的近两年中，“没有撤回军事物资，也没有关闭驻外使馆”②，美国联盟体系仍然大体上保持原样，虽然在竞选期间曾承诺重新评估联盟关系。③ 此外，澳美联盟经历数十年跌宕起伏充分证明了其稳固性。但根据中美两国贸易战的未来发展，澳大利亚可能会发现自己必须做出选择。目前而言，澳大利亚仍在继续努力与两国保持良好关系。

中美两国在未来发展和探索未知领域上还有很多不确定性，借用澳大利亚国立大学教授休·怀特（Hugh White）的话来说，“了解我们所想”需要时间。价值观 - 国家安全关联性可能会仍然存在，但我们尝试在适当场合保留对差异分歧的沟通。中澳关系仍旧会起起伏伏，任何国与国之间的关系都会有好有坏，随着国际环境的不断变化，澳大利亚的中国论调可能会有进一步的变化，但至少目前的努力是要实现各方均衡。

---

① Richard Marles, Radio interview-ABC Radio National-*RN Drive*, transcript, May 23, 2018, http://www.richardmarles.com.au/wp-content/uploads/2018/05/18.05.23-ABC-RADIO-NATIONAL-RN-DRIVE-TRANSCRIPT-1.pdf.

② Ben Westcott, "Asia under Trump: How the US is losing the region to China", *CNN*, January 29, 2018, https://edition.cnn.com/2018/01/27/asia/asia-trump-us-china-intl/index.html.

③ Jesse Johnson, "Trump rips US defense of Japan as one-sided, too expensive", *Japan Times*, August 6, 2016, https://www.japantimes.co.jp/news/2016/08/06/national/politics-diplomacy/trump-rips-u-s-defense-japan-one-sided-expensive/#.WydIwqczaUk.

B.6 2018年罗伊国际关系研究所民调中澳大利亚民众对大国关系与世界局势的看法

〔澳〕蔡　源*

摘　要： 罗伊国际关系研究所是一个具有全球视野的澳大利亚独立智库，其自2005年开始的年度民调已成为澳大利亚最为重要的民意风向标。2018年罗伊国际关系研究所民调显示，澳大利亚最信任的大国还是传统的西方盟友，但在对美国的态度上，调查结果揭示了其两面性。一方面，澳大利亚民众因不满于特朗普总统执政后的种种表现而降低了对美国的信任度；另一方面，大部分澳大利亚人仍坚定地支持澳美同盟。澳大利亚对中国的态度同样复杂。澳大利亚肯定中国的经济地位以及其作为澳重要经济伙伴的重要性，但中国的投资、军事实力和与美国的关系仍让部分澳大利亚民众感到不安。除此之外，国际恐怖主义和澳移民政策也是澳大利亚人普遍关心的问题。

关键词： 澳美关系　中澳关系　国际安全　民调

* 蔡源，罗伊国际关系研究所研究员。

一　背景

在特朗普担任美国总统的第八天，他和时任澳大利亚总理特恩布尔通了一个电话。这本是一个和最可靠盟国元首的礼节性的友好谈话，可是这个长达26分钟的谈话变成了特朗普攻击特恩布尔的一通侮辱性交锋。特朗普称这是他打的最糟糕的一通电话，并且提前挂了澳总理的电话。这个事件被媒体曝光以后，引起了澳朝野的轩然大波。①

澳大利亚是美国在亚太地区最为重要的军事盟友之一，曾经参加了每一场在二战后由美国发动的战争。特朗普总统对特恩布尔总理的攻击让澳大利亚民众和国际问题专家大跌眼镜。虽然“电话门”事件已经过去了快两年，特恩布尔总理也在2018年末因为党内的“宫变”离开了政坛。但是因为特朗普的当选，澳国内也引发了对澳美同盟关系的反思。②

根据罗伊国际关系研究所年度的民意调查，澳大利亚民众对美国作为全球负责大国的认可度已经下降到了历史最低点。追踪溯源，这与特朗普总统推行的“美国第一”的单边外交政策有关。美国总统在澳大利亚的支持率也跌倒了冰点，大大落后于其他各国，尤其落在了其他西方盟国元首的后面。

虽然最近两年，澳大利亚媒体和政坛对“中国影响力”的话题炒得沸沸扬扬，但是并没有过多地改变澳大利亚民众对华的看法。大部分民众还是认为中国对澳大利亚是一个巨大的经济机会而不是单纯的军事威胁。在澳大利亚面临最严重的威胁问题上，民众还是普遍认为国际恐怖主义是澳大利亚面临的最大危胁。

---

① Amy Davidson Sorkin，“Why Trump's phone call with Australia's Prime Minister will haunt him in court”，August 4，2017，https：//www.newyorker.com/news/daily-comment/why-trumps-phone-call-with-australias-prime-minister-will-haunt-him-in-court.

② Michael Fullilove，“After the Mid-terms：Australia，the United States，and International Order”，November 13，2018，https：//www.lowyinstitute.org/publications/after-midterms-australia-united-states-and-international-order.

本文根据2018年澳大利亚非政府智库罗伊国际关系研究所的民意调查结果来分析澳大利亚民众对世界大国，特别是澳大利亚与美国和中国的关系的看法。

二　澳大利亚民众对世界大国的信任

罗伊国际关系研究所从2005年开始进行关于国际关系的民意调查。在2018年3月5~25日，罗伊国际关系研究所对全国1200名成年人进行了问卷调查。2018年民调的第一个问题是澳大利亚民众对世界大国的信任，和以往的调查结果相似，澳大利亚民众最信任的大国还是传统的西方盟友，唯一的例外就是美国。

当澳大利亚民众被问起哪些国家在国际事务中有责任和担当时，90%的澳大利亚民众首选的国家是英国。对于这个选项不难理解，英国曾经是澳大利亚的宗主国，澳大利亚大部分民众是英国移民的后代。澳大利亚民众和英国有着千丝万缕的政治、文化、教育和军事上的联系。其中，有45%的民众非常信任英国，另外有45%的人比较信任英国。接下来是日本和法国，有87%的民众认为日本是一个有责任的大国，同时有84%的民众认为法国在国际事务中是可以信赖的（见图1）。[①]

最值得关注的是澳大利亚对美、中两国的态度。只有55%的民众认为美国是负责任的大国，这比2017年的结果下降了6个百分点，比2011年下降了28个百分点。同时有52%的民众认为中国是一个在国际事务中有责任的大国。中美两国之间的差距只有3个百分点，从统计学的角度来说，这两个答案是没有差别的。澳大利亚民众对美国这个世界大国信任度大降的原因是特朗普总统的当选。只有30%的民众表示了对特朗普的信任。同时有49%的女性和30%的男性对特朗普没有一点儿信任。

① Alex Oliver, Lowy Institute Poll 2018, p. 5.

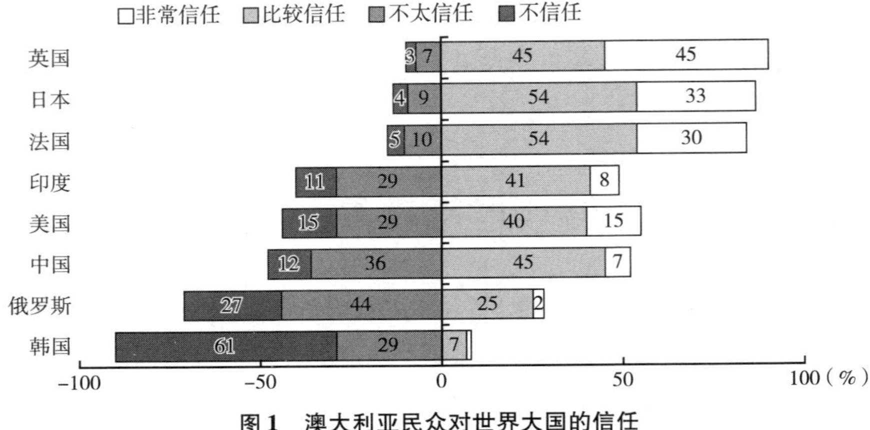

图 1　澳大利亚民众对世界大国的信任

三　特朗普和澳美同盟

澳大利亚朝野两党虽然分歧众多，可是在澳美军事同盟这样的重要外交和国防战略上，两党高度一致，即使比较左翼的前总理吉拉德上台以后，也对澳美同盟表示了坚决的支持。① 朝野两党对澳美同盟的支持在澳大利亚有着广大的民众支持，尽管民众对美国总统特朗普多有不满，但这并没有改变民众对澳美同盟的支持。2018 年，有 76% 的民众认为澳美同盟“非常重要”和“比较重要”（见图 2）。有 64% 的民众表示即使特朗普任美国总统，“澳大利亚也要保持和美国的同盟关系”，这一点和去年的民调结果基本一致。有 31% 的民众表示，在特朗普执政期间，澳大利亚政府应该和华盛顿保持距离。

年长的澳大利亚人对澳美同盟有着更加积极的看法，比如 58% 的 45 岁以上的民众表示澳美同盟对澳大利亚来说至关重要，只有 38% 的 45 岁以下的民众持有同样的观点。这一点不难理解，45 岁以上的澳大利亚民众出生

---

① Kate Connolly, “Australia Prime Minister Julia Gillard's Message to US”, March 9, 2011, https://www.bbc.com/news/world-us-canada-12692689.

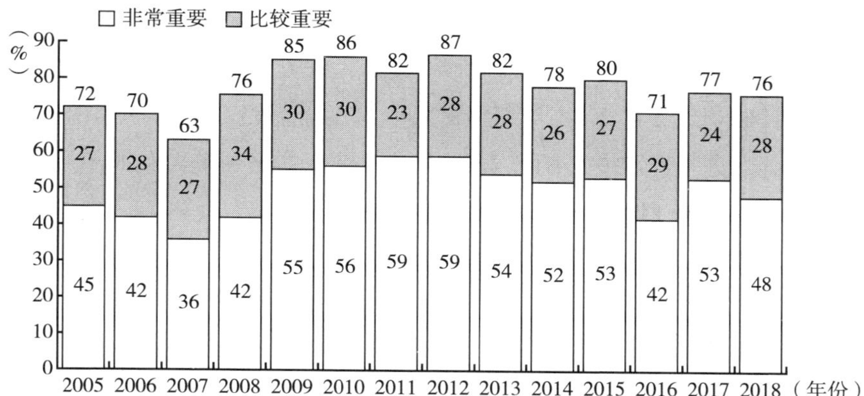

图 2　澳大利亚民众对澳美同盟的支持率

于美苏冷战时期，当时澳大利亚作为西方阵营中的一员，认为澳美同盟是维护澳大利亚国家安全最为重要的保护伞。45 岁以下的民众大多数出生在"柏林墙"倒后，没有太多的冷战时期的记忆，同时年青一代的记忆中更多的是在澳大利亚不受欢迎的对伊拉克和阿富汗的侵略战争。在 45 岁以下的年龄群中，也有 70% 的人认为澳美同盟"非常"和"比较重要"。澳大利亚民众对美国的支持不光是象征性的。2016 年的民调结果显示，有 59% 的民众表示如果特朗普当选美国总统，他们不会像以前那样支持澳美联合军事行动。虽然澳大利亚民众对特朗普的各种政策表示怀疑，但是现在这种质疑的态度已经降到了 48% 。①

四　对澳大利亚国家安全的威胁

对于澳大利亚民众来说，国际恐怖主义是对澳大利亚国家安全最大的威胁。66% 的人表示在未来 10 年内，国际恐怖主义是对澳大利亚核心国家安全利益最大的威胁。58% 的民众认为气候变化也会给澳大利亚带来重大的安全威胁，这比 2014 年增长了 12 个百分点。2018 年，澳大利亚不少的农作

① Alex Oliver, Lowy Institute Poll, 2018, pp. 6 - 7.

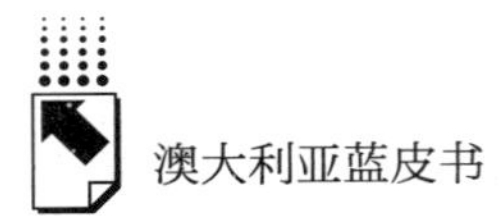

物产区遭受了旱灾，导致大量的农作物和动物死亡。57%的人认为来自外国的网络攻击是重要的安全问题。澳大利亚虽然经历了27年连续不断的经济增长，而且成功地渡过2008年那场席卷全球的金融危机。有一半的民众认为全球经济衰退是国家安全的严重威胁。特朗普总统在澳大利亚不受欢迎，有42%的人认为他是澳大利亚国家安全的隐患。①

虽然“中国威胁”和“中国影响力渗透澳大利亚”的话题在澳大利亚媒体和政坛上讨论得沸沸扬扬。几乎每周都有媒体爆料说“中国的代理人渗透”了澳大利亚政府、大学、智库等机构。民调中只有36%的民众认为中国与日增长的力量是国家安全的威胁。与此同时，也有36%的民众认为美国的外交政策给澳大利亚带来国家安全的威胁。对中国是否构成国家安全问题的认知上，澳大利亚民众的态度有着明显的分歧。和如何看待澳美同盟的问题类似，年长的澳大利亚民众更加倾向于认为中国会给澳大利亚带来“国家安全的挑战”。52%的60岁以上的民众认为中国力量的与日俱增会给“国家安全”带来问题。

五　外国影响力和澳大利亚政治

从2017年开始，澳大利亚媒体和政坛进行了一轮又一轮关于外国影响力和澳大利亚政治的讨论，尤其是2017年6月澳大利亚国家电台披露了所谓中国商人在澳大利亚“政治献金”的问题②，导致澳大利亚参议员邓森被迫引咎辞职。③ 关于中国影响力的讨论日渐白热化，几乎每天都有相关的媒体报道，然而，只有41%的人认为外国影响力是澳大利亚面临的重要国家安全问题。这个比例远远低于其他重要的议题，比如国际恐怖主义。

① Alex Oliver, Lowy Institute Poll, 2018, p. 8.

② “Power and Influence: The Hard Edge of China's Soft Power”, ABC Four Corners, June 5, 2017, https://www.abc.net.au/4corners/power-and-influence-promo/8579844.

③ Uma Patel, “Sam Dastyari steps down from Labor frontbench after accepting money from Chinese donors”, September 8, 2016, https://www.abc.net.au/news/2016-09-07/sam-dastyari-steps-down-from-labors-front-bench/7823970.

2017 年以来的关于外国影响力“渗透”澳大利亚政坛的讨论大多聚焦中国，实际上，澳大利亚民众对这个话题的关注不仅限于中国。当罗伊的问卷调查问及中美两国对澳大利亚政治的影响时，有 63% 的人表示对中国的影响力担忧。同时也有 58% 的人表示对美国在澳大利亚的影响力担忧（见图 3）。[①]

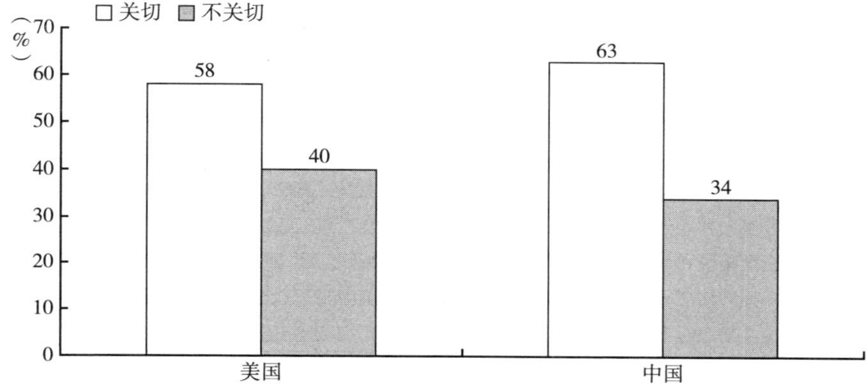

图 3　中国和美国对澳大利亚安全的“威胁”

六　国际恐怖主义

自从罗伊国际关系研究所开始对国际问题开展民调以来，国际恐怖主义是澳大利亚民众心中最严重的国家安全问题。在过去的问卷调查中，有 6 次问及什么是澳大利亚面临的最严重的国家安全威胁，其中有 5 次的回答是国际恐怖主义。几乎所有的民众认为恐怖主义既是澳大利亚面临的国家安全问题，同时也是国际社会面临的问题。

2014 年马丁广场发生的恐怖袭击、2015 年悉尼西区警察局发生的枪击案都让澳大利亚民众感到恐怖主义对澳大利亚本土带来的安全威胁。94% 的人（见图 4）认为恐怖主义是国家安全重大威胁的原因是澳大利亚平民可能

① Alex Oliver，Lowy Institute Poll 2018，pp. 8 –9.

在本土受到攻击。72%的人认为恐怖主义会破坏澳大利亚现有的生活方式，有65%的人说去海外旅行更加危险。①

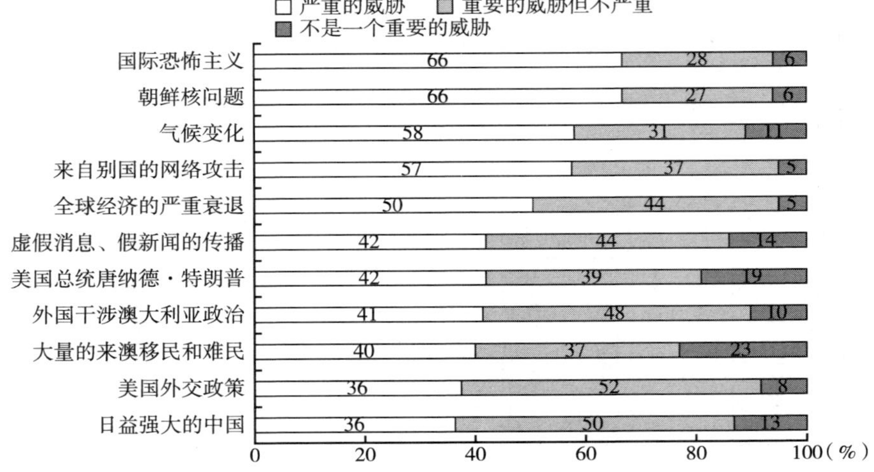

图4 澳大利亚民众心中重要的国家安全问题

七 中国

1. 中国投资

近几年来，随着中澳两国经贸和政治上交往越来越频繁和中国与日俱增的军事和经济实力，对华关系在澳大利亚整体外交政策和国内政治中扮演了越来越重要的角色。这些年来的罗伊民调结果都反映了澳大利亚民众对中国的复杂感情，中国被认为是澳大利亚最为重要的经济伙伴和对澳大利亚经济繁荣具有积极的贡献。这一点不难理解，对中国的出口占澳对外出口的1/3，中国同样也是澳最大的服务出口国。② 但是中国与日俱增的军事实力和政治

① Alex Oliver，Lowy Institute Poll 2018，p. 9.

② Alan Gyngell，"Australia's China Policy Challenge"，*East Asia Forum*，February 12，2018，http：//www. eastasiaforum. org/2018/02/12/australias-china-policy-challenge/.

影响力也引起澳大利亚民众不安。正如澳大利亚前总理阿博特在 G20 峰会和德国总理默克尔说的一样，澳大利亚对华政策的两个最重要的元素是“贪婪”和“恐惧”。[①] 从 2017 年起，媒体和政坛对中国影响力“渗透”澳大利亚的话题展开激烈的讨论，澳大利亚民众对中国最担忧的事情也包括中资公司在澳大利亚的投资。在过去的几年中，中国已经超过美国成为澳大利亚最大的外资投资国。[②] 2018 年，澳大利亚民众对中资投资的担心达到了历史上的最高点，有 72% 的民众表示联邦政府允许了过多的中国投资，这比 2014 年的民调结果增加了 16 个百分点（见图 5）。[③]

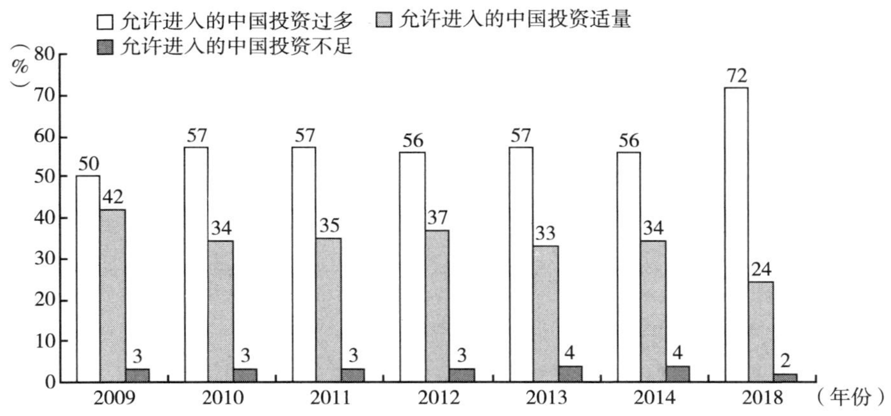

图 5　澳大利亚民众对中国投资的担忧

调查显示澳大利亚民众对中国投资最担忧的三个领域是民用住宅、农业用地和大型基础设施建设，比如港口和机场。2015 年的民调显示，有 70% 的民众认为澳大利亚政府允许太多中国人在澳大利亚购置房产。澳大

---

① John Garnaut, “Fear and Greed drive Australia's China Policy, Tony Abbott tells Angela Merkel”, *Sydney Morning Herald*, April 16, 2015, https://www.smh.com.au/politics/federal/fear-and-greed-drive-australias-china-policy-tony-abbott-tells-angela-merkel-20150416-1mmdty.html.

② “China overtakes US for Foreign Direct Investment”, BBC, January 30, 2015, https://www.bbc.com/news/business-31052566.

③ Alex Oliver, Lowy Institute Poll 2018, p. 10.

利亚的各州政府也陆续推出新的政策，限制或者增加外国投资者的交易成本。比如，2016 年 4 月，维州政府宣布外国购房者的印花税会从原来的 3% 增加到 7%，地税也会从 0. 5% 增加到1. 5%。① 从 2017 年 7 月开始，澳大利亚第一大州新南威尔士州也向外国投资者征收额外的 8% 的印花税和 2% 的地税，主要受影响的也是中国投资者。② 在联邦政府层面，政府也更加高调地打击非法购入房产的外国投资者。政府推行这些政策的主要目的就是安抚选民对居高不下的房价的不满和应对外国人尤其是中国人炒高房价的舆论。

除了住宅以外，澳大利亚民众也反对外国人投资农业用地。2016 年的民调显示，有 87% 的民众反对外国人购买农业用地。澳大利亚民众反对外国人购买农业用地，不止是针对中国。在阿博特总理任内，国库部长拒绝的第一笔最大的外国投资就是美国人购买澳大利亚农业公司的申请。为了消除澳大利亚民众的质疑，堪培拉也进行了大规模的农业用地的产权调查。最终的结果是外国投资者持有澳大利亚 13. 6% 的农业用地，其中英国投资者拥有其中 27% 的土地，或者是全国土地的 2. 6%。中国投资者是第二大外国投资者，拥有 25% 的土地，占澳全国土地的 2. 5%。③

澳大利亚民众担心中国投资的另一个领域就是基础设施建设，包括机场和港口。罗伊国际关系研究所 2014 年的民调显示，60% 的民众认为澳大利亚政府不应该允许外国政府投资港口和机场。澳大利亚联邦政府在最近几年中，对外国公司投资基础设施建设项目的审查越来越严格。2016 年，国库部长莫里森否决了中国国家电网收购澳大利亚电网的项目；2015 年，堪培

---

① Michael Bleby, Nick Lenaghan, Lucille Keen, "Victoria raises foreign property buyer tax to 7pc from 3pc", *Australian Financial Review*, April 22, 2016, https://www.afr.com/real-estate/upping-the-ante-victoria-raises-foreign-property-buyer-tax-to-7pc-from-3pc-20160422-gockmv.

② Geoff Winestock, "NSW double foreign home buyer tax to 8pc", June 1, 2017, *Australian Financial Review*, https://www.afr.com/real-estate/residential/nsw-doubles-foreign-home-buyers-tax-to-8pc-20170531-gwhr6w.

③ Scott Morrison, "Foreign Ownership of Agricultural Land Register Findings", *The Treasury*, September 29, 2017, http://sjm.ministers.treasury.gov.au/media-release/097-2017/.

拉也拒绝了上海的一个公司竞标澳大利亚最大牧场基德曼公司的项目；最近，澳联邦政府拒绝了香港长江基建收购澳大利亚天然气管道公司的申请。[①]

最引人注目的是山东岚桥集团长期租赁达尔文港的项目。当时北领地政府宣布把达尔文港 99 年的租约交给中国公司的时候，在澳大利亚国内和美国都引起了轩然大波。时任美国总统奥巴马公开向澳大利亚政府表示不满，因为达尔文是美军在澳大利亚最重要的军事基地之一，[②] 每年有 2500 名海军陆战队队员在达尔文驻扎和换防。虽然澳大利亚时任国防部秘书长说这个项目不会带来国家安全威胁，至今这个决定还受到部分媒体、学者和战略分析家的指责。随后，澳大利亚政府也修改了关于基础设施建设投资的指导政策。

2. 中国是“军事威胁”

在过去的 8 年中，每一年都有相当比例的澳大利亚民众认为中国会给澳大利亚带来潜在的“军事威胁”。2018 年的民调显示，有近一半（46%）的民众认为在未来的 20 年中国是一个潜在的“军事威胁”（见图 6）。这个民调结果背后重要的原因是澳大利亚民众认为美国和中国会在未来发生军事冲突，由于澳美存在军事同盟关系，澳大利亚势必要卷入这两个超级大国之间的冲突中。当这些民众解释他们为什么认为中国是“威胁”的时候，有 77% 的人持上述观点。还有 70% 的人认为中国最近越来强硬的外交政策说明中国未来可能成为军事“威胁”。[③]

3. 中国是经济伙伴

澳大利亚有 82% 的人认为中国更多是经济伙伴。这个比例几乎是认为中国是“军事威胁”的一倍。这比 2017 年的民调结果高出了 3 个百分点，

---

① “Australia blocks Ausgrid energy grid sale to Chinese companies”, BBC, August 19, 2016, https://www.bbc.com/news/business-37129047.

② Philip Coorey, Laura Tingle, “Let us know next time: how Obama chided Turnbull over Darwin port sale”, November 18, 2015, https://www.afr.com/news/politics/let-us-know-next-time-how-obama-chided-turnbull-over-darwin-port-sale-20151118-gl1qkg.

③ Alex Oliver, Lowy Institute Poll 2018, p. 11.

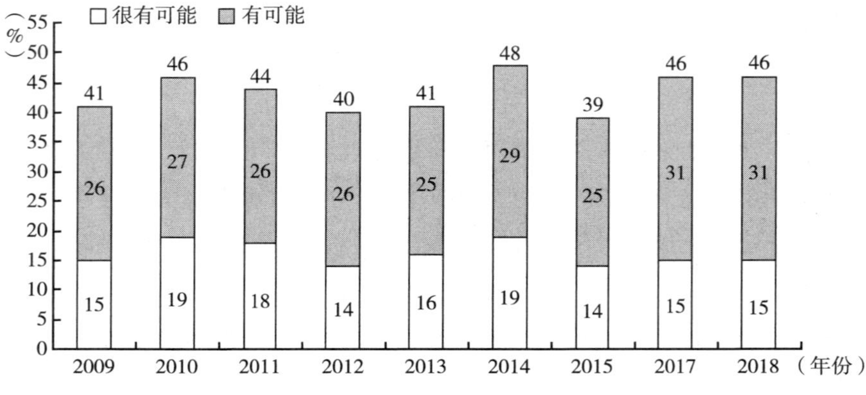

图6　中国带来潜在“军事威胁”

比2015年的结果高出了5个百分点。（见图7）[①] 这个结果不难理解，中国是澳大利亚最重要的经济伙伴，双边贸易额已经超过1550亿澳元。中国不但是澳大利亚第一大出口国，其中包括服务出口，同时也是澳最大的进口国。过去连续3年，中国也是澳大利亚最大的外国投资国。澳大利亚超过三分之一的产品和服务出口到中国。澳大利亚前国家情报分析局局长艾伦·金杰尔（Alan Gyngell）明确指出，这个经济合作的关系在短时间内是难以改变的。[②]

澳大利亚民众对中国经济合作关系的支持可能来自有55%的民众认为中国已经是世界第一大经济强国的缘故。尽管根据市场外汇兑换价格的标准来说，中国经济的总量没有美国大，可只有29%的民众认为美国是世界第一大经济体，这个比例在逐年减少，2010年时是32%，2011年时是32%，2018年是29%。与此同时，认为中国是第一大经济体的人数比例在过去8年中没有改变过。最值得关注的结果是关于欧盟的，按照市场汇率计算，欧盟是除了美国以外的第二大经济体，总量比中国还要大，但是只有7%的民

① Alex Oliver, Lowy Institute Poll 2018, p. 12.

② Alan Gyngell, “Australia's China Policy Challenge”, *East Asia Forum*, February 12, 2018, http://www.eastasiaforum.org/2018/02/12/australias-china-policy-challenge/.

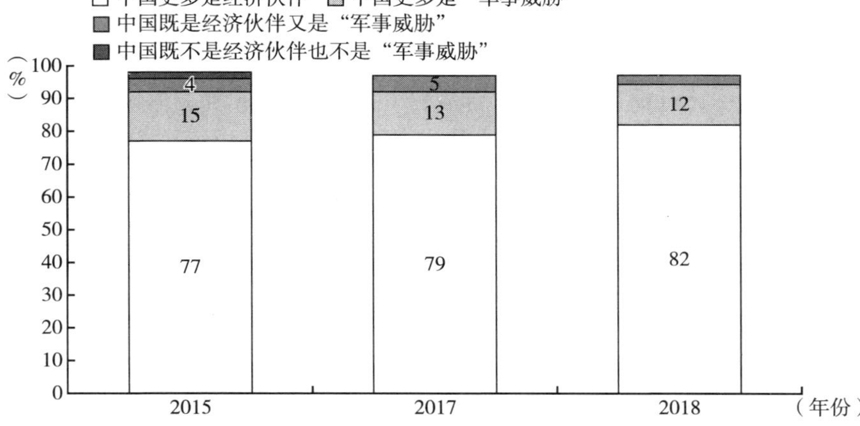

图7　澳大利亚民众对中国的看法

众认为欧盟是最大的经济体。

4. 中美关系

澳大利亚外交面临的最大挑战就是如何平衡与中国和美国的关系。一方是坚实的军事盟友，另外一方是最大和最重要的贸易伙伴。澳大利亚政府的官方说法是不需要在中美之间做出选择。澳大利亚想在中美之间左右逢源的战略也符合澳大利亚民众的期待，有81%的民众表示澳大利亚政府可以同时和中国与美国保持良好的关系。这个比例比2013年的87%有所下降。①

八　移民政策和国家认同

自从罗伊国际关系研究所开始进行民调以来，澳大利亚第一次有一半以上的人不支持现在移民的数量。2018年，有54%的澳大利亚民众表示现在每年进入澳大利亚的移民数量过多；有30%的人说每年的移民数量刚好；只有14%的人说每年的移民数量较少，可以接收更多的移民（见图8）。反

① Alex Oliver, Lowy Institute Poll 2018, p. 12.

对现在移民数量的比例比去年增加了 14 个百分点，比 2014 年增加了 17 个百分点。[①] 传统上，澳大利亚民众普遍支持政府的移民政策，2016 年，有 3/4 的民众表示认同澳大利亚的移民政策给澳大利亚带来了积极的影响，接收世界各地的移民也会让澳大利亚变得更加强大。2018 年，这个比例大幅下降。这个变化和澳大利亚政治环境相关，重量级政客如前总理阿博特和内政部长都公开表示澳大利亚现在每年的移民数量过高，政府应该削减移民数量来缓解交通拥挤、房价过高的问题。[②]

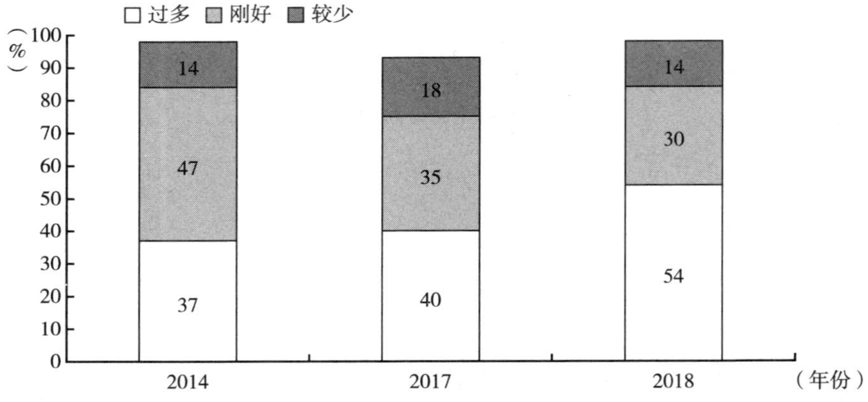

图 8　澳大利亚民众对移民数量的看法

民众和政客都认为澳大利亚是世界上最成功的多元文化社会。自从澳大利亚政府在 1973 年废除了“白澳政策”以来，澳大利亚欢迎来自世界各地的移民，从 1970 年的越南船民到最近的中国技术和投资移民。中国和印度已经取代英国和新西兰，居澳大利亚移民来源国的前两位。[③] 中国也成为继

① Alex Oliver, Lowy Institute Poll 2018, pp. 14 – 15.

② Paul Karp, “Tony Abbott to call for immigration cut in speech targeting political elites”, *The Guardian*, February 20, 2018, https://www.theguardian.com/australia-news/2018/feb/20/tony-abbott-to-call-for-immigration-cut-in-speech-targeting-political-elites.

③ Gay Alcorn, “The changing shape of Australia's immigration policy”, *The Guardian*, March 28, 2018, https://www.theguardian.com/australia-news/2018/mar/24/australias-fierce-immigration-debate-is-about-to-get-louder.

澳大利亚、英国和新西兰之后最多的人口出生地，澳大利亚有120万人有华裔血统，其中41%的人出生在中国大陆。①

但是最近两年，澳大利亚民众也开始质疑大量的移民涌入澳大利亚会不会改变澳大利亚的族群认同和价值观。虽然有54%的民众认同“澳大利亚海纳百川的移民政策是国家核心价值观的一部分”，但是同时也有41%的民众认为澳大利亚的移民政策过于开放，会改变澳大利亚核心的价值观。在这个问题上，不同年龄段的人有着不同的观念，比如66%的年轻人（18～44岁）认为澳大利亚应该继续奉行开放的移民政策，但是只有41%的45岁以上的人认同这个观点。

① “ABS reveals insights into Australia's Chinese population on Chinese New Year”, February 10, 2018, http://www.abs.gov.au/AUSSTATS/abs@.nsf/mediareleasesbytitle/D8CAE4F74B82D446CA258235000F2BDE? OpenDocument.

B.7
澳大利亚贸易政策变化及其影响

黄梅波　李泽政*

摘　要： 自2015年特恩布尔就任澳大利亚总理以来，政府出台了一系列以促进出口带动就业为目的的贸易政策，其中包括国内的出口促进政策，以及国际上积极与各方签订双边或多边贸易协定。在特恩布尔政府3年的努力之下，澳大利亚实现了近年来的首次贸易顺差，自由贸易政策为澳大利亚带来了切切实实的经济利益，但澳大利亚经济依旧面临着长期的结构性问题以及短期的不确定因素，这些因素对中国及澳大利亚都具有或多或少的影响。2018年8月，澳大利亚新总理莫里森上台，他是否能够在当今复杂的国际贸易形势下为澳大利亚经济注入新的活力仍是未知数。

关键词： 澳大利亚　国际贸易　中澳关系

2015年9月15日，特恩布尔在堪培拉澳大利亚总督府宣誓就职，成为澳大利亚第29任总理，自此开始了特恩布尔政府主导的，以扩大出口和带动国内就业为主的澳大利亚经济发展模式。在国内贸易政策方面，2017年发布的《外交政策白皮书》为澳大利亚的外交政策提供了长期发展的全面框架，以确保澳大利亚在世界经济形势不确定的情况下的未来繁

* 黄梅波，上海对外经贸大学国际发展合作研究院教授；李泽政，上海对外经贸大学国际经贸学院硕士研究生。

荣和安全，奠定了澳大利亚抵制保护主义和倡导开放全球经济的承诺。同时，澳大利亚与合作伙伴和全球机构合作，保护和制定促进经济增长、贸易自由化和自由市场的规则。①2016～2017年，澳大利亚出口额大幅增长，商品与服务的出口均取得了丰硕成果。澳大利亚统计局（Australian Bureau of Statistics）公布的数据显示，强有力的出口（491亿澳元的出口额）在2016～2017年为澳大利亚带来了124亿澳元的贸易顺差，并使澳大利亚从前一年367亿澳元的贸易逆差中转亏为盈，这一结果反映了特恩布尔政府对自由贸易的承诺，并且它还将持续为澳大利亚居民带来经济繁荣和高水平生活。

在区域贸易协定方面，随着特朗普上台以及其宣布美国退出跨太平洋伙伴关系协定（Trans-Pacific Partnership Agreement，TPP），澳大利亚逐渐担任起TPP的领导者，并与剩下的10国构成TPP－11（或CPTTP），通过相互削减关税的方式刺激国内进出口，努力加强与TPP－11内部成员之间的贸易联系。为了紧跟国际贸易规则，2017～2018年澳大利亚积极与各方签订双边贸易协定，其中包括已经签署但还未生效的秘鲁－澳大利亚贸易协定、日本－澳大利亚贸易协定、新的TPP－11协定，以及还处于谈判阶段的与欧盟、中国香港、英国的自由贸易协定。毋庸置疑，特恩布尔政府任期的3年内，澳大利亚的出口增加，就业率有明显的提高，经济总体保持增长态势，但由于澳大利亚政局变化，以及国际上以美国为主的贸易保护主义盛行，澳大利亚今后的对外贸易发展仍是未知数。

一　澳大利亚对外贸易现状

从1992年到2017年，澳大利亚经济实现了连续26年的稳定增长，GDP增长率、货物和服务贸易额、吸引投资额，都远超OECD的平均水平。

① 孙有中、韩锋主编《澳大利亚发展报告（2016～2017）》，社会科学文献出版社，2017。

（一）进出口贸易总额

2013～2016年，澳大利亚对外贸易额增长缓慢，出口额常年稳定在3300亿澳元左右，并且连续出现贸易逆差，2015年贸易逆差甚至达到372亿澳元。2017年澳大利亚贸易与投资委员会统计数据显示，澳大利亚2017年出口额同比增长14.8%，达到3866亿澳元，进口同比增长7.4%，达到3765亿澳元，这是澳大利亚在近几年内首次实现贸易顺差，一年之内接近500亿澳元出口的增长使澳大利亚彻底扭转贸易逆差，从净进口国转变为净出口国（见表1）。

表1　2013～2017年澳大利亚对外贸易额

单位：亿澳元

年份	2013	2014	2015	2016	2017	2017年同比增长
出口	3234	3321	3231	3368	3866	14.8%
货物出口	2634	2667	2503	2590	3019	16.6%
服务出口	599	653	728	778	846	8.8%
进口	3342	3429	3603	3506	3765	7.4%
货物进口	2559	2643	2758	2670	2881	7.9%
服务进口	783	786	845	835	883	5.7%
双边贸易总量	6577	6751	6835	6875	7632	11%

数据来源：Composition of Trade Australia 2017。

（二）商品贸易结构

2017年澳大利亚出口中，货物出口达到3019亿澳元（见表2），占总出口的78%，其中，农产品出口483亿澳元，同比增长13.7%，占总货物出口额的16%。非农产品出口达到2349亿澳元，占总货物出口额的77.8%，其中矿物和燃料出口达到1777亿澳元，同比增长26.6%；制造业出口仅增长2.9%；服务出口占比22%，同比增长8.8%，以旅游业为主，旅游出口额同比增长9.3%。在总出口中，出口额排名前5位的分别是铁矿石和精矿、煤炭、与教育相关的旅游服务、天然气以及与教育无关的私人旅游服务（见表3），并且出口额都达到百亿澳元，其中增长迅速的为天然气、蔬菜、煤炭、铝矿石和精炼铝、小麦，同比增长均超过20%。

表2　2016～2017年澳大利亚商品贸易结构

单位：亿澳元

年份	2016年	2017年	同比增长
货物出口	2590	3019	16.6%
农产品	425	483	13.7%
肉类	110	118	6.7%
谷物和谷物制品	75	93	23.1%
羊毛和羊皮	34	40	18.4%
其他	204	231	13.1%
非农产品	1960	2349	19.9%
矿物和燃料	1403	1777	26.6%
制造业	436	449	2.9%
其他	10.3	10.5	1.5%
服务出口	778	846	8.8%
旅游	498	544	9.3%
交通运输	72	75	4.8%
其他	206	225	9.2%
货物进口	2670	2881	7.9%
消费品	956	997	4.3%
资本货物	631	714	13.1%
中间品和其他商品	1023	1116	9.2%
非货币黄金	59	53	-10.5%
服务进口	835	883	5.7%
旅游	414	446	7.7%
交通运输	164.4	164.7	0.2%
其他	249	265	6.3%

数据来源：Composition of Trade Australia 2017。

而在进口中，货物进口额达到2881亿澳元，占总进口额的76%，同比增长7.9%，其中以中间品和其他商品、消费品和资本货物为主；服务进口占比24%，仍以旅游和交通运输为主，其中旅游服务进口同比增长7.7%。在总进口中，排名前5位的分别为与教育无关的私人旅游服务、乘用车、精炼石油、船、电信设备及零件。

由此可以看出，得益于澳大利亚丰富的矿藏和发达的农业，澳大利亚的矿物资源和农产品仍是其货物出口的主力军，而进口则以中间品和消费品为主，并且旅游服务无论是进口还是出口在服务贸易中占比都非常大。所以，澳大利亚在贸易中几乎处于全球生产价值链的上游，以原材料出口为主，具有相当一部分的原材料定价权，而中间品和消费品则以进口的方式获得，反映其国内制造业不发达，只能通过进口满足国内生产以及居民的消费需求。

表3　2016～2017年澳大利亚贸易商品排名

单位：亿澳元

出口排名	货物/服务	2016年	2017年	所占出口份额	同比增长
1	铁矿石和精矿	537	630	16.30%	17.4%
2	煤炭	422	571	14.80%	35.2%
3	与教育相关的旅游服务	257	302	7.80%	17.3%
4	天然气	179	256	6.60%	43%
5	与教育无关的私人旅游服务	211	212	5.50%	0.4%
7	铝矿石和精炼铝	64	84	2.20%	30.4%
9	小麦	46	60	1.60%	24.9%
19	蔬菜	22	30	0.80%	38.6%
进口排名	货物/服务	2016年	2017年	所占进口份额	同比增长
1	与教育无关的私人旅游服务	370	399	10.60%	7.7%
2	乘用车	214	228	6.10%	6.6%
3	精炼石油	148	191	5.10%	29%
4	船	0.9	189	5%	20900%
5	电信设备及零件	119	127	3.40%	6.8%

数据来源：Composition of Trade Australia 2017。

（三）贸易地区构成

与澳大利亚双边贸易额最多的是中国，2017年双边贸易额高达1832亿澳元，同比增长16.0%，占澳大利亚双边贸易总额的24%。位居第二的是日本，与澳大利亚的双边贸易额为718亿澳元，同比增长17.5%，占比9.4%。美国是澳大利亚双边贸易额排名第三的国家，2017年达到683亿澳元，占比9.0%，同比增长仅4.2%。双边贸易额增速最快的是韩国，在与澳大利亚双边贸易额中排名第四，为552亿澳元，占比7.2%，同比增长高达70.9%。其中，出口市场中，贸易额排名依次为中国、日本、韩国、美国和印度，中国占比30%，美国同比增长仅1.8%，增速落后于其他国家。进口来源国中，排名依次为中国、美国、韩国、日本和泰国，其中中国占比为17.9%，美国占比为12.6%，韩国同比增长167.9%（见表4）。

在与中国的贸易中，澳大利亚向中国市场出口最多的产品为铁矿石和精矿、煤炭、羊毛和其他动物毛发、铜矿，而进口则以电信设备、计算机、家具、玩具和纺织服装为主。在与日本的贸易中，澳大利亚出口最多的是煤炭、铁矿石、牛肉、铜和铝，进口则以乘用车、精炼石油、黄金为主。在与韩国的贸易中，澳大利亚出口依次为煤炭、铁矿石、牛肉、糖和蜂蜜，进口则以船、精炼石油、乘用车、电气机械为主。澳大利亚对美国的出口则以牛肉、其他肉类、航天航空部件、家禽药、酒精饮料为主，进口则以乘用车、航天航空部件、医疗器械、电信设备为主。

由此可以看出，澳大利亚对主要贸易伙伴的出口仍以矿物原材料和农产品为主，进口则以制造业中间品和最终产品以及日用消费品为主，并且在近年来的发展中，中国在澳大利亚的双边贸易中所处的地位非常高，进出口份额十分庞大。澳大利亚与美国的双边贸易额虽然有所增长，但其份额逐渐被日本、韩国等东亚国家快速增长的份额挤占，澳大利亚对美国的双边贸易依赖程度逐渐降低。

表4　2016～2017年澳大利亚贸易地区分布

单位：亿澳元

出口排名	国家	2016年	2017年		
			贸易额	所占份额	同比增长
1	中国	956	1159	30%	21.2%
2	日本	384	472	12.2%	22.8%
3	韩国	204	233	6%	14.4%
4	美国	206	209	5.4%	1.8%
5	印度	151	201	5.2%	32.6%

续表

进口排名	国家	2016 年	2017 年		
			贸易额	所占份额	同比增长
1	中国	623	673	17.9%	8.1%
2	美国	449	474	12.6%	5.6%
3	韩国	119	319	8.5%	167.9%
4	日本	227	246	6.5%	8%
5	泰国	168	172	4.6%	2.1%

数据来源：Composition of Trade Australia 2017。

二　2017 ~2018年澳大利亚的对外贸易政策

特恩布尔政府充分地认识到对外贸易对经济增长以及带动国内就业的作用。通过签署贸易协定可以改善所有贸易领域（商品、服务和投资）的市场准入原则，并有助于增强澳大利亚公司的竞争力，有利于澳大利亚消费者获得更多更有价值的商品和服务。因此特恩布尔政府从上台开始就沿用以往开放的自由贸易政策，鼓励各类企业出口。一是通过出口带动国内就业岗位的增加，提高就业率，促进国家经济增长。二是调整经济结构，促进经济从传统矿业经济转向发展创新型经济，提高制造业的比重，利用技术和高端服务业优势升级对传统的能源、资源和农业进行升级，优化经济结构，以此建立一个更强大的“国家品牌”，在竞争激烈的全球市场中，将澳大利亚强有力的旅游、农产品、矿藏资源推广出去。

2017 ~2018 年，澳大利亚实行的贸易政策主要分为两类。一是国内的出口促进政策，为各类型企业出口提供资金支持。二是积极与各国签订各类双边自由贸易协定，扩大澳大利亚的自由贸易协定网络，以覆盖更多的合作伙伴，确保在2020 年与占澳大利亚贸易80%的国家（目前为64%）签订自由贸易协定，增强澳大利亚国内出口商在国外出口市场的竞争优势，实现与重要贸易伙伴的经济一体化，使澳大利亚出口企业能够以更具竞争力的价格向全球提供更多的商品和服务。

（一）国内出口促进政策

1. 通过出口金融与保险公司（Export Finance and Insurance Corporation，EFIC）修正法案

2017 年 9 月 11 日，贸易、旅游与投资部长乔博宣布对 EFIC 的工作进行改革，以促进国内贸易与投资。针对市场中越来越多的资源项目在融资方面遇到的困难，作为澳大利亚官方出口信贷机构的 EFIC 经过改革之后，将会在更大范围内为澳大利亚出口商的出口提供更多的资金帮助，通过金融手段支持中小企业的出口与投资。2014～2017 年，EFIC 为近 300 家中小企业出口商提供了超过 5 亿美元的资金。2017 年 EFIC 出口信心指数调查显示，澳大利亚小企业出口商对国际贸易的信心有所增强，接受调查的小企业出口商中有一半以上（57%）认为他们的财务状况比 1 年前更好，同比增加 6%，而接近三分之二的出口商（63%）认为在未来 1 年内，他们的财务状况会变得更好。

2.《国防出口战略》

2018 年 1 月 29 日，总理特恩布尔和贸易、旅游和投资部长乔博宣布启动以创造就业为目的的《国防出口战略》。《国防出口战略》包括若干新举措。第一，由澳大利亚贸易委员会和国防工业能力中心携手合作，成立新的澳大利亚国防出口办公室，作为国防出口的协调中心，协调相关工作。第二，提高国防出口的宣传力度，在整个行业和政府中开展宣传工作，确保澳大利亚成为新的国防出口倡导者。第三，澳大利亚官方出口信贷机构 EFIC 将提供 38 亿美元的国防出口信贷，使澳大利亚的企业获得出口国防装备所需的资金，创造新的出口机会。第四，每年花费 2000 万美元用于实施《国防出口战略》并支持国防产业的出口，其中 635 万美元用于制定和实施战略性的出口活动，320 万美元用于提升和扩大全球供应链计划，410 万美元用于帮助中小企业增强竞争力。这份标志性的文件为澳大利亚制定了国防商品出口的政策和战略，将使澳大利亚在下一个十年里成为世界排名前十的国防商品出口国之一。

（二）双边或多边自由贸易协定

澳大利亚始终致力于签订双边或多边自由贸易协定（FTA），通过自由贸易协定减少和消除国际贸易和投资障碍，使澳大利亚进口商、出口商、生产商和投资者受益。截至 2018 年 6 月底，澳大利亚已与其他国家和国际组织签订了 10 项自由贸易协定，包括澳大利亚 - 新西兰 FTA、新加坡 - 澳大利亚 FTA、澳大利亚 - 美国 FTA、泰国 - 澳大利亚 FTA、澳大利亚 - 智利 FTA、东盟 - 澳大利亚 - 新西兰 FTA、马来西亚 - 澳大利亚 FTA、韩国 - 澳大利亚 FTA、日本 - 澳大利亚 FTA、中国 - 澳大利亚 FTA。已经签订但还未生效的自由贸易协定包括印尼 - 澳大利亚 FTA、TPP - 11 协定、秘鲁 - 澳大利亚 FTA、太平洋更紧密经济关系协定（PACER Plus）。正处于谈判中的自由贸易协定包括澳大利亚 - 欧盟 FTA、澳大利亚 - 海湾合作委员会 FTA、澳大利亚 - 香港 FTA、澳大利亚 - 印度全面经济合作协定、环境货物协定、太平洋联盟 FTA、区域全面经济伙伴关系、服务贸易协定。未来将要谈判的协定包括澳大利亚 - 英国 FTA。

依据表 5 可知，在特恩布尔执政之前，得益于亚洲国家的大量能源需求，澳大利亚已经签订并生效的 FTA 主要集中在距离澳大利亚较近的亚洲国家，例如中国、日本和韩国等。特恩布尔执政以来，FTA 的签订和谈判数量明显增加，且更加注重多边协定以及与多边协定内的国家达成双边协定，紧跟国际贸易新规则、新趋势，致力于构建一个更加开放和自由的国际贸易市场。

表 5　澳大利亚 FTA（截至 2018 年 7 月）

已经签订并生效的 FTA	澳大利亚 - 新西兰(1983 年) 新加坡 - 澳大利亚(2003 年) 澳大利亚 - 美国(2005 年) 泰国 - 澳大利亚(2005 年) 澳大利亚 - 智利(2009 年) 东盟 - 澳大利亚 - 新西兰(2010 年)

续表

已经签订并生效的 FTA	马来西亚 - 澳大利亚(2013 年) 韩国 - 澳大利亚(2014 年) 日本 - 澳大利亚(2015 年) 中国 - 澳大利亚(2015 年)
已经签订但还未生效的 FTA	印尼 - 澳大利亚(2018 年) TPP - 11(2018 年) 秘鲁 - 澳大利亚(2018 年) 太平洋更紧密经济关系协定(PACER Plus,2017 年)
正处于谈判当中的 FTA	澳大利亚 - 欧盟 澳大利亚 - 海湾合作委员会 澳大利亚 - 香港 澳大利亚 - 印度全面经济合作协定 环境货物协定 太平洋联盟 区域全面经济伙伴关系 服务贸易协定
未来将要谈判的 FTA	澳大利亚 - 英国

资料来源：澳大利亚外交与贸易部官网。

1. 秘鲁 - 澳大利亚自由贸易协定

自 2017 年 5 月启动谈判以来，澳大利亚与秘鲁的自由贸易协定是澳大利亚达成的最快的贸易协定。2018 年 2 月 12 日，澳大利亚和秘鲁正式签署了秘鲁 - 澳大利亚自由贸易协定（以下简称 PAFTA），为澳大利亚出口到世界上增长最快的经济体和地区打开了大门。协定生效后的 5 年内，PAFTA 将取消 99% 的澳大利亚商品出口到秘鲁的关税。澳大利亚的糖、奶制品、大米、高粱、羊肉、葡萄酒、袋鼠、杏仁、医药、医疗器械、纸制品和机械能够立即以免征关税的形式进入秘鲁市场，而牛肉的关税也将在 5 年内被免除。1998 ~2018 年，澳大利亚对秘鲁出口了大约 9 万吨的食糖，相当于秘鲁食糖进口总量的 30% 左右，这为澳大利亚的农场主们创造了更多的出口机会，能让他们的农产品以低成本与较高竞争力进入国外市场，同时为澳大利亚带来更多的就业机会。并且，PAFTA 还将成为澳大利亚通往拉丁美洲的门户，并在澳大利亚与拉丁美洲之间建立价值链。它也是与太平洋联盟

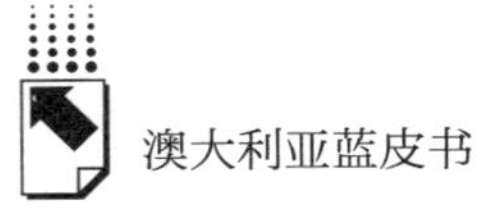

（墨西哥、哥伦比亚、智利和秘鲁）达成贸易协定的基石。

2. TPP－11协定

2005 年，文莱、智利、新加坡、新西兰 4 国签署《跨太平洋战略经济伙伴协定》（Trans-Pacific Strategic Economic Partnership Agreement，TPSEP），目的是构建亚太自由贸易区。2008 年，澳大利亚、加拿大、日本、马来西亚、墨西哥、秘鲁、美国和越南加入 TPSEP 的讨论之中，12 国在 2016 年 2 月在新西兰签署了 TPP 协定。2017 年 1 月，新任美国总统特朗普兑现了他竞选时的承诺，签署行政命令宣布退出 TPP。自美国退出 TPP 之后，澳大利亚与剩下的 10 国（日本、加拿大、智利、新西兰、新加坡、文莱、马来西亚、越南、墨西哥和秘鲁）共同发布联合声明，将 TPP 更名为 TPP－11（或 CPTPP）协定。

2018 年 3 月 8 日，澳大利亚与其余 10 国在智利首都圣地亚哥签署 TPP－11 协定，协定中包含了成员国之间相互削减关税以促进自由贸易的具体措施。第一，加拿大将会在 5 年内取消针对澳大利亚牛肉进口的 26.5% 的关税，取消葡萄酒关税，实施奶酪、奶粉、黄油的新配额，并且将在协定生效后取消牛奶浓缩蛋白的关税；第二，墨西哥实施奶酪、奶粉、黄油的新配额，取消酸奶关税，取消大米关税，并将在 10 年后取消进口牛肉的关税；第三，日本将取消奶酪等乳制品的关税，并且针对澳大利亚的大米，每年将提供 6 次招标机会，对大米进行招标，为澳大利亚的大米进入日本市场打开大门，并且还将在 15 年内减少对牛肉进口的 38.5% 的关税；第四，越南将新增与澳大利亚合作的教育试点项目，能够使越南的学生获得在线澳大利亚课程，将澳大利亚优秀的教育引入越南，培养更多优秀的学生；第五，TPP 协定 11 个成员国之间，将互相减免羊肉关税，取消资源和能源产品的关税，其中包括澳大利亚向日本提供的约 350 亿美元的资源和能源出口，并且还将取消价值 140 亿美元的制成品关税（见表 6）。随着各国针对澳大利亚关税的下降，TPP－11 将推动成员国内部对澳大利亚商品和服务的需求，帮助澳大利亚国内企业创造更多新的贸易机会和就业机会。

表 6　TPP－11 各国针对澳大利亚的关税措施变更

国家	关税措施
加拿大	5 年内取消牛肉进口的 26.5% 的关税 取消葡萄酒关税 实施奶酪、奶粉、黄油新配额 协议生效后取消牛奶浓缩蛋白的关税
墨西哥	实施奶酪、奶粉、黄油新配额 取消酸奶关税 取消大米关税 10 年后取消进口牛肉关税
日本	取消奶酪等乳制品关税 允许大米进入本国市场（每年提供 6 次招标机会，对大米进行招标） 15 年内减少对牛肉进口的 38.5% 的关税
越南	新增教育试点项目，能够使越南学生获得在线澳大利亚课程
TPP－11 国	互相减免羊肉关税 取消资源和能源产品关税 取消制成品关税

资料来源：澳大利亚贸易、旅游和投资部长乔博发布的相关媒体报道。

3. 日本－澳大利亚自由贸易协定第四轮关税削减

2014 年 7 月，日澳双方就多年谈判的自由贸易协定达成一致，日本的制造业产品销往澳大利亚将会享受更低的关税，而澳大利亚也将成为日本主要的农产品出口国。2015 年 1 月 15 日，日澳经济合作协定（Japan-Australia Economic Partnership Agreement，JAEPA）正式生效，并在随后 4 年内针对多项商品连续实施了 5 轮关税削减，促进了澳大利亚葡萄酒、牛肉、橘子、蜂蜜等农产品向日本的出口。受益于 JAEPA，日本在澳大利亚的出口中所占比重日益提高，2017 年出口同比增长 22.8%，达到 476 亿澳元。

2018 年 4 月，JAEPA 第五轮关税削减开始实施，其中包括新鲜冷藏牛肉的关税由之前的 38.5% 削减至 29.3%，冻牛肉由 38.5% 削减至 26.9%，天然蜂蜜由之前的 25.5% 削减至 13.9%，橙子由之前的 16% 削减至 8.7%，橘子由之前的 17% 削减至 11%，手提包由之前的 8%～16% 削减为 4.4%。通过 JAEPA 的多次削减关税，澳大利亚的过剩农产品逐步进入日本市场，并为澳大利亚带来了数十亿美元的经济收益。

4. 加入世界贸易组织政府采购协议（The Government Procurement Agreement，GPA）

GPA 是 WTO 框架内的多边协议，并非所有的 WTO 成员都是协议的缔约方，目前 GPA 包括 47 个经济体，现有成员包括欧盟 28 个成员国以及加拿大、日本、韩国、美国、乌克兰、新西兰、中国香港、冰岛、以色列、挪威、新加坡、瑞士、列支敦士登和中国台湾。GPA 致力于使成员各方相互开放政府采购市场，实现政府采购的国际化和自由化，也就是说，GPA 成员的企业可以以“国民待遇”进入其他成员的政府采购市场。经过多轮谈判后，GPA 成员每年开展约 1.7 万亿美元的政府采购活动，促进了国际贸易中政府采购市场的活跃。

2018 年6 月28 日澳大利亚获得了加入 GPA 的支持，GPA 成员将开启正式程序欢迎澳大利亚加入，一旦 GPA 成员正式同意澳大利亚加入，预计在 2018 年底，澳大利亚将开始制定正式加入 GPA 的流程，这将为澳大利亚企业打开世界政府采购市场的大门。澳大利亚参与 GPA 将保证本国出口商和服务供应商在许多大型外国政府采购市场中平等竞争，使澳大利亚企业更容易将其产品和服务销售至世界，并且 GPA 还将为澳大利亚企业提供新的出口机会，为 GPA 成员提供的各种商品和服务的政府采购合同进行竞标，其中包括澳大利亚出口优势领域，如医疗保健、制药、建筑和金融服务。

三　影响澳大利亚贸易状况的长短期因素

澳大利亚的贸易特征与美国类似，2013 ~2016 年均存在较大幅度的贸易逆差，为净进口国，导致外汇不断流出。但澳大利亚扭转贸易逆差的手段和美国有所区别。美国通过加征他国关税以及禁止他国贸易输出等贸易保护主义手段直接削减进口来实现贸易顺差，而澳大利亚则紧跟国际贸易规则，通过与外界签署贸易协定，从而在不减少本国进口的同时加强本国出口来实现贸易顺差。上文介绍的澳大利亚的出口促进政策以及自由贸易协定方面的进展均反映了此趋向，但这也反映出澳大利亚经济所面临的根本性的结构性问题。

（一）长期结构性问题

从进口方面看，澳大利亚的进口商品以中间品和消费品为主，反映出国内制造业无法满足国内消费需求以及制造业的萎靡。对中间品和消费品的需求导致了澳大利亚每年需花费巨额资金用于进口。

从出口方面看，澳大利亚的主要出口商品较为单一，以自然资源中的铁矿、铝矿、煤炭和天然气为主，其次是各类农产品，再次是服务类贸易，包括旅游和教育资源的出口。其中，自然资源容易受到全球价格影响，导致出口贸易存在较大的不确定性，而农产品的产量受天气状况、自然灾害的影响，例如2017年新南威尔士州和昆士兰州的暴雨，对农产品的产量以及出口产生影响。

澳大利亚之前的繁荣，得益于澳大利亚与中国、日本、韩国的地理位置较近，能有效节约贸易运输成本，并且中国经济持续高速的增长以及日本、韩国对于能源的巨额需求与澳大利亚丰富的矿藏资源形成互补，推动澳大利亚经济，即使在面对2008年全球金融危机时，依然保持增长。但随着近年来大宗商品价格回落，澳大利亚也度过了其矿业繁荣时代。特恩布尔在担任总理时曾宣称，澳大利亚联邦政府将在未来4年内投入11亿澳元推行国家科学创新发展计划，通过创新推动国家经济发展。然而澳大利亚依旧摆脱不了对大宗商品和农产品的过度依赖，并且通过近年来签署的双边贸易协定可以看出，澳大利亚所做的许多努力都是通过进口方削减农产品的关税来刺激农产品的出口。表面上看澳大利亚的出口确实有大幅度增加，但其本质仍然是依靠农产品经济和采矿业，经济转型仍未见成效。

澳大利亚要实现经济长期增长以及长期的贸易顺差，必须首先明确本国的需求点，并正确判断当前国际贸易形势，在此基础上实现经济结构转型，以创新推动经济增长，减少劳动力，从生产率较高的工业部门向生产率较低的服务业转移。

（二）短期不确定因素

1. 政局的不确定性

从2010年到2015年，澳大利亚先后有5位总理执政，如此频繁的换届给澳大利亚本土民众带来了许多不安情绪，未来的发展形势仍然不明朗。2016年3月，特恩布尔宣布提前进行大选，结果以微弱的优势勉强取胜，由特恩布尔领导的联盟政府稳定性不仅没有得到改善，反而还有所削弱。尽管特恩布尔任期的3年内，贸易与就业形势有所改善，但依旧没有解决经济发展的根本性问题，澳大利亚经济仍然以传统产业贸易为主，出口仍以矿物资源、农产品为主，制造业出口仍然呈现颓势，经济结构的转型没有取得明显成效。2018年8月23日，澳大利亚国库部长、通信部长和就业部长举行新闻发布会，宣布辞职。8月24日，澳大利亚总理特恩布尔宣布辞任总理及自由党党首，经过新一届投票选举，原国库部部长、自由党党首莫里森当选为澳大利亚新一任总理。特恩布尔在决定辞职时推荐莫里森作为“接班人”，并且莫里森也不负众望，以其担任国库部部长期间稳重温和的行事风格在投票选举中赢得了咄咄逼人的达顿，名正言顺地成为新一任总理。莫里森上台后是选择继续坚持澳美同盟，还是巩固与中国的双边经贸关系，还是另择他法，仍是未知数。

2. 国际贸易发展形势不明朗

以美国为首的贸易保护主义盛行，特朗普不顾民众反对强制加征他国关税的措施，给整个世界带来了许许多多的不安因素。澳大利亚贸易、旅游和投资部长乔博在2017年多次访问美国，积极致力于与美国达成各项关税削减措施，但结果并不令人满意，仅仅在2018年2月24日，鉴于数字经济对双方的重要性，美国才同意与澳大利亚加强该方面的合作，支持两国之间数字贸易，确保互联网的开放、自由和安全。美国自2018年3月开展对中国贸易战以来，重心大多放在对中国多次加征关税，以及对伊朗、土耳其等国的贸易制裁上，并没有多余的精力放在澳大利亚方面。但澳大利亚似乎并没有认清当前国际贸易形势，一味强调与美国搞好合作关系，并通过美国这个超级大国带动自身的经济增长这个想法似乎并不容易实现，反而在这一年中浪费了许多和新兴大型经济体加强联系的机会。

3. 与中国关系的僵化

在特恩布尔任职期间，澳大利亚的一系列外交政策都导致中澳关系持续恶化，在澳大利亚《外交政策白皮书》中，坚持以西方价值观和秩序为标准分析其所处的外交和安全环境，对中国持怀疑态度，尤其是在南海问题上，指名道姓“批评中国”。[①] 2018 年 8 月 23 日，澳大利亚基于对“国家安全”的考虑，禁止中国华为、中兴企业 5G 技术进入澳大利亚。在 5G 技术方面，中国华为拥有先进的 5G 技术，始终位于国际 5G 通信技术的前沿，在不久的将来，5G 势必会给通信网络速度带来质的提升，大幅提升各方面的效率。并且澳大利亚从中国的进口中，电信设备进口额最高，华为迄今满足着澳大利亚 55% 以上的 4G 需求，华为 5G 进入澳大利亚，不仅能够给澳大利亚带来国际顶尖技术，使澳大利亚居民日常办公更加便捷，为企业生产带来更高的效率，还能为澳大利亚每年节约大量的电信成本，减轻澳大利亚消费者的负担。澳限制中国华为、中兴企业进入 5G 技术市场，势必会推动 5G 相关产品价格上涨，有损国内消费者利益。莫里森在以往的经历中，曾对中澳经贸关系表示出积极态度，并且很看重中澳未来关系的发展。莫里森在任期内，是否能够积极发展中澳经贸关系，通过中国这个亚洲经济增长涡轮带动澳大利亚经济增长仍是不确定的因素。

四　澳大利亚贸易政策的变化对澳大利亚及中国的影响

（一）自由贸易政策为澳大利亚带来了切切实实的经济利益

正如澳大利亚外交贸易部分析，贸易可以促进澳大利亚经济增长，提高家

① 孙有中、韩锋主编《澳大利亚发展报告（2016～2017）》，社会科学文献出版社，2017，第 6～7 页。

庭收入，为澳大利亚创造更多的就业机会，使面向家庭和企业的产品更加便宜，给消费者和企业更好的选择，为澳大利亚产品打开全球市场，能够利用过剩的大宗商品来获得收益，鼓励创新以提高生产效率；旅游贸易能促进澳大利亚经济蓬勃发展并且增强人与人的联系，教育贸易能促进澳大利亚经济增长并加强教育机构实力。总之，加强国际贸易对所有经济体都有利，澳大利亚的援助项目也可促进澳大利亚在发展中国家的贸易。

特恩布尔任职期间，奉行自由贸易政策，在国内通过提供资金帮助促进企业以及农场主实现产品出口，国际上则积极与邻近各国签署各项自由贸易协定，在2017年成功地扭转贸易逆差，实现近年来的首度贸易顺差，实现资金净流入。特恩布尔的自由贸易政策尤其看重对国内就业岗位的创造和就业人数增加的影响。澳大利亚统计局数据显示，澳大利亚的自由贸易政策在2017年7月至2018年7月间，为澳大利亚带来了约281000个就业岗位，失业率有明显下降，目前稳定在5.3%左右（见图1），基本兑现了特恩布尔政府贸易政策的承诺。国际上，澳大利亚签订的双边与多边贸易协定切实为国内的农场主、企业打开了全球市场的大门，例如JAEPA为农场主开辟了日本农产品市场，GPA也将为国内企业打开国际政府采购市场，并且，国内过剩的大宗商品以及农产品得以通过出口实现转移，并获得利润。

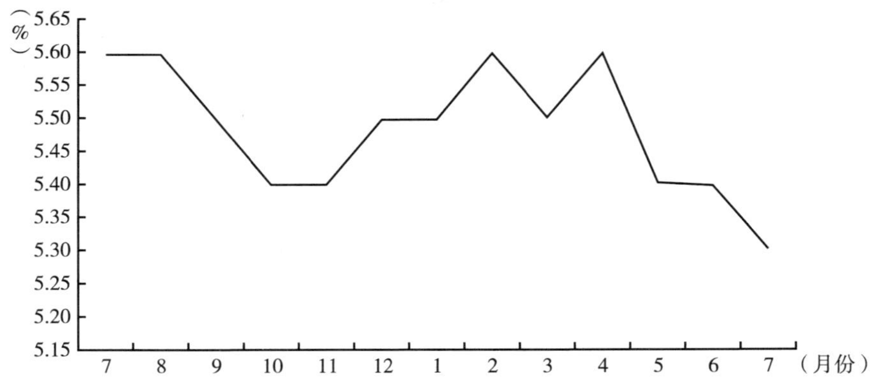

图1 澳大利亚失业率（2017年7月～2018年7月）

资料来源：澳大利亚统计局。

（二）对中国的贸易保护措施抬头

中国的迅速发展引发了各国对于“中国威胁论”的担忧，美国自特朗普上台以来，奉行“美国优先”政策，无视WTO自由贸易原则，实行贸易保护主义，以贸易逆差为由对中国实施关税打击，多次对中国进口商品加征关税，严重危害了中国以及美国自身的相关利益。而对于处在抉择期的澳大利亚来说，一方面是在安全和战略上的重要性无可替代的澳美同盟；另一方则是迅速发展、经贸关系上的重要伙伴中国，奉行中等强国外交的澳大利亚对国际体系的结构性变化向来敏感，对近年来中美两国实力对比的变化和影响更感同身受。① 澳大利亚长期在安全议题上依赖美国，在经贸关系上倚重中国，中国的发展及其引发的中美权力转移，已成为现在和将来影响澳政府外交与战略抉择的最重要因素。在此问题上，澳大利亚若选择美国，则失去了高达30%的中国出口市场份额，若选择中国，则失去了超级大国以及长年盟友美国的支持，恐怕在今后的国际问题上会受到不同程度的打压，那么如何选择自然成为澳大利亚目前所处的困境之一。倘若必须得在这其中做出选择，那么自然是选择对澳大利亚利益最大的一方。2017年澳大利亚《外交政策白皮书》指明了澳大利亚外交政策的方向，其中坚持以西方价值观来分析所处的国际环境，表达了对中国的怀疑态度。2018年，澳大利亚以华为等企业可能会对国家安全造成“威胁”为理由，拒绝与中国的贸易，禁止中国华为、中兴通信企业进入国内，足以表明澳大利亚还是更加希望依赖重要盟友美国。

中国自2013年提出“一带一路”倡议以来，致力于构建人类命运共同体，成果有目共睹。在中澳关系僵化的同时，中国仍然坚持履行《中澳自由贸易协定》，在2017年10月30日，取消了对六家澳大利亚肉类加工厂暂停进口的限制，这些加工厂占澳大利亚对中国牛肉出口的30%左右。而澳

① 张国玺、谢韬：《澳大利亚近期反华风波及影响探析》，《现代国际关系》2018年第3期，第26～34页、第64页。

大利亚在奉行自由贸易政策的基础上，对中国的贸易政策反而是跟着美国的脚步，采取贸易保护措施限制中国进口。

中国是澳大利亚重要的贸易伙伴，看重出口的澳大利亚要实现长期的贸易顺差以及经济增长，不会轻易放弃对中国的出口。那么对于中国来说，从澳大利亚进口的大宗商品以及各类农产品短期内并不会受到影响。但是有着美国的庇护，澳大利亚在将来可能采取更多的限制中国出口的政策，一是可以更加坚定地向美国表明其所处立场，二是削减自身进口以实现更多的贸易顺差，带动国内就业并实现经济增长。所以，中国对澳大利亚的出口可能在未来受到贸易保护主义抬头的澳大利亚的打击。

参考文献

孙有中、韩锋主编《澳大利亚发展报告（2016～2017）》，社会科学文献出版社，2017。

〔澳〕Ann Capling：《澳大利亚贸易政策的两难处境》，李平武译，《经济资料译丛》2009年第4期。

B.8

2017 ~2018年的中澳关系

〔澳〕马克林*

摘　要： 2017年中澳关系下滑，令人遗憾。澳大利亚政府重新提出了引人担忧的“中国威胁论”。从2017年6月起，一些媒体报道强调了中国对澳大利亚经济和政治以及学术自由的“过度影响”。特恩布尔于2018年8月发表演讲积极评价在澳华人，并在中美贸易战中支持中国，这似乎是尝试“重置”中澳关系。然而，最近美国的政策变得更加怀疑中国，《澳新美安全条约》不断巩固，澳大利亚比以往更加靠拢美国政策。双方经济关系乐观，中国仍然是澳大利亚最大的贸易伙伴、最大的国际学生和游客来源地，两国文化和教育关系发展趋势向好。

本文认为，澳大利亚的外交政策应该更独立，更少受美国制约。对澳大利亚而言，中国不仅在经济上，而且在战略上和其他方面也都极为重要。

关键词： 中澳关系　政治战略　经济问题　文化教育问题

2017年是中澳美三边关系发生巨大变化的一年。共和党人特朗普成为美国总统，他与其前任奥巴马截然不同，固守其“美国优先”的口号。中国10月举行的中国共产党第十九次全国代表大会引入了习近平总书记所说的“新时代”，标志着实现中国梦的新阶段，这同时也是中华民族伟大复兴的新阶段。2018年，特朗普通过强制征收或大幅提高关税，对中国发起贸

* 马克林（Colin Mackerras），澳大利亚格里菲斯大学荣休教授，澳大利亚人文科学院院士，北京外国语大学荣誉教授。

易战，迫使中国采取反制措施。在澳大利亚，由特恩布尔领导的联盟政府在民意调查中的支持率持续下滑，所提出的项目也难以获得议会支持。2018年8月下旬，自由党再次发生内斗，特恩布尔成为牺牲品，失去总理位子，由莫里森取而代之。外交部长朱莉·毕晓普则由经验较少的马莉斯·佩恩（Marise Payne）继任，后者曾担任国防部长。

澳大利亚的对外关系以澳美同盟为基础。1951年9月签署的《澳新美安全条约》已经实施将近七十年，如今，这一同盟关系仍然是澳大利亚外交政策的基石。自1951年以来，澳大利亚一直受到美国的过度影响，不仅在整体外交政策上，在对华政策上也是如此，只有高夫·惠特拉姆领导的澳大利亚工党政府（1972～1975）的第一年是个例外。

澳大利亚于1972年12月与中华人民共和国建立外交关系。从那时起，两国关系尽管偶尔出现波折，但总体趋势向好。在政治关系方面，20世纪50年代和60年代的敌意自1972年起变成了友谊。此外，虽然是工党首先主动建立关系，但执政联盟也积极调整政策，因此两党对中国的态度基本一致。

值得注意的是，两国贸易和其他经济关系也得到了巨大发展。中国成为澳大利亚最大的贸易伙伴，两国达成了《中澳自由贸易协定》，于2015年底生效。与中国的贸易成为促进澳大利亚经济发展的主要因素，使其能够应对自2008年开始的全球金融危机。尽管双向投资在数量上远远落后于贸易，但中国在澳大利亚投资的重要性在2017年开始显现。

最后，应该提一提教育和文化关系，这种关系几乎从零开始，发展到如今已成为两国关系的重要组成部分。建交伊始，两国并无学生交流，但到2017年，中国已经成为澳大利亚最大的国际学生来源地。研究伙伴关系从无到有，增长显著。作家和表演艺术团体的交流以及其他文化交流日益增多，受到双方的欢迎。[①]

① 有关1972～2017年中澳关系概况，参见 Colin Mackerras，Dai Ning（trans. From English to Chinese），"Forty-Five Years of Australia-China Relations（1972－2017），" in Sun Youzhong，Han Feng and Li Jianjun，eds，*Blue Book of Australia*，*Annual Report on Development of Australia*（2016－2017），Social Sciences Academic Press，Beijing，2017，pp. 169－192. 更新及修订版本参见 Mackerras，Colin，"Forty-five Years of Australia-China Relations（1972－2017）"，*Journal of Australian Studies*，no. 1（2018），pp. 22－57。

本文从澳大利亚的角度来看待这种状况，这并不意味着本文将站在澳大利亚政府一边来反对中国，恰恰相反。“澳大利亚角度”强调的是，本文的信息大多数来源于澳大利亚，引言来源主要是澳大利亚人，本文的重点也放在澳大利亚的政治格局和澳大利亚政策上。

一　政治－战略问题

中澳关系虽然从全局来看比较积极，但经常也会出现紧张情况，因为澳大利亚从来没有真正意识到中国的重要性，尤其是在中国快速发展的时代，它也从未从实质上打破过度依赖美国的状况。正如一位有洞察力的澳大利亚学者所说，中国越来越“挑战美国主导的亚太地区秩序”①，而美国仍然认为它有权期望所有国家尊重它并接受它的领导。

马尔科姆·特恩布尔于2015年9月15日至2018年8月24日担任总理，其间表现出了不必要的亲美态度，在敏感问题上与美国站在一起对抗中国。2017年6月2日在新加坡举行的香格里拉对话会上，特恩布尔发表了主题演讲，表示希望与中国和美国保持良好关系，但他的话外之意明显偏好后者。②

几周之后，特恩布尔将中国描述为“友敌”，尽管他肯定不打算将这个词公之于众，这个词却被泄露出来，并在主要日报《澳大利亚金融评论》（2017年6月16日）中被引用。这个词应该是朋友和敌人的结合，但似乎更强调后者。此外，即使是暗示中国仍然是敌人，这也是令人反感，且十分荒谬的，因为中国是澳大利亚的主要贸易伙伴。

当然中国表示反对。《中国日报》2017年6月19日的一篇社论开头说：“澳大利亚总理马尔科姆·特恩布尔在去年的一次活动中将中国称为‘友

① Wesley, Michael, “The Pivot to Chaos”, *Australian Foreign Affairs*, Issue 2 (February 2018), p. 18.

② Needham, Kirsty, “Defence Now Driving Australia's China Policy, Says Former Ambassador”, *Sydney Morning Herald*, 19 June 2017, http://www.smh.com.au/world/defence-now-driving-australias-china-policy-says-former-ambassador-20170619-gwu56k.html.

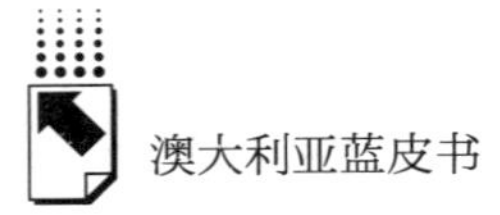

敌'，周五被澳大利亚费尔法克斯媒体泄露，这表明，澳大利亚还有人试图通过继续煽动反华情绪来破坏双方合作的普遍乐观状况。"[①]

2017 年 11 月，澳大利亚政府发布了新的外交政策白皮书。白皮书重申澳大利亚支持美国在该地区的领导地位，包括"美国在印度太平洋地区的同盟网络"[②]，但表达了对其未来的不确定和担忧，部分由于中国的"崛起"。

白皮书的"概述"对中国的评价非常积极："政府致力于与中国建立强有力的建设性关系。我们欢迎中国以更大的能力分担支持区域和全球安全的责任。为了两国的利益，我们力求加强我们的全面战略伙伴关系。"[③]

另外，白皮书暗示中国在某些方面是"危险的"，例如"挑战"对澳大利亚而言十分重要的"基于规则的国际秩序"。正如一位澳大利亚评论员[④]所说："澳大利亚将中国崛起视为对其核心利益的潜在威胁，这让许多中国人感到困惑。毕竟，任何其他发达国家都没像澳大利亚这样从中国不断扩大的财富中获取这么多利益。"我认为这一观点非常恰当。

2018 年上半年情况出现恶化。整个世界的形势似乎变得更加紧张，欧洲大部分地区的反俄情绪增强。此外，尽管特朗普豁免了澳大利亚，但他对中国和其他国家发起了贸易战。新的"冷战"言论再次兴起。[⑤]

3 月，特恩布尔在悉尼主持了一次东南亚国家联盟会议，会议对中国

---

① China Daily, "Australia's Groundswell of Bias Counterproductive", *China Daily*, 19 June 2017, http://www.chinadaily.com.cn/newsrepublic/2017-06/19/content_29805651.htm.

② Australian Government, *2017 Foreign Policy White Paper*, *Opportunity*, *Security*, *Strength*, Department of Foreign Affairs and Trade, Canberra, November 2017, p. 39.

③ Australian Government, *2017 Foreign Policy White Paper*, *Opportunity*, *Security*, *Strength*, Department of Foreign Affairs and Trade, Canberra, November 2017, p. 4.

④ Laurenceson, James, "Rising China as Rule-Taker or Rule-Maker", *Australian Outlook*, 27 November 2017. http://www.internationalaffairs.org.au/australianoutlook/china-rule-taker-rule-maker/.

⑤ 联合国秘书长安东尼奥·古特雷斯在 2018 年 4 月表示，"冷战已经带着复仇意念回来了，但有所不同，"他说，"过去管控升级风险的机制和保障措施似乎不再存在。"（见 BBC, "Syria Crisis: UN Chief Says Cold War is Back", BBC News, 13 April 2018, http://www.bbc.com/news/world-middle-east-43759873）。他发表声明的背景是美国、英国和法国即将袭击叙利亚，以应对在叙利亚杜马镇东古塔发生的疑似化学袭击事件。

的态度相当克制，但有些敌意。至于 2018 年 4 月的博鳌论坛，澳大利亚政府代表并未参加，这与早先形成鲜明对比。例如，托尼·阿博特于 2014 年 4 月作为总理参加博鳌论坛，中国领导人和他给彼此留下了良好印象。

2018 年 8 月 7 日特恩布尔在新南威尔士大学的讲话大大改变了澳大利亚的方向，已经听不到有关“中国威胁”的敌对评论。相反，特恩布尔问道：“现在，一个更强大、更富裕的中国是否会在世界事务中拥有更加自信坚定的声音？当然会的。它是否会让其他国家相信其观点正确？它会努力在贸易中获得最优的收益吗？当然，它会像其他国家一样。”①

中国外交部发言人华春莹对特恩布尔的讲话做出积极回应。她说，中国注意到这一讲话并表示赞扬。“希望澳方继续同中方相向而行，在相互尊重、平等相待基础上多做有利于增进两国互信与合作的事。”②

然而，特恩布尔的姿态似乎没有解决问题。8 月 23 日，特恩布尔总理在任的最后一天，即将担任总理的国库部长斯科特·莫里森，与通信部长米奇·费菲尔德（Mitch Fifield）联合发布新闻稿，强烈暗示澳大利亚将禁止中国公司华为和中兴通讯为澳大利亚提供第五代（即 5G）移动电信网络服务。他们给出的原因是“国家安全”。换句话说，将华为纳入澳大利亚的体系将让中国有可能“影响”澳大利亚的通信网络。华为技术有限公司是全球最大的电信设备制造商，而中兴通讯是一家类似的中国大型企业。澳大利亚的决定在时间和内容上基本上与特朗普政府做出的决定相吻合。

《环球时报》表示反对，这一反应可以理解。“歧视华为是典型的戴着有色眼镜视华，是在政治及文化上公开对中国表示不信任。”它宣称该禁

① Turnbull, Malcolm, Prime Minister of Australia, The Hon Malcolm Turnbull MP, “Speech at the University of New South Wales”, 7 August 2018. https://www.pm.gov.au/media/speech-university-new-south-wales.

② Ministry of Foreign Affairs of the People's Republic of China, “Foreign Ministry Spokesperson Hua Chunying's Remarks on Australian Prime Minister Malcolm Turnbull's China-related Speech”, 8 August 2018.

令也违反了澳大利亚的利益。它接着提到，华为被禁之后，“其竞争对手就能垄断市场。普通消费者是受害者，只能为更差的服务付出更高的代价”①。该禁令明确表明澳大利亚对华缺乏信任。

1. 南海问题

我们现在谈一下南海这个非常敏感的问题。本文无法大篇幅评论这个问题，所以我只想说以下几点。

中国对这片海域的主张可以追溯到中华人民共和国之前。它不是唯一在海上建造小岛的国家。2016 年 7 月，在海牙举行的《联合国海洋法公约》会议上发布了对中国怀有敌意的判决，之后中国发表了全面的反驳意见，重申对该地区的合法主权。

2017 年 11 月发布的澳大利亚外交政策白皮书对中国在南海角色的态度非常矛盾。它指出②：“澳大利亚特别关注中国（在该地区）前所未有的活动速度和规模。澳大利亚反对把南海有争议的人造设施用于军事目的。我们支持通过基于国际法的谈判解决分歧。”

澳大利亚一直声称不参与领土主张。在批评中国建造岛屿的同时，它支持美国派遣船只，宣称主张“航行自由”原则。外交部长毕晓普在 2018 年初表示：“我们坚信航海自由和航空自由原则，我们将一如既往地在南海航行。”③

2018 年 7 月底，美国国会“澳大利亚之友”（Friends of Australia）核心小组联合主席乔·考特尼（Joe Courtney）呼吁澳大利亚在南海对中国开展本国“航海自由”行动。用澳大利亚记者的话来说，他声称这将“有助于

---

① Liu Qing, “Australia's Huawei Ban Violates Free Trade”, *Global Times*, 23 August 2018, http://www.globaltimes.cn/content/1116713.shtml.

② Australian Government, *2017 Foreign Policy White Paper*, *Opportunity*, *Security*, *Strength*, Department of Foreign Affairs and Trade, Canberra, November 2017, pp. 46 – 47.

③ Shanahan, Dennis and Riordan, Primrose, “Cold War: Freeze on China Ties”, *The Australian*, 1 March 2018, http://www.theaustralian.com.au/national-affairs/cold-war-freeze-on-china-ties/news-story/f2673367ccfb5bf30f57dad473322a0f.

扭转该地区的战略势头”。[①] 值得赞扬的是，澳大利亚外交部长朱莉·毕晓普立即拒绝了这一呼吁，称“我不知道他是否知道美国已经在全球范围内全天候执行航海自由行动。但如果澳大利亚突然单方面针对中国实施航海自由行动，那么这将是全球首例。对于像澳大利亚这样的国家来说，这非同寻常，因为我们从来没有在任何地方开展过这一行动”。[②]

中国拥有合法的领土主权。美国船只在该地区的“航行自由”具有挑衅意味，其实并无必要。中国从未反对商业贸易。南海甚至有发展良好的旅游市场。澳大利亚应该尽可能避免卷入这一问题。

2. “中国影响”的问题

2017 年 6 月，澳大利亚广播公司（ABC）在其“调查”电视节目“四角”（Four Corners）的一期节目中，指控中国使用“不诚实的手段试图扩大其在澳大利亚的影响力”。一个特殊的事件是澳大利亚工党参议员邓森（Sam Dastyari）承认收了中国的钱，这显然影响了他对南海问题的态度。这被称为“金钱换发言”（cash for comment），通常含有贬义。邓森没有任何违法行为，但他的行为十分不明智。他辞去了在影子内阁中的职务，但后来又因为压力于 2017 年 12 月完全辞去了在议会的职务。

长期以来，外国“政治献金”一直是一个敏感问题。在澳大利亚境外为政治活动捐款的国家中，中国的捐款量很小。在 2018 年早些时候，特恩布尔甚至向议会提出了新的国家安全法，该法以打击外国影响的名义，将任何只是“收到或获取”被认定为对国家利益有害的信息的行为定为犯罪活动。真正具有挑衅性的是，特恩布尔特别提到中国，将中国列为一个“试

① Stewart, Cameron, “US tells Australia to take on China over disputed islands”, *The Weekend Australian*, 23 July 2018. https://www.theaustralian.com.au/national-affairs/foreign-affairs/us-tells-australia-to-take-onchina-over-disputed-islands/news-story/f3905d87f899ef5a91482f7ca5750f04.

② Stewart, Cameron, “US tells Australia to take on China over disputed islands”, *The Weekend Australian*, 23 July 2018. https://www.theaustralian.com.au/national-affairs/foreign-affairs/us-tells-australia-to-take-onchina-over-disputed-islands/news-story/f3905d87f899ef5a91482f7ca5750f04.

图影响”澳大利亚的外国例证。他说他觉得中国人应该明白“澳大利亚人们站起来了”，他明显不懂这句话是什么意思。他是用中文说的，显然是引用毛泽东在中华人民共和国成立时说的话。他明显试图将澳大利亚的行动与中国悠久的革命历史等同起来，但这一比较荒谬可笑至极。

2018 年 3 月，学者克莱夫·汉密尔顿出版了一本名为《沉默入侵：中国在澳大利亚的影响力》（*Silent Invasion*, *Chinese Influence in Australia*）的书。书中声称，中国“不仅要破坏澳大利亚的政治制度和民主，甚至还要破坏其国家主权”。①

虽然有人支持这本书，但大多数人持反对态度。悉尼大学的中国研究专家大卫·布罗菲（David Brophy）评价该书透出偏执和仇外态度。布罗菲的主要观点是，对于汉密尔顿来说，“中国展现出的威胁不是源于中国的所作所为，而是因为这个国家的性质”。② 他的意思是，由于中国共产党的执政地位，它自动被视为“民主的威胁”。汉密尔顿认为，像美国这样的国家，尽管对澳大利亚的干涉和影响远远超过中国，但并不是威胁，因为它们的政治制度和文化非常相似，实际上在很大程度上是当代澳大利亚的塑造者。

另一则重要评论来自格雷厄姆·理查森（Graham Richardson），他是鲍勃·霍克和保罗·基廷工党政府的成员。他的评论开头如下：

“如果有人指责像鲍勃·卡尔和保罗·基廷这样的人受到中国机构影响，那他就得准备挨骂了。想蛮横搞怪、哗众取宠的人真的应该好好反省，把嘴闭上，把手里的笔放回书桌抽屉里。”③

多位研究中国的学者写了两封信给议会，评论拟议的国家安全法。其中

---

① Hamilton, Clive, with research by Alex Joske, *Silent Invasion*, *China's Influence in Australia*, Hardie Grant Books, Melbourne, 2018, p. 3.

② Brophy, David, "David Brophy Reviews 'Silent Invasion: China's Influence in Australia' by Clive Hamilton", *Australian Book Review*, No. 400 (April 2018), https://www.australianbookreview.com.au/abr-online/current-issue/4663-david-brophy-reviews-silent-invasion-china-s-influence-in-australia-by-clive-hamilton.

③ Richardson, Graham, "Clive Hamilton Is Treating Us as Mugs", *The Australian*, 2 March 2018, https://www.theaustralian.com.au/opinion/columnists/graham-richardson/clive-hamilton-is-treating-us-as-mugs/news-story/adca7132b4c541e9b5ecaa1ec7d435f5.

一篇主要由布罗菲撰写，由约60位学者联名签字，反对立法辩论中的排华气氛，认为其接近种族主义，并主张彻底修正，否则他们都会反对新法律。

2018年6月底，澳大利亚议会通过了国家安全法，引入了新的间谍罪和代表外国政府盗窃商业秘密的新罪行；要求代表“外国负责人”（最重要的是政府）开展活动的个人或实体公开注册。最终法案对特恩布尔最初提出的法律进行了大量修改，特别是在对记者和慈善工作者提供豁免方面。

具有讽刺意味的是，2018年罗伊国际关系研究所民意调查也在6月发布。这项关于澳大利亚国际事务公众舆论的调查每年由这个位于悉尼的独立智库进行，它在2003年由慈善家弗兰克·罗伊（Frank Lowy）创立。这是民意调查中关于外国干涉的内容：

“自2017年以来，随着富裕的中国捐助者与澳大利亚政客之间的关系被揭露，公众对关于外国干涉澳大利亚政治进程的威胁的讨论十分激烈。尽管辩论激烈，澳大利亚人似乎并没有特别担心这种联系可能对澳大利亚民主构成威胁。少数（41%）澳大利亚人视‘外国对澳大利亚政治的干涉’为‘严重威胁’，其排名低于恐怖主义（66%）、气候变化（58%）、网络攻击（57%）以及未来全球经济衰退（50%）等。

2017年的公开讨论围绕“中国影响”展开。然而，澳大利亚人的担忧似乎主要集中在外国作为一个整体的影响上，而不是单指中国的‘威胁’。当被问及中国和美国对澳大利亚政治进程的影响时，担心中国影响的澳大利亚人（63%）比担心美国影响的澳大利亚人（58%）只多一点。”①

这些数字表明仅有少数公众支持汉密尔顿。在我看来，中国“威胁”澳大利亚主权的指控完全是荒谬的无稽之谈。但它获得了一些支持，特别是政府甚至工党的支持，这确实表明澳大利亚出现了一种非常令人不安的趋势，即对中国更加敌对、不愿意接受中国作为朋友，但其实中国应该是澳大利亚的朋友。

---

① Oliver, Alex, Lowy Institute Poll 2018, Understanding Australian Attitudes to the World, Lowy Institute, Sydney, prefaced June 2018, pp. 8－9.

布罗菲评论汉密尔顿的书仇外，让我们看到这对澳大利亚华裔群体的影响。悉尼科技大学媒体与传播学教授孙皖宁全面并带有警示地描述了争议对澳大利亚社会凝聚力的影响。2018 年 5 月，她表达了以下观点："当下的情况是，任何提醒澳大利亚在中国辩论中可能产生种族主义后果的人都有可能被看作是为中国政府辩解。"

政府资助的澳大利亚人权委员会①表明，"澳大利亚华裔一直担心，一些辩论导致有中国血统的澳大利亚公民对澳大利亚的忠诚受到怀疑"。委员会没有详说这种感觉有多普遍，但我认为，它已经严重破坏了澳大利亚的多元文化主义。②

虽然排华心理在澳大利亚早就出现，但情况在 2017 年和 2018 年似乎变得更糟，那么问题就来了，为什么这发生在现在而不是其他时间呢？我将在下面更详细地讨论。需要指出的是，自从 2016 年中澳双方签订《媒体协议》、允许中国媒体更多地参与到澳大利亚媒体后，不少报道来源于澳大利亚。而这一切发生的背景是中国的印象总体上"正在恶化"，特朗普得势似乎反映了世界越来越分裂的趋势。

3. 工党政策

工党在对华关系中并没有特别高调。最初工党对《中澳自由贸易协定》的热情不如自由党－国家党联盟，因为它担心中国会"夺走"一些澳大利亚人的工作。同样的担忧使工会无法全面支持中澳自贸协定。工党与工会之间的紧密联系不利于其与中国打交道。当议会于 2018 年 6 月底通过了打击"外国影响"的国家安全法时，工党在此事上支持政府。

与此同时，工党制定了一项针对中国的政策，这一政策比自由党－国家党联盟的政策更为积极有效。2018 年 6 月 19 日，影子外交部长黄英贤

---

① Australian Human Rights Commission, *Anti-Racism in 2018 and Beyond: A Report on the Activities of the National Anti-Racism Strategy* (2015 – 18), *Racism, It Stops with Me*, Australian Human Rights Commission, Sydney, prefaced 13 August 2018, p. 9.

② 参照 Chey, Jocelyn, "Caught in the Middle: Chinese Australians Feel Unwanted", *John Menadue-Pearls and Irritations*, 15 May 2018. https://johnmenadue.com/jocelyn-chey-caught-in-the-middle-chinese-australians-feel-unwanted/#more – 17892.

(Penng Wong) 在议会大厦对澳大利亚中国工商业委员会发表的演讲中表述了这一政策。

她说，澳大利亚和中国都应该设法捍卫自己的国家利益和主权，这似乎很直接。但她建议澳大利亚应该“不带冒犯性和煽动性”地执行。她认为用一种经过深思熟虑的方式，而非“政府似乎最近偏爱的杂乱无章的扩音器外交”，可以更好地确保澳大利亚的利益。当然她是对的，而且措辞很恰当。政府确实一直在搞“杂乱无章的扩音器外交”。然而，问题在于什么是更经过深思熟虑的。

她对中国的态度相对积极。她说：“我们需要承认，中国作为主要经济大国的崛起对澳大利亚和世界都有重要意义。与此同时，我们需要给予中国这个主要经济伙伴应有的优先地位。”[①] 此话也非常有道理。她正确地认识到中国在经济领域对澳大利亚的重要性。因为她谈话的对象是澳大利亚中国工商业委员会，她的方法就十分恰当。

黄参议员避免直接接触澳美同盟这一关键问题。然而，她似乎想要维持现状，避免横生波澜。她说：“我们认识到我们地区需要美国的持续承诺，这一点非常重要。作为世界上唯一的全球大国，美国在亚洲可以发挥维持稳定的作用。”她强调澳大利亚在与中国建立关系的同时不能“牺牲任何其他关系”，这显然指的是要维护与美国的同盟关系。[②]

在工党政府领导下，澳大利亚对中国的政策会更好吗？黄参议员在2018 年6 月发表的演讲表明有这种可能。但是，工党和执政联盟之间并没有根本差别，而且工会态度复杂，因此工党能否解决任何基本问题都非常值得怀疑。比较主要政党对中国态度区别的话，1972 年就是个极好的例子，当时与现在的情况就完全不同。那时，联盟政府仍然拒绝承认新中国，而工党已经准备好承认新中国并与之建立友谊。

---

① Wong, Penny, “Getting It Right with China”, *The Strategist*, Australian Strategic Policy Institute, 19 June 2018. https://www.aspistrategist.org.au/getting-it-right-with-china/.

② Wong, Penny, “Getting It Right with China”, *The Strategist*, Australian Strategic Policy Institute, 19 June 2018. https://www.aspistrategist.org.au/getting-it-right-with-china/.

二 经济问题

尽管双方在政治方面的事态转变令人遗憾，但经济关系仍然非常健康。罗伊国际关系研究所的民意调查表明，对经济的重视得到了民众的支持。它说："超过八成（82%）的澳大利亚人认为中国'更多是经济伙伴'，而不是'军事威胁'（自2017年以来上升3个百分点）。超过一半（55%）的人认为中国是世界领先的经济强国，相比之下，只有29%的人这样看待美国。"①

中国仍然是澳大利亚最大的贸易伙伴，这种情况似乎不太可能改变。白皮书显示，2016年澳大利亚32%的商品出口到中国，中国是迄今为止澳大利亚最大的出口市场。它预测，"在可预见的未来"，中国仍将是澳大利亚最大的贸易伙伴。②

根据澳大利亚政府的数据，澳大利亚出口到中国的商品总额从2016年的822.63亿澳元增加到2017年的1001.84亿澳元，增幅为21.8%；而中国对澳大利亚的出口量从2016年的595.05亿澳元增加到2017年的645.24亿澳元，增幅为8.4%。总贸易额从2016年的1417.68亿澳元增加到1647.08亿澳元，增幅约为16%。澳大利亚和中国之间的商品贸易继续上升。③

2018年4月的媒体头条宣称，中国已经发出了"关系紧张时期的贸易警告"，引用中国驻澳大利亚大使成竞业的话说，"如果长期缺乏互信，可能会（对与中国的贸易关系）产生一些不良影响"④。但是，我读完整篇文

---

① Oliver, Alex, Lowy Institute Poll 2018, Understanding Australian Attitudes to the World, Lowy Institute, Sydney, June 2018, p. 3.

② Australian Government, *2017 Foreign Policy White Paper*, *Opportunity*, *Security*, *Strength*, Department of Foreign Affairs and Trade, Canberra, November 2017, p. 40.

③ Australian Government Office of Economic Analysis Investment and Economic Division, Tables and Figures on Australia's Trade, https: //dfat. gov. au/about-us/publications/trade-investment/Documents/monthly-trade-data. pdf, 2018, 10 September 2018.

④ Korporaal, Glenda, and Shanahan, Dennis, "China Delivers Trade Warning Amid Strain on Ties", *The Australian*, 19 April 2018, p. 1.

章之后，感觉标题实际上并没有反映成大使所说的重点。在我看来，他真正关心的是相互信任越来越少。我认为他呼吁的是相互信任，而不是威胁贸易。澳大利亚政府的数字当然没有反映出数字方面受到任何“不良影响”。

在此背景下，2018年8月7日特恩布尔在新南威尔士大学的演讲尤为相关。他本人在保护主义问题上的立场明显与中国立场相近。此次演讲的背景是特朗普刚与中国开展贸易战、提高关税并采取明显敌对的态度。特恩布尔的举动是在一个至关重要的问题上支持中国。他说[①]：

“当然，在谈到贸易时，我们永远不应该忘记保护主义是作茧自缚，就像我描述的那样，‘它不是让你走出低增长陷阱的阶梯，而是让你越陷越深的铲子’。这相当于习主席在杭州的同一次会议上所说的‘搞贸易保护如同把自己关入黑屋’；两个隐喻都想要传达同样的信息。”[②]

另一个与经济关系有关的话题是“一带一路”倡议。澳大利亚对“一带一路”倡议的态度充其量是不冷不热。澳大利亚参加2017年5月在北京举行的“一带一路”国际合作高峰论坛的最高级政府部长是贸易、旅游和投资部长史蒂夫·乔博。2018年6月28日在悉尼的一次演讲中，乔博将“一带一路”倡议描述为澳大利亚议程上的“关键问题”，并继续说道：“我们会按照每个案例的具体商业价值及能否为澳大利亚企业提供明确的贸易或投资机会来判断是否参与‘一带一路’项目。”[③] 这似乎有些敷衍。尽管确实有不少私人和商业企业一直在考虑与“一带一路”合作，但截至2018年第三季度，并没有太多实际举动，人们的印象仍然是“一带一路”倡议与澳大利亚没有特别大的关系。与此同时，澳大利亚签署了中国并不支持的跨

① Turnbull, Malcolm, Prime Minister of Australia, The Hon Malcolm Turnbull MP, “Speech at the University of New South Wales”, 7 August 2018. https://www.pm.gov.au/media/speech-university-new-south-wales.

② Turnbull, Malcolm, Prime Minister of Australia, The Hon Malcolm Turnbull MP, “Speech at the University of New South Wales”, 7 August 2018. https://www.pm.gov.au/media/speech-university-new-south-wales.

③ Ciobo, The Hon Steve, “UTS-China Relations Institute Event, 28 Jun 2018”, https://trademinister.gov.au/speeches/Pages/2018/sc_sp_180628.aspx.

太平洋伙伴关系协定（TPP）。

旅游业是澳大利亚特别感兴趣的一个领域。这一行业不仅涉及经济方面，还涉及文化和社会方面，因为游客可以访问外国，体验除自己国家以外的文化和生活方式。在中国，国内和出国旅游在改革时期都得到了巨大的发展。

2017～2018 年的趋势是中国游客到澳大利亚的数量大幅增长。2018 年 4 月中旬，澳大利亚公布的官方统计数据显示，截至当年 2 月的 12 个月中，到澳大利亚的中国游客人数为 139 万人次，比前 12 个月增加了 13.2%。更引人注目的是，中国游客数量首次超过新西兰游客，中国成为澳大利亚游客的首要客源地。当 2018 年 1 月的数字比 2017 年 1 月略有下降时，人们担心这可能会受到政治形势的影响。然而，2 月的数据显示出令人满意的逆转趋势。

一份报告①做出如下评论：

“自 2011 年以来，中国一直是澳大利亚最有价值的入境旅游市场。在过去五年中，中国游客人数增加了一倍，增加了旅游收入，刺激了酒店的繁荣，为航空公司和旅行社带来了创纪录的利润。‘中国游客不断演变，中国不断壮大的中产阶级正在追寻新的体验，’研究公司欧睿国际的行业分析师陈先阳（音译，Hianyang Chan）表示。‘澳大利亚是首选目的地，因为它土地广阔，自然环境纯净，食物美味，社会安全，艺术和文化丰富。’”

换句话说，中国不仅游客数量名列榜首，它作为澳大利亚最有价值的入境市场也意味着，中国人的消费比新西兰人或其他国家的人高。中国不断壮大的中产阶级影响着旅游和消费模式。许多中国游客组团出行，特别是中年人。他们的主要目的地包括黄金海岸、大堡礁、凯恩斯和悉尼歌剧院。

对于主要是以小团体出行的年轻人组成的独立背包客群体，中国在这一方面的旅游业仍然落后于西方。一些年轻的中国人告诉我，他们的父母会担

① Reuters, “China Leapfrogs New Zealand as Australia’s Top Tourist Source”, *Australia China Business Review*, 18 April 2018. http://www.acbr.com.au/index.php/china-leapfrogs-new-zealand-australias-top-tourist-source.

心他们的安全。但随着越来越多的学生四处游览，这种现象肯定会增加。背包客并不像较年长的大团游客那么有钱。但他们往往更有好奇心，更容易融入当地。

澳大利亚游客赴中国游也表现良好，2017 年 11 月的数据同比增长 17%。虽然中国仍然落后于新西兰、印度尼西亚、美国、英国和泰国，但仍然是一个备受关注的热门目的地。澳大利亚旅游局常务董事约翰·奥沙利文（John O'Sullivan）评论说："理所应当，每个人都在谈论中国。"[①] 此外，虽然到中国旅行的澳大利亚人在绝对数量上少于到澳大利亚旅行的中国人，但在总人口比例上，前者的比例略高一些。

总而言之，政治问题迄今并未影响经济关系或旅游业。然而，应该指出的是，中国可以很容易从其他国家（如巴西或南非）购买铁矿石这样的必需品。但澳大利亚通过回应中国大使增进互信的呼吁，可以很容易地避免这种情况。这是一个更好的选择，而不是延续澳大利亚政府在 2017 年和 2018 年的大部分时间里对中国缺乏敏感度的态势。

三　教育/文化问题

就统计数据而言，中澳在教育和文化领域的关系非常积极。然而，至少在教育领域，"中国影响"的辩论投下了不幸的阴影。

1. 教育关系

就数量而言，2017 年和 2018 年的走势呈上升趋势。2016 年，澳大利亚约有 14 万名中国学生。根据澳大利亚官方数据，2018 年前 2 个月有 17.3 万名中国学生在澳大利亚大学、学院和学校就读，比去年同期增加了 18%，[②]

---

① Chalmers, Stephanie, "More Australians Travelling Overseas, As China Tourism Boom Continues", *ABC News*, 19 January 2018. http://www.abc.net.au/news/2018-01-19/more-aussies-pull-out-their-passports-with-nz-trips-on-the-rise/9344692.

② Dodd, Tim, "Chinese Defy Warnings and Flock to Australian Universities", *The Australian*, 18 April 2018, p. 1.

这涵盖了教育系统的各个层面。一份报告提供了更多细节，并特别说明了澳大利亚八校联盟的情况。澳大利亚八校联盟是澳大利亚八所最负盛名的大学。

“澳大利亚八校联盟首席执行官汤姆森（Vicki Thomson）表示，学生数量的持续增长表明，‘尽管目前在我们的行业以外有各种政治言论，国际学生，特别是来自中国的学生，继续把澳大利亚，特别是八校联盟，看作高质量的留学目的地。’

但也有人指出，中国在12月和2月发布安全警告时，学生即使想退学也为时已晚，而政治紧张局势在未来仍可能对此产生消极影响。”①

上面的引言指出了一个消极成分，即澳大利亚担心留学生数量会减少。原因包括中国学生的不安全感以及2017年下半年有关“中国影响”的问题。这些问题的政治方面在前面已经讨论过，而下面讨论的是对中国学生的影响。

中国官员对此当然要做出反应。例如，2017年12月18日，悉尼总领事馆发布了以下声明②：

“最近一段时间，澳大利亚不同地方发生数起侮辱、殴打中国留学人员的事件。我们提醒所有赴澳中国留学人员注意防范在澳期间可能面临的安全风险。遇到危险情况请立即报警，并及时联系中国驻澳使领馆。”

在教育关系的其他方面，我们发现联合研究仍在继续，教育和文化交流保持较高水平。至于在中国的澳大利亚学生，特恩布尔和莫里森政府继续执行阿博特政府的新科伦坡计划，在此计划下，澳大利亚人去海外（包括中国）学习亚洲语言。另外，尽管自20世纪90年代以来做出了巨大努力，但澳大利亚中小学的汉语教学仍处于令人失望的水平。

2. 文化/体育关系

下面简要介绍文化关系。双边文化关系似乎在2017～2018年进展相当

---

① Dodd, Tim, “Chinese Defy Warnings and Flock to Australian Universities”, *The Australian*, 18 April 2018, p. 4.

② 中华人民共和国驻悉尼总领使馆，提醒赴澳中国留学人员近期加强安全防范，2017年12月18日。

顺利。中澳在文学、美术和表演艺术等领域开展了一系列交流活动。澳大利亚政府资助的中澳理事会成立于1978年，旨在促进文化理解，加强中澳民间联系。2018年，为庆祝成立四十周年，理事会举办了各种活动，包括一次大型摄影展。成立于2016年的西悉尼大学中澳艺术与文化研究院在2017～2018年继续开展一系列促进中国艺术和文化理解的活动，其创始主任是杰出的外交官和学者梅卓琳（Jocelyn Chey）教授。2018年5月，墨尔本交响乐团在广州、深圳、上海、南京、杭州和北京巡回演出，广受赞誉。

澳大利亚于2015年6月宣布实施体育外交战略。2017年3月李克强总理访问澳大利亚期间，在悉尼与特恩布尔共同观看了一场澳式足球比赛。澳式足球再次在当年晚些时候及2018年发挥突出作用。特别是澳大利亚足球联盟（AFL）的首场比赛于2017年5月在上海举行，除了在新西兰举办过两次，这是AFL首次在国外举办比赛，在2018年5月在中国又举办了一次。

2017年5月举行AFL首场比赛，许多澳大利亚人特地去了上海，中国人也去了不少，此次比赛在两国的收视率也很高。2018年的比赛于5月19日再次在上海举行，观众人数更多，尤其是中国观众，而有兴趣转播此次比赛的中国电视台的数量多于2017年，电视观众人数也大幅上涨。澳大利亚贸易、旅游和投资部长乔博也在上海观看此次比赛，他是八个月中澳外交僵局以来第一位访问中国的澳大利亚政府部长。

在几十年的外交关系中，中澳两国政府和组织都在寻求通过文化和体育交流促进相互了解。企业继续赞助这两类活动，以促进双方的经济关系发展。文化和体育活动通常帮助来自不同国家的人们相互认识、相互了解，有利于促进理解其他人看待世界的方式。这种关系的有益潜力毋庸置疑。

3. “中国影响”和价值观问题

之前关于“中国影响”争议的讨论中提到过2017年6月ABC播出的“四角”电视节目。有人指出，中国学生学者联谊会在澳大利亚的大学惹麻烦，“他们太过遵守中国大使馆和领事馆的指示”。虽然节目提了四起事件，但没有证据表明有任何主流活动对大学人员或学生施加压力，要求他们同意中国政府的路线，这表明“四角”的指控是不公正的。甚至还有其他报道更进一步声称中国的活动正在“危及”澳大利亚的学术价值和学术自由，前面提到的汉密尔顿就是最好的例子。

中国学生学者联谊会主席在2017年6月的电视节目中表示，如果她听说学生中有反华活动的话，她会告知中国大使馆的，因为她认为自己有爱国义务。但在大多数澳大利亚人看来，这种做法不诚实，因为它会利用私人了解来“告发”同学。然而，她认为ABC歪曲了她的话，并将该公司和费尔法克斯媒体同时告上了法庭，因为这些媒体对她有类似的看法。该案件的结果是，联谊会主席获得了赔偿，但不得透露她的诉讼结果。① 澳大利亚人最终也没有意识到ABC已经犯了罪，即使不是欺诈，也肯定是歪曲了事实。

一种文化背景的学生与另一种文化接触，而新的文化中的人们跟这些学生的价值观可能大相径庭，因此这一过程总是充满了困难。掌握另一种文化，并准确地决定如何应对它、需要多大程度上调整一个人对自己文化的态度都需要时间。我从个人经验中知道这一点。如果中国学生反应方式不同，我并不感到惊讶。但让我印象深刻的是，大多数中国学生主要关注他们的学业，绝大多数学生继续支持他们的政府。

在我看来，试图发声和“控制”之间存在很大的差异。我认为这些对中国学生的抨击十分危险，既不公平也不明智。尽管到目前为止中国留学生数量还没有下降，但事实仍然是，如果中国学生人数减少，澳大利亚在学术和经济方面都将蒙受很大损失。澳大利亚大学的预算或多或少地取决于国际学生，其中最大的来源仍然是中国。

詹姆斯·劳伦森（James Laurenceson）② 非常恰当地写道：“这对澳大利亚来说意味着，如果我们坚持只有那些批评中国政府的中国学生的声音是真实的，是值得我们支持的，那么大多数中国学生会被不公平地疏远。而且……这将是对澳大利亚价值观的侮辱，因为在这里，社会上所有人都有发

① 我从秘密来源获得这一信息，不能透露出处。

② Laurenceson, James, “Let Them Speak: Australian Values and Chinese Students”, *Australian Outlook*, Australian Institute of International Affairs, 11 October 2017. http://www.internationalaffairs.org.au/australianoutlook/australian-values-chinese-students/.

言权。”

我们有理由问为什么这种对中国学生和代表的攻击发生在2017年？这与美国或其他国家的发展有什么关系吗，还是纯粹是澳大利亚国内的现象？

虽然这位作家无法给出明确的答案，但我认为国际和国内原因兼备。

首先来看国际方面。彼得·德莱斯代尔（Peter Drysdale）和约翰·丹顿（John Denton）在2017年10月3日《澳大利亚金融评论》的文章中写道：“重要的是，中国被妖魔化程度越来越高，可以平息人们对在特朗普领导下的不可预测的澳美同盟产生的深切焦虑。”① 有些人质疑他们的观点，部分原因是特朗普上台前反华趋势已经开始。② 但是，我认为自从特朗普当选以来，情况无疑变得更糟，尽管将所有责任归咎于特朗普并不公平，但他的当选和上台恶化了这一思维趋势。

“五眼联盟”（Five Eyes）这一表达已经开始使用。它的意思是五个国家，即美国、英国、加拿大、澳大利亚和新西兰，对中国采取措施。有些人希望关闭孔子学院，美国共和党参议员马可·卢比奥（Marco Rubio）就是其中的代表。③

另外，许多人加入了战斗的另一方，攻击特恩布尔对中国的不恰当批评。其中著名代表是前工党总理陆克文。虽然中国对他褒贬不一，但他对特恩布尔的看法毫不含糊，提到“去年12月的声明非常荒谬可笑，当时他向北京宣布澳大利亚人民最终站起来对抗中国人”。他称特恩布尔的行为“令

---

① Drysdale, Peter and Denton, John, “Chinese Influence and How to Use It to Australia's Advantage”, *Australian Financial Review*, 3 October 2017. http://www.afr.com/opinion/columnists/chinese-influence-and-how-to-use-it-to-australias-advantage–20171002–gysjtk.

② 其中一个例子就是约翰·菲茨杰拉德写道德莱斯代尔和丹顿“将所谓的妖魔化归结于特朗普时代对澳美联盟的深刻焦虑。然而，在特朗普上任之前，这场辩论就已经在政府内外开展了”。见 Fitzgerald, John, “No, China is Not being Demonized”, *The Interpreter*, Lowy Institute, 6 October 2017。https://www.lowyinstitute.org/the-interpreter/no-china-not-demonised。

③ Stewart, Cameron “China ‘Seeks to Tilt Our Political Landscape to Its Advantage”, *The Australian*, 22 March 2018. https://www.theaustralian.com.au/news/world/china-seeks-to-tilt-our-political-landscape-to-its-advantage/news story/2335af166e55ebe356cb971663db2b13.

人震惊”，并说“这是中澳两国关系脱轨的主要原因”。[①]

我认为，这种对中国“政治影响”的攻击，特别是对中国学生的攻击，起源于澳大利亚国内和国外，尤其是美国。以下评论在我看来非常合理。“在澳大利亚，目前抨击中国的风潮源于那些仍然坚持过时的零和心态的澳大利亚人，那些人已经接受美国遏制中国的战略。”[②]

那些提出中国政府和中国学生“威胁”澳大利亚价值观和政治制度的观点的人犯了几个重大错误。首先，他们对中国和中国学生在澳大利亚和其他地方的举动的评价非常不公平，他们忘记了中国学生有权像其他人一样有自己的观点。其次，他们有可能将好学生也拒之门外，而且有可能严重损害澳大利亚大学的预算。最后，也是最重要的一点，他们低估了中国对澳大利亚的重要性。

结　语

这让我得出一个重要结论，即澳大利亚过于依赖美国。本文的讨论强烈表明，虽然美国可能不是中澳关系下滑的唯一因素，但肯定是一个重要因素。

《澳新美安全条约》于 1951 年 9 月签署，这发生在朝鲜战争期间，当时中国和澳大利亚的军队彼此作战。2018 年的情况完全不同。与 20 世纪 50 年代几乎没有双边贸易的情况相反，现在中国是澳大利亚最大的贸易伙伴。当时学生和学术交流完全无法想象，但现在交流非常广泛，学生数量庞大并且仍在增长。澳大利亚绝对没有理由继续如此依赖美国。它对中国的态度基本上是友好的，到 2017 年友好程度似乎不断上升。在我看来，这是一个必须继续发展下去的趋势。

澳大利亚有很多人这样想。首先是澳大利亚国立大学学者休·怀特，他

---

① Baxendale, Rachel, “Kevin Rudd Accuses Malcolm Turnbull of Offending China”, *The Australian*, 23 April 2018. https://www.theaustralian.com.au/national-affairs/kevin-rudd-accuses-malcolm-turnbull-of-offendi ng-china/news-story/aacd37d98257b8787e030a4464d52560.

② “Australia's Groundswell of Bias Counterproductive”, *China Daily*, 19 June 2017, http://www.chinadaily.com.cn/newsrepublic/2017-06/19/content_29805651.htm.

已经就这一主题撰写了大量文章。他主张，无论澳大利亚的领导人是否愿意，澳大利亚与中国的关系都会越来越密切。他认为，美国领导太平洋地区的时代已经开始走向终结，这将影响中美两国的力量平衡。他于 2017 年 2 月 9 日在《纽约时报》的一篇评论文章中写道：

“澳大利亚不能以牺牲对华关系为代价来支持美国。与我们的意愿相反，我们将更接近中国，更远离美国。这并不意味着我们澳大利亚人将成为中国的盟友……美国在亚洲长期领导的时代将由此结束。”

其他人的观点也大同小异。例如，前外交部长鲍勃·卡尔在悉尼科技大学主持中澳关系研究院，就得出了类似的结论。第一位澳大利亚驻中华人民共和国大使斯蒂芬·菲茨杰拉德比休·怀特对中国的热情更高，他与后者对《澳新美安全条约》的立场和澳大利亚对美国的依赖看法类似。前澳大利亚总理保罗·基廷（1991～1996）是另一位持相似看法的有影响力的人。

最后，我们可以引用基廷政府的外交部长加雷思·埃文斯（Gareth Evans）的话。在《澳大利亚人报》为纪念他的书《无可救药的乐观主义者》出版而发表的节选中，埃文斯写道，澳大利亚需要“更加自立。多接触亚洲。少依赖美国”①。

我基本上同意这位前外交部长的看法，但略微改写了他的想法：更加自立，少依赖美国，多接触中国！

---

① Evans，Gareth，“Trump Era：Australia Should Rely Less on the US”，*The Weekend Australian*，2 October 2017. https：//www. theaustralian. com. au/news/inquirer/trump-era-australia-should-rely-less-on-the-us/news-story/afcbb0e83bc0e93178c0b54f0813b50d.

B.9

澳大利亚基础设施投资政策的最新调整与中澳“一带一路”合作前景展望

胡　丹*

摘　要： 澳大利亚是“一带一路”对接的重点国家，实际吸引中国直接投资存量一直名列前茅。澳基础设施投资环境优越、需求巨大，2016 年中企在该领域投资曾达历史性的 43.4 亿澳元，占在澳投资总额的 28%。但从同年起，澳在发达国家中率先对基础设施（尤其是关键基础设施）领域的外国投资开始加大管控力度。正如 2017 年报告所预测的，国内因素导致澳“作为外资目的地国的吸引力出现不确定性”。[①] 2017 ~ 2018 年澳在发达国家中率先通过立法和机构设置将新政迅速机制化，2017 年中企在该方面的投资应声同比下降 89%。本文对澳外商投资基础设施相关法律和政策的最新变化进行全面梳理与深入解析，剖析了新规背后及澳“一马当先”在国际、国内层面的深层次原因。尽管维多利亚州刚刚签订相关谅解备忘录，联邦层面迄今为止尚未同“一带一路”正式对接。本文同时对未来两国在此框架下进行合作的前景、挑战、领域和具体方式进行了探究。

---

* 胡丹，北京外国语大学英语学院讲师、澳大利亚研究中心副主任，研究方向为中澳经济关系、中企海外并购、中英经济关系。本文系教育部国别和区域研究课题“澳大利亚基础设施投资政策的演变与中澳‘一带一路’合作前景展望”成果之一。成稿日期：2018 年 10 月。

① 胡丹：《2016 ~ 2017 年中国企业在澳大利亚的并购投资》，《澳大利亚发展报告（2016 ~ 2017）》，社会科学文献出版社，2017。

关键词： 澳大利亚　基础设施　投资政策　“一带一路”

“一带一路”倡议中“21世纪海上丝绸之路”的重点方向之一即经南海到南太平洋，澳大利亚是南太地区的大国，也是“一带一路”对接的重点国家。商务部数据显示，截至2016年末[①]，中国在澳直接投资存量排第六位[②]，鉴于前五名的国家（地区）中的中国香港、开曼群岛、英属维尔京群岛、新加坡等多作为对外投资架构设计的中转站，实际吸引外资而言澳仅落后于美国排第二位。中企在澳投资很长一段时间内集中于采矿业，全球金融危机后矿产价格大跌，在澳投资也迅速出现多样化的趋势，向包括基础设施在内的其他领域转变。毕马威和悉尼大学中企在澳投资数据库[③]的统计显示，2016年中企在基础设施领域的投资曾达历史性的43.4亿澳元，占中企在澳投资总额的28%。[④]澳大利亚基础设施投资环境优越，在跨国基建巨头凯谛思（Arcadis）的“全球基础设施投资指数”排名中一直稳居十名左右，对外资来说是基础设施投资的理想目的地国。

然而，澳大利亚联邦政府迄今为止尚未同中国签署“一带一路”合作协议，特恩布尔执政期间内政、安全部门仍存疑虑并在对外政策制定中力压外交贸易部。相应的，2017年、2018年两年间澳在发达国家中率先对外商基础设施投资加大管控力度并迅速建立相应机构、通过相关政策法规，2017年中企在澳基础设施领域的投资同比下降89%，[⑤] 2018年尚无起色。2017

① 成稿时商务部2017年数据尚未公布。

② 中华人民共和国商务部、中华人民共和国国家统计局、国家外汇管理局：《2016年度中国对外直接投资统计公报》，表14。

③ 中国商务部、澳大利亚统计局、美国传统基金会和国际组织等统计口径和产业分类不尽一致，“基础设施”领域的投资多分散于多个产业中。仅毕马威和悉尼大学的数据库专门列出“基础设施”行业，因此关于中国在该领域的投资，本文主要采用该数据库的统计结果。

④ KPMG & The University of Sydney, “Demystifying Chinese Investment in Australia”, May 2017.

⑤ KPMG & The University of Sydney, “Demystifying Chinese Investment in Australia”, May 2017.

年年底两国关系更因所谓的“外国干涉”转入低点，新任总理莫里森的政策尚有待观察。

本文旨在对澳大利亚这个我重要投资输出国进行深入研究，对澳外商投资基础设施相关法律和政策的最新变化进行全面梳理和深入解析，并剖析新规背后及澳“一马当先”在国际、国内层面的深层次原因。尽管维多利亚州刚刚签订相关谅解备忘录，联邦层面迄今为止尚未同“一带一路”正式对接。鉴于澳大利亚在亚太、南太地区的地缘地位，探讨并推动两国在“一带一路”框架内合作，不仅有利于巩固自贸协定既有的丰硕成果、深化双边经济合作，而且对于进一步提高经济合作在中澳关系中的分量、通过基础设施投资领域的合作增强政治互信、谋求与澳大利亚这一在处理太平洋地区事务时的重要国家关系的突破具有重要意义。据此，本文对未来两国在“一带一路”框架下进行合作的前景、挑战、领域和具体方式进行了探究。

一　澳大利亚的基础设施行业与中企投资现状

澳大利亚基础设施行业涵盖交通、能源、通信、水务等部门，具体监管涉及政府多个部门。为了加强基础设施开发的规划、减少卷入党派纷争，2008 年澳政府通过《澳大利亚基础设施法》（Infrastructure Australia Act 2008）并成立基础设施局（Infrastructure Australia）。澳大利亚基础设施老旧、亟待进一步开发或升级，2013 年上台的自由党 - 国家党联合政府在发达国家中较早开始推行政府和社会资本合作（PPP）与资产循环（asset recycling）政策，催生了包括中国投资者在内的外国资本的广泛兴趣。中企在澳基础设施领域的投资经历了新能源、电网、港口等热点的更迭，总体来说成功率高，但近年来引发的争议愈来愈大。

1. 澳基础设施行业与政府监管

澳大利亚并未对“基础设施”的范畴进行明确界定，但《澳大利亚基础设施法》中将“全国性重大基础设施”（nationally significant infrastructure）认定为

“包括：

a）交通基础设施；

b）能源基础设施；

c）通信基础设施；

d）水基础设施；

且对上述基础设施的投资或再投资对全国的生产能力会有实质性的提高”。[①]

交通、能源、通信和水务几乎涉及澳政府各部门的监管，且与民生息息相关。2008 年前后全球范围内兴起一波对基础设施的广泛关注，澳同年通过《澳大利亚基础设施法》，并据此成立基础设施局向政府行建议权，2014 年澳对该法修订后进一步扩大了基础设施局的权力。该局负责对全国性重大基础设施进行战略性审计、制定十五年期的基础设施规划，并提交国家和州两级的优先项目清单。时任总理特恩布尔表示，该局的“十五年规划和优先清单是我们进行投资决策的基石”。[②] 除了在联邦和地方政府的基础设施投资决策中发挥重要作用，相对独立的基础设施局的成立和运作有利于确保对优先项目的跨党派支持，项目甄选和优先项目的确定过程也变得更为透明，因此受到各利益相关方的欢迎。

和很多国家一样，澳大利亚也面临基础设施亟待升级、缺乏资金的窘况。2017 年初基础设施局提出 100 个国家性基础设施优先项目，所涉投资达到前所未有的 600 亿澳元。[③] 当年 11 月 30 日澳对该清单进行了修订，其中高优先级[④]项目包括：悉尼（CBD 和西南城）地铁、悉尼 M4 公路升级、悉尼内西城拥堵改造（West Connex）、墨尔本地铁轨道、墨尔本 M80 环路升级、布里斯班公路网络升容、西悉尼机场、珀斯货运网络升容，全部为疏解拥堵和提高容量的交通工程，多涉及公路、铁路、电车、行人道等。除了

① 《澳大利亚基础设施法》第三条。

② Prime Minister Malcolm Turnbull, *The Australian Financial Review*, 8 June 2017.

③ Infrastructure Australia, “Annual Report: Infrastructure Australia Report to Parliament 2016 - 17”, 30 September, 2017.

④ 分为“高优先级”和“优先级”。

交通项目，清单中也包括其他子行业的项目，如西澳西南部的水务工程（以促进工业和农业的发展）、霍巴特科技园区（以刺激塔斯马尼亚州的经济增长和生产力）、悉尼中央车站再开发、墨尔本机场第三跑道、珀斯机场第三跑道、珀斯集装箱码头升容、南澳库珀盆地移动信号的覆盖、南澳地区性矿产港口的开发、向北领地边远地区提供赋能性的基础设施和基础服务、昆士兰州水务基础设施开发、北阿德莱德平原的水务基础设施开发、塔斯马尼亚州的灌溉项目、达尔文地区供水基础设施升级、塔斯马尼亚州污水处理基础设施升级、新南威尔士州的水灾管理、全国范围的天然气供应商与东部天然气市场连接工程等。[①]

全球基建巨头凯谛思自2012年起每两年对全球41个主要国家的基础设施投资环境进行评估，澳大利亚2012年第一次评估时排第八位，2014年列第九位，2016年落至第十一位，[②] 但一直是基础设施投资的热门选择之一。

2. 中企在澳基础设施投资的现状与趋势

继2008年起广泛认识到应对基础设施开发加强规划和投入，2013年上台的自由党-国家党联合政府在发达国家中较早地在基础设施项目上开始推行私有化和资产循环政策，进一步催生了包括中企在内的外国投资者的兴趣。不过，在此之前中企在该领域已有一定规模的投资。

如表1统计所示，中企在澳基础设施投资呈现出的特征与全球范围的投资特征基本一致。2012年前中资在澳的并购主要集中在矿产业，此后出现了可再生能源（风电）和电网两个热点领域，随后2014~2016年三年内接连获纽卡斯尔港、达尔文港、墨尔本港三大港口的租赁权，同时以风电和水电为代表的可再生能源热度不减，但港口租赁和电网经营在澳国内渐生争议。

从投资者身份来看，除了岚桥和海航以外，其他均由国有企业完成，这

① Infrastructure Australia, "Infrastructure Priority List", 30 November 2017.

② Arcadis, "Third Global Infrastructure Investment Index 2016". 尚无2018年报告。

也部分引发澳国内的忧虑和反对声音。尽管从全球范围来看，海外基础设施领域投资由于行业特点，多由资金雄厚、技术先进的国企完成，但与美国、英国、德国等其他投资接收大国相比，中企在澳投资仍呈现出国有企业占比更高的特点。

表 1　2008～2018 年中企在澳基础设施投资

交易时间	投资方	被投资方	投资金额	基础设施分行业
2011.4	大唐电力、天威保变	CBD Energy	20.3 亿美元	风电场和其他可再生能源资源的开发
2011.12	神华、国华投资	塔斯马尼亚水电	3 亿美元	风电场
2012.11	国家电网	ElectraNet	5.1 亿美元	输电网
2013.5	国家电网	SPI (Australia) Assets Pty Ltd.	28.56 亿美元①	电网运营
2013.5	国家电网	SP AusNet (SPN)	8.1 亿美元	能源分销
2014.4	招商局集团	Hastings Funds Management	8.75 亿澳元②	港口租赁（纽卡斯尔港 98 年）
2014.12	中交建	John Holland	11.5 亿澳元③	铁路和建筑工程
2015.10	山东岚桥	达尔文港	5.06 亿澳元	港口租赁（达尔文港 99 年）
2015.12	中电投	太平洋水电	22 亿美元	水电站和风电场
2016.3	中投	Asciano	24 亿澳元④	港口和铁路运营
2016.3	中电投	Taralga Wind Farm	22.7 亿美元	风电
2016.4	节能风电公司、新疆金风科技	节能风电（澳大利亚）	4.3726 亿澳元	风电
2016.7	海航集团	维珍澳大利亚航空	11.4 亿美元	航空
2016.9	中投	墨尔本港	19.4 亿澳元⑤	港口租赁（50 年）
2016.11	中国中车	维多利亚州高运量地铁车（HCMT）项目合同	0.15 亿澳元⑥	地铁车辆和模拟器的设计、制造

续表

交易时间	投资方	被投资方	投资金额	基础设施分行业
2017. 9	北控水务集团	Trility	2. 5 亿澳元	水务
2017	国家电网⑦	Darling Downs⑧	2. 35 亿澳元⑨	天然气输气管道

注：①美国传统基金会全球投资追踪数据计投资额为 23. 5 亿美元。

②美国传统基金会全球投资追踪数据计投资额为 8. 2 亿美元。

③美国传统基金会全球投资追踪数据计投资额为 7. 9 亿美元。

④美国传统基金会全球投资追踪数据计投资额为 6. 1 亿美元。

⑤美国传统基金会全球投资追踪数据计投资额为 14. 6 亿美元。

⑥参与 Evolution Rail 股权投资，出资不超过 1500 万澳元，持股比例为 10%。

⑦通过控股的 Jemena 公司完成。

⑧Origin Energy 将昆州该地的输气管道售予 Jemena。

⑨*Financial Review* 报道称投资额为 3. 92 亿澳元。

数据来源：对毕马威和悉尼大学数据库、美国传统基金会全球投资追踪数据、企业披露和中外媒体报道进行整理后统计获得。

从投资审查的通过率来看，十年间其实只有 2016 年 8 月国家电网 - 澳洲电网（Ausgrid）案被国库长否决。2015 年国家电网 - TransGrid 99 年租借案获批但随后在竞标中失败。2012 ~2013 年、2018 年华为则被禁止以任何形式参与“国家宽带网络”和 5G 网络的招标。

二　澳大利亚基础设施领域外资政策的最新变动

基础设施领域的外商投资既涉及基础设施相关的政策法规，还须受外资审查的监管。从澳相关政策和法规的历史沿革尤其是近十年的变动来看，核心忧虑和中心议题清晰地经历了从 2008 年的“人口增长和灾害”、到 2014 年的“反恐”直至 2017 ~2018 年最新一轮变动中“网络安全、国家安全”的转变。达尔文港租赁案引发巨大争议后，在国内和国际环境的双重推动下，澳政府于 2016 ~2018 年迅速完成了密集的政策、法规、机制建设。同英国、德国等欧盟国家和美国相比，澳大利亚率先采取立法和行政措施应对设想的风险并对华为参与 5G 网络建设设禁。据报道，美国总统特朗普在禁止决定后同特恩布尔电话沟通时表示“你们在这方面领先于我们”。[①]

1. 澳基础设施投资政策法规最新一轮变动

澳大利亚对“基础设施”和“关键基础设施”的关注并非源于近两年，2008 年左右曾兴起一波加强投入和监管的热潮，但当时关注的风险和需求比较宽泛，更多是基础设施开发落后于人口增长以及应对自然灾害的问题。当时澳政府将“关键基础设施”定义为：“一旦被破坏、削减或较长时间内无法使用，将对国家的社会或经济状况以及进行国家防务、确保国家安全的能力产生重大影响的实体设施、供应链、信息技术和通信网络。”[②] 2014 年澳大利亚发生多宗恐袭事件，2015 年澳新反恐委员会（ANZCTC）出台《保护关键基础设施免受恐怖袭击危险的国家指南》时，[③]对反恐的关注加强，但在“关键基础设施”的定义上仍沿用了 2008 年的版本。

始于 2016 年初、集中于 2017 ~ 2018 年的最新一轮政策变动的大背景是，2014 年阿博特政府在全球范围内较早开始实施价值达 42 亿澳元的资产循环计划，鼓励各州对基础设施资产进行私有化，然后将获得的资金投入到亟须的基础设施项目中。在这股 PPP 热潮中，不少国内企业，包括中企在内的海外企业和主权财富基金（SWF）纷纷进入，该领域的交易量大幅攀升。尽管澳大利亚以《外资并购法（1975）》（*Foreign Acquisitions and Takeovers Act 1975*）和外资政策为核心的外资监管体制此前几乎[④]未对基础设施领域外资投资设限，澳特有的个案审查制度确保了政府对国家利益最大的保护：“外国政府投资者[⑤]无论投资金额大小，必须在直接投资前向政府

---

① 《环球时报》转《悉尼先驱晨报》报道，“How China is driving Australia and Trump into each other's arms”。

② “What is critical infrastructure?” Australian National Security, http: //www. ag. gov. au/agd, May 2007.

③ Australia-New Zealand Counter-Terrorism Committee, “National Guidelines for Protecting Critical Infrastructure from Terrorism”, 2015.

④ 2014 年以前仅规定对国际性航空公司、机场和电信运营商 Telstra 有外资所有权的最高限制。

⑤ 包括国有企业和主权财富基金。

进行通告、申请批准”；外资私企谋求超过价值2.48亿澳元的澳大利亚企业的重大[1]利益或控制权时，也须提出申请。由于基础设施投资通常投入大、所涉投资者尤其是中企几乎全为国资背景，政府实际上对该领域确保了较有效的监管。

2015年10月，山东岚桥集团租赁达尔文港在澳大利亚国内引发了大规模的讨论，外资尤其是中资对澳基础设施投资引发了不同圈层的忧虑和反对，澳联邦政府迅速意识到当前政策法规中存在“盲点”。

第一，联邦政府在鼓励州政府出售或租赁资产从而投入亟须项目的同时，逐渐意识到，联邦和州两级政府在吸引外资的议题上优先考虑不同，州政府更关注经济效益和资本涌入对当地经济和就业的拉动，而联邦政府则同时须考虑外资对基础设施的控制会带来国家安全、战略安全甚至是地缘政治方面的隐忧，州政府则通常不会将国家安全问题作为决策中的优先考虑因素。

第二，此前澳外资政策主要关注媒体、航空、金融、电信、矿产、土地等传统“国家安全”领域，基础设施领域的投资并不多见，因此鲜意识到其中国家安全的隐忧。随着该类投资的增多，同时中国投资令有关势力作“战略威胁”的联想，相关利益方和媒体迅速跟进，“国家安全”和“国家利益”的内涵在基础设施外资暴增的情况下出现了更新和外延。

于是，联邦政府迅速推出了以下一系列法规、政策和机制建设方面的措施，并在国内的广泛认同和支持下得以顺利通过。

（1）加大个案审查中对“国家安全”因素的考量，具有安全背景的艾大伟任审查机构主席

澳首先从业已较完善的外资个案审查机制入手，开始加大外资审查中对国家安全的考量，2015年12月首先将掌管秘密情报部门和国家安全部门长达十年的艾大伟（David Irvine）引入外资审查委员会（Foreign Investment Review Board，FIRB），而此前引入的专业力量如时任主席威尔逊（Brian

---

① 15%。

Wilson）等多有丰富的商业或专业服务经验。艾大伟加入后在个案审查中发挥的作用,[①] 以及2017年4月接任威尔逊正式出任外审委主席，倚重的无疑正是他在国家安全方面的经验，也标志着外资审查中对国家安全因素考量的加大。[②]

（2）重申联邦政府对地方重大资产外资并购的管辖权

达尔文港[③]案后，联邦政府迅速行动，于次年3月18日由国库部长[④]莫里森宣布“重大资产向外国私人投资者出售时也应属外资审查的范畴”。[⑤]由于此前仅向外国国有企业出售重大资产时方须外审委批准，该政策变动实际上确认了联邦政府对地方重大资产外资并购的完全管辖权，以避免出现监管真空。

国库部将“重大资产”定义为四大类：

①公共基础设施：机场或机场用地、港口、公共交通基础设施、电水气和排污系统；

②已建或新建道路、铁路，隶属于“国家地面交通网络”（National Land Transport Network）、经地方政府认定为重大设施或由联邦政府控制的多式联运设施；

③通信基础设施；

---

① 2015年加入后，艾大伟一直在外审委负责提供国家安全方面的评估意见。参见“In addition there are no national security issues. The former head of ASIS and ASIO David Irvine sits on the FIRB Board that recommended approving the sale.” in Treasurer Scott Morrison's Opinion Piece on *Australian Financial Review*, 26 February 2016, http://sjm.ministers.treasury.gov.au/media-release/018－2016/。

② FIRB Media Release, Turnbull government makes paying tax in Australia a condition for foreign investment, 22 February 2016, http://sjm.ministers.treasury.gov.au/media-release/010－2016/.

③ 山东岚桥属私企。

④ 也作“财长”，澳将Treasury译作“国库部”。

⑤ FIRB Media Release, Critical asset sales to fall within foreign review net, 18 March 2016, http://sjm.ministers.treasury.gov.au/media-release/031－2016.

④核设施。[①]

就其范畴而言，与2008年《澳大利亚基础设施法》沿袭至今的定义并无区别，基本囊括所有基础设施种类。

（3）成立重大基础设施中心，通过《重大基础设施安全法》

2017年1月23日，总检察长和国库部长宣布成立"重大基础设施中心"（Critical Infrastructure Centre），欲"同各级政府以及重大基础设施的所有权人和运营人一道，发现并应对重大基础设施中的国家安全风险"[②]。与2008年成立的重规划的基础设施局相比，重大基础设施中心重监管，建立在"重大基础设施的投资容易成为国家安全风险"的预设之上，设想中的风险囊括了"间谍活动、破坏、施压和强迫行为"。[③] 中心隶属总检察署，监控的三类目标风险[④]正是艾大伟上一任职——澳国家安全部门澳大利亚安全情报组织（Australian Security Intelligence Organisation）——的职责范围，这也从侧面证实了澳对基础设施国家安全问题确有忧虑，且艾大伟出任外审委主席标志着一系列应对措施的开始。

配套立法《重大基础设施安全法案》（*Security of Critical Infrastructure Bill 2017*[⑤]）[⑥] 草案经征求意见于2017年12月提交两院，并于2018年4月获得通过。2018年3月底，两院率先通过了《重大基础设施安全法案》的过渡条款[⑦]，主要是对涉及的其他法律如《外资并购法》等进行相应的补充。

① FIRB Media Release, Critical asset sales to fall within foreign review net, 18 March 2016, http: //sjm. ministers. treasury. gov. au/media-release/031 – 2016.

② Security of Critical Infrastructure Bill 2017 – Explanatory Document, https: //www. ag. gov. au/Consultations/Documents/critical-infrastructure-bill/Explanatory-Document-Security-of-Critical-Infrastructure-Bill – 2017. DOCX.

③ Security of Critical Infrastructure Bill 2017 – Explanatory Document, https: //www. ag. gov. au/Consultations/Documents/critical-infrastructure-bill/Explanatory-Document-Security-of-Critical-Infrastructure-Bill – 2017. DOCX.

④ 间谍活动；破坏；施压和强迫行为。

⑤ 2018年编号更新为 *Security of Critical Infrastructure Bill 2018.*

⑥ 以及实施细则《重大基础设施安全条例》（*Security of Critical Infrastructure Rules 2017*）。

⑦ *Consequential and Transitional Provisions.*

通过并实施的《重大基础设施安全法案》涉及的变动主要包括以下两方面：

①规定了联邦政府对所有关键基础设施进行登记的权力，以及对该设施“负责的实体”相应的义务；

②赋予联邦部长“最后手段”（last resort）的权力，可令“报告实体或关键基础设施的运营人”采取措施以降低重大的国家风险。[①]

该法案重点关注重大的“电力资产、港口、水资产、气资产”和另行认定的重大基础设施[②]被控制、被迫中断服务的风险，并对“重大电力资产”、“重大港口”、“重大水资产”、“重大气资产”均进行了定义，如中国企业此前投资的三大港口均属“重大港口”之列。同此前外审委重申联邦审查权时列举的“重大基础设施”的范畴相比，未涵盖电信通信设施。

（4）通过《反外国干涉法》

2018年6月底，在所谓的“外国干涉”大讨论的背景下，澳大利亚通过了《国家安全立法修订（间谍和外国干涉）法》[*National Security Legislation Amendment*（*Espionage and Foreign Interference*）*Act 2018*]，俗称《反外国干涉法》以及《外国影响透明度计划法》（*Foreign Influence Transparency Scheme Act 2018*）。总检察长波特（Christian Porter）称其为该国“几十年以来最大规模的反情报［政策、法规］的大改”，[③] 其中前者引入了一系列新的国家安全犯罪罪名并对联邦刑法进行相应修订。罪名中包括重申联邦审查权时提出的“破坏”（sabotage）罪，主要对象是“公共基础设施”（public infrastructure）。[④]

（5）推行“通信领域安全改革”，决定禁止华为、中兴参与5G网络建设

具体到通信领域，2017年9月澳政府开始推行“通信领域安全改革”

① *Security of Critical Infrastructure Act 2018*.

② *Security of Critical Infrastructure Act 2018*.

③ Evelyn Douek, “What's in Australia's New Laws on Foreign Interference in Domestic Politics”, Lawfare, 11 July 2018.

④ *National Security Legislation Amendment*（*Espionage and Foreign Interference*）*Act 2018*.

(Telecommunications Sector Security Reforms)，建立起安全部门同通信行业对网络威胁方面的敏感信息进行分享的机制，“通信公司均有义务保护澳大利亚的网络，免受可危害国家安全的未许可的干涉或进入”。①

2018 年 8 月 23 日联邦政府发布了《5G 安全指引》（“《指引》”），同日告知华为和中兴将禁止其向澳提供 5G 技术。《指引》着重强调了 5G 网络的安全隐患：“将被用于与其他关键基础设施联通，包括电力和水”，“政府已对 5G 网络的国家安全风险进行了全面评审。与此前各代移动服务相比，5G 要求在网络运营上做出改变。这些改变将增加对我们通信网络的潜在威胁，而且随着越来越多的服务上线，该威胁将进一步增加”。② 因此，“政府认为，卖方［设备提供方］或受外国政府做出的违反澳大利亚法律的域外指令，该卖方的参与即有可能造成使用人无法有效保护 5G 网络免受未许可的干涉或进入”。③

2. 政策迅速变动的深层次原因

较之美国、英国、德国和欧盟框架内的最新动向，澳大利亚无疑走在了发达国家乃至世界的前面，对基础设施领域外商投资所带来的“国家安全”风险迅速做出反应并确立相应机制予以应对。这一系列新政既根源于传统价值取向、近十年来围绕外资议题的既有讨论和国内政治的变化，也脱胎于国际范围内日益“向内看”、发达国家纷纷收紧外资政策的大氛围。

首先，自多国民粹主义兴起、各国经济政策渐呈保护主义倾向，已有包括英、德、法、意在内的多国对外资已经或拟加强监管，防范外资所带来的国家安全隐患。从近因来看，一方面固然部分归因于西方媒体和智库不遗余力地描画所谓“网络安全”和“外国影响”，另一方面也源于近年来世界范围内基础设施投资不断加大、跨境投资和建设项目在接收国所引

① “Government Provides 5G Security Guidance To Australian Carriers”, Joint Media Release by Minister for Communications and the Arts and Acting Minister for Home Affairs, 23 August 2018.

② “Government Provides 5G Security Guidance To Australian Carriers”, Joint Media Release by Minister for Communications and the Arts and Acting Minister for Home Affairs, 23 August 2018.

③ “Government Provides 5G Security Guidance To Australian Carriers”, Joint Media Release by Minister for Communications and the Arts and Acting Minister for Home Affairs, 23 August 2018.

发的担忧和争议。除了德法意力主在欧盟建立类似美国外国投资委员会（CFIUS）的机构对敏感领域的外资进行审查，德国政府于2017年7月12日宣布立法加强政府对战略行业外资并购的否决权。英国商务、能源与产业战略部（BEIS）也于2017年10月发布绿皮书，拟扩大政府对或向外国投资者提供机会“进行间谍、破坏或是假不当影响的”关键企业和基础设施投资的审查权。短期措施日前已生效，长期措施若得以通过，英国将彻底摒弃传统上“对内外资不做区分”、“无须申报”的规制路径，向澳美加式的“企业强制申报”、“国务大臣审查交易”的模式靠拢。

类似忧虑和讨论在澳大利亚均存在，因此澳也出现类似政策变动并不突然，且澳大利亚的反应较之其他国家更为迅速和高效，究其原因如下。

其一，自2005年以来中企在澳投资出现暴涨并连带引发了此前工党政府2007～2013年先后针对采矿业、住宅房地产和农业领域外资的政策反应，主要针对的就是中企，同中企的投资热点变动也完全一致。及至热点开始转移至基础设施，相关讨论和反对声音迅速跟上，经过前几轮政策变动的演练和国内对此议题的既有讨论，这一轮政策的出台过程非常高效。

其二，更为广阔的背景下，随着中国成为澳第一大贸易伙伴、直接投资流量自2008～2009年起一直名列前三，2013～2014年起更稳居第一大来源国，[①] 经济上日趋依赖中国的澳大利亚国内关于战略选择的讨论愈演愈烈，公众的不安和焦虑越来越大，任何与中国有关的事务都很容易成为热点，在政治争斗中也容易被利用。2017年兴起的一系列关于中国留学生和商人的所谓“外国影响”、“干预”即是最好证明。

其三，中澳关系中战略安全与经济议题的对立和冲突随着中国资本的进入和中国移民的增多越发凸显。投资与贸易活动在属性和影响上的不同长期以来被忽略：贸易主要是货物和服务的跨境，且具一次性特征，而资本跨境后仅标志着资本来源国与接收国之间长期关联的开始，此后通过合资企业或被并购企业的方式在接收国长期存在，不可避免地同当地就业、经济、税

① 外审委的统计数据包括个人投资住宅房地产。

收、环境、安全、文化等领域发生双向互动。近十几年中国企业在澳投资的暴增加之大量移民涌入,[①] 并未推动澳国内相关讨论的良性发展，反而出现了反弹的趋势，2007 年工党前多届政府出现的务实政策未能得到一贯延续。

其四，自由党固然政治属性更趋保守，澳政坛自 2007 年工党政府以来出现的政治不稳定局面也导致本届政府在政策上的极端性，有时甚至饮鸩止渴。2007 年陆克文政府之前，澳政局稳定的特征非常明显，历任总理得以在位多届，陆克文之前的霍华德政府甚至连任四届，领导人得以较从容地推行各项政策，着眼点更长远。2007 ~ 2013 年工党政府出现两换总理，之后上台的阿博特政府不久也让位于特恩布尔，特恩布尔继而在“宫斗”中让位于莫里森，近十一年来澳经历了六任总理且在位时间均不超过三年。加之特恩布尔上任后一直政治优势不明显，2016 年联邦大选后组成的联盟政府仅保有一票优势，一方面政策上出现极端化以“哗众取宠”的趋势，此前在移民政策上试图推行全面改革即是明证；另一方面在国内无暇自顾的情况下对外政策根本无法保持成熟和一贯性，甚至出现了国内政治争斗波及对外关系的恶果，2017 年年底对“政治献金”的疯狂抨击其实意在打击工党，《反外国干涉法》的出台也意在获得政治支持，却因不成熟的处理方式伤及了两国关系。

其五，不可忽视的是，澳国内对网络安全和技术攻击等议题一向重视，无论是 2012 ~ 2013 年工党、自由党两任政府均禁止华为以任何形式参与“国家宽带网络”的招标，还是 2016 年 8 月国家电网 - 澳洲电网案[②]被国库部长否决，都是明证。除了中企，外审委 2001 年对新加坡电信（Singtel）并购澳都斯施加的多项条件，也表明澳传统上对通过技术手段可能进行的攻击一直非常谨慎。

---

① 自 2011 年成为最大移民来源国并一直稳居前列。

② 澳洲电网案被否，主要因为该公司 2011 年上了一套爱立信的“智能电网”项目，能实现电力控制设备、后端系统、用电家庭间信息的流动，从配电网上安装的 12000 台智能监控设备上收集数据。

三 “一带一路”框架下两国基础设施领域的合作展望与相关建议

未来一两年内澳相关领域的政策变动对于外资来说至关重要，从目前的迹象来看，外审委方面将维持相对稳定，主要关注点仍是《重大基础设施安全法案》的执行情况和 PPP 政策是否恢复，但最根本的仍是两国关系能否真正回暖。

阿博特政府 2014 年资产循环计划下建立的“资产循环基金”于 2016 年被特恩布尔政府停止，并将拨至该基金并剩余的 8.5 亿多澳元资金列为预算结余（budget savings）。① 这其中固然有政府美化预算的考虑，另外私有化过程中也产生了一些问题，除了联邦政府认为地方政府热情不高、申请利用基金的数额仅为一半，两级政府对政策的理解出现分歧，去年南澳发生的大规模断电也被认为是过度私有化造成的，到底哪些公共设施在多大程度上应以何种形式进行私有化恐怕是所有推行 PPP 政策的政府必须考虑的问题。另外我们也要看到，在澳大利亚和全球多国 PPP 仍是广受欢迎的政策选择，2018 年年初，澳各界敦促总理重新开启一轮针对州政府的刺激鼓励措施，希望回到 2016 年终止的资产循环项目模式上。② 2017 年年中，美国副总统彭斯曾宣布，为执行特朗普总统价值 1 万亿美元的基础设施计划，将模仿并试图超越此前澳大利亚的资产循环模式。因此，未来一两年澳政府内部在 PPP 问题上如何博弈，尤其大选后的新政府如何决策，应予以密切关注。从目前局面来看，仍有可能恢复私有化举措，通过加强具体执行上的管理来实现平衡。

---

① “Turnbull government pockets left-over asset recycling funds in federal budget”, *Financial Review*, 3 May 2016, http://www.afr.com/news/policy/budget/turnbull-government-pockets-leftover-asset-recycling-funds-in-federal-budget-20160427-gog2bg

② “Turnbull government urged to launch new asset recycling plan”, *Financial Review*, 2 Jan. 2018, http://www.afr.com/news/turnbull-government-urged-to-launch-new-asset-recycling-plan-20180102-h0cfvy.

未来中澳两国在“一带一路”框架下进行基础设施领域的合作无疑仍面临着重大挑战：其一，监管层已做出反应并已建立起较完整的机制，且过程中展现出国内在这个议题上已达成较大程度的共识；其二，澳现任政府内阁中对“一带一路”的分歧仍较大，形成了以外交贸易部（DFAT）为首的支持加入方和安全、内政部的反对力量，且后者已占绝对上风；其三，从2017年底开始，澳关于所谓“外国干涉”的讨论和立法使两国的政治互信和双边关系降到了低点，在特恩布尔后期和莫里森上台后虽有缓和，但大选当前，不容乐观；其四，自2007年陆克文政府至今澳迟迟未在对华政策上形成共识或较成熟稳定的政策，目前的僵局同此也大有关联；其五，2017年年中开始针对中国学生和商人的攻击在澳媒和部分学者的炒作中有渐“坐实”的趋势，从对媒体的跟踪和公众的访谈来看，这些不实指控逐渐产生了影响，波及了公众甚至精英层的看法。

尽管如此，从长远客观来看，两国在该领域的合作前景和机遇仍颇为可观且具有重大意义。首先，澳经济和基础设施领域的发展严重依赖外资的基本面不会变，在发达国家中率先实行资产循环既印证了这一需求，也说明澳政府对PPP模式的态度是积极的。澳亟须发展的基础设施领域同中国的优势行业也是深度契合的，过去五年中的并购行为充分说明了这一点。虽然凯谛思最新[①]的评估显示澳滑落至第十一位，但主要因素为澳币贬值和大宗商品价格持续走低而非基础设施行业本身或监管的问题，另外也有观察认为澳币贬值或至谷底，目前应为投资的最佳时机。综合衡量凯谛思报告中前二十位接收国的经济发展水平、政治稳定程度、双边关系热度，澳大利亚仍是中国基础设施投资者考虑的热门地（见图1）。

其次，基础设施领域投资主要打交道的仍是州一级政府，除非涉及国家安全问题方须受联邦政府的审查。澳商界和地方政府历来非常重视发展对华关系，但这种热情也部分造成了战略派的反弹。在中澳关系处于低谷时，商界和地方政府的热度仍非常高，地方层面的交流仍在继续，尤以北领地

① 2016年的评估。2018年报告尚未发布。

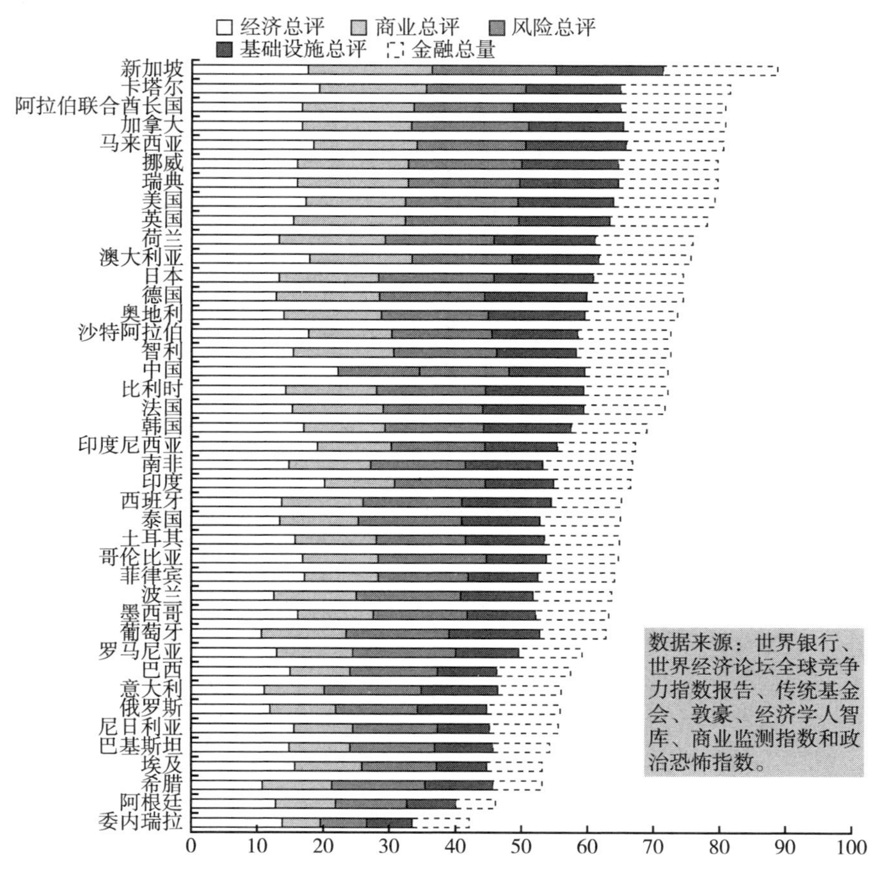

图1　全球基础设施投资指数

资料来源：Arcadis Third Global Infrastructure Investment Index，2016。

“北部大开发”、维多利亚州、新南威尔士州等意愿最为强烈。李克强总理访澳时尽管未能实现“一带一路”倡议与澳“北部大开发”计划的对接，两国仍签署了《中华人民共和国国家发展和改革委员会与澳大利亚维多利亚州政府关于开展基础设施领域政府和社会资本合作制度建设和时间合作的谅解备忘录》，维多利亚州也刚刚率先同中国达成了“一带一路”谅解备忘录，有望首先在地方层面探索并推动基础设施领域的深度合作。同时，此举与其他地方政府和联邦政府的联动关系也令人期待。

由于澳较早地启动对该议题的反应，政策层面应不会再有进一步的变动。关于对华关系和政策的讨论也是澳躲不开的议题，早日充分展开对于双边关系来说未必是坏事。只是在此过程中，对企业和政府提出了较高的要求。除了政府方面理性、谨慎应对，维护较好的从商环境，企业在进行投资决策和实施时也应该注意以下几点。

第一，始终依赖专业的法律、咨询机构进行充分的尽职调查。现今的专业机构多能从多方面审视并购中可牵涉的议题，如毕马威（澳大利亚）2018 年专门从澳最大的国关智库罗伊国际关系研究所引进人才并新设战略和国关部门；

第二，在澳现行政策框架下进行商业决策，尽量避开争议、敏感领域；

第三，在投资方式上多与澳大利亚或其他国家的企业形成财团一起合作；

第四，慎重选择时机、低调交易，敏感、高调的外资并购容易卷入政治斗争；

第五，依赖专业的公关服务，营造良好的舆论氛围；

第六，进行完善的披露、提高透明度，缓解公众的忧虑。

B.10

2017年中澳贸易：新高度、新动力与新挑战

秦 升*

摘 要： 2017年，《中澳自由货易协定》对中澳经贸关系所带来的积极影响不断显现，多个产业类别的进出口潜能持续释放，实现了双边贸易的创纪录增长。货物贸易方面，中澳在传统能源领域保持稳中向好的基础上，实现了清洁能源和农产品贸易的快速增长。服务贸易方面，教育继续成为澳大利亚对华出口的关键产业，在“中澳旅游年”的助推下，双向互访人数和旅游消费均创历史新高。当前，中国是澳大利亚第一大贸易伙伴、第一大进口来源地和第一大出口目的地；澳大利亚是中国海外投资的第二大目的地。《中澳自贸协定》所带来的关税削减在未来数年将持续刺激中澳双边贸易，中国和澳大利亚在自由贸易上的共识为双方进一步深化合作、加强贸易往来奠定了基础。与此同时，澳大利亚经济对中国的依赖进一步加强，中澳贸易受中国发展战略和产业政策的影响不断加大，澳大利亚国内政治的不确定性以及国际上贸易保护主义的扩散也在一定程度上给中澳贸易关系带来风险。

关键词： 中澳贸易 能源转型 液化天然气 农产品 服务贸易

---

* 秦升，中国社会科学院亚太与全球战略研究院助理研究员。

澳大利亚是一个强烈依赖对外贸易的国家，得益于中国经济高速增长过程中对能矿产品的巨大需求，澳大利亚依靠铁矿石、煤等产品的对华出口保持了对中国贸易的长期顺差，分享了中国经济发展的红利。在经历了2016/2017财年2.1%的增长后，2017/2018财年，澳大利亚实际GDP增长率达到2.9%，实现连续27年来从未间断的经济增长。[①] 在过去的20年间，澳大利亚实际工资中位数上升了约50%，相比之下，同期美国的实际工资中位数增长了4.4%，澳大利亚的经济表现在所有发达国家当中一枝独秀。

截至2017年，中国已经连续9年成为澳大利亚最大贸易伙伴、最大出口目的国及进口来源国。自2015年底《中澳自由贸易协定》生效以来，中澳双边贸易和投资进一步释放潜力，实现了全方位的发展和合作。2017年，两国双边贸易总额增长16%，达到1834亿澳元，澳大利亚出口增长21.2%，实现创纪录的1160亿澳元，进口增长8.1%，达到历史最高点674亿澳元。与中国的贸易额占到澳大利亚对外贸易总额的24%，对中国的出口占到澳大利亚总出口的30%，从中国的进口占到总进口的17.9%，均位居榜首。《中澳自由贸易协定》签署以来双边取得的巨大成就表明，只有不断扩大开放才能实现互利共赢。随着贸易保护主义兴起对经济全球化的威胁日益加深，中国和澳大利亚在自由贸易上的共识显得尤为重要，不仅为双方在全球经济治理领域共同发挥积极作用提供了前提，也为双方进一步深化合作、加强贸易往来奠定了坚实基础。

一　传统能源贸易稳中向好，初级产品贸易出现两极分化

2017年，初级产品在澳大利亚对中国的出口总额中仍占据主要地位，其中仅铁矿石出口就高达516.6亿澳元，较2016年增长17%，占到对华总出口额的51.6%。[②] 从2017年开始，我国大力推进钢铁企业去产能，以年

---

① 澳大利亚统计局（www. abs. gov. au/），2018年10月10日。

② 澳大利亚外交贸易部，Composition of Trade Australia 2017，2018年6月29日，如无特殊说明，有关中澳货物贸易的数据与此数据来源相同。

均4%的速度减少铁矿石的进口量，但是对高品质铁矿石的需求反而增加，特别是采用澳大利亚和巴西出产的高品级铁矿石是中国钢厂提高炼钢效率的刚性需求。从2015年至今，铁矿石的价格波动幅度较大，既受到铁矿石全球产量的影响，也有中国供给侧改革以及环保标准不断提高等方面的原因，铁矿石价格最低跌至2015年底的40美元/吨以下，最高达到2017年2月的超过90美元/吨。

受多重因素影响，未来铁矿石价格和来自中国的需求或将出现“双降”局面。一方面，2018年5月4日中国铁矿石期货交易上市，标志着以人民币结算的铁矿石期货全球化贸易正式启动，作为世界上最大的铁矿石消费国，中国开始逐渐参与铁矿石定价权，对冲普氏指数定价机制对中国钢企带来的价格风险；另一方面，根据澳大利亚官方的预测，中国钢产量将在2018年达到8.86亿吨的顶峰，同时带动铁矿石需求见顶，2019年和2020年则分别下滑到8.61亿吨和8.42亿吨。澳大利亚工业、创新与科技部预测，中国钢铁需求下降的速度将超过国内铁矿石供应下降的速度，从而导致进口萎缩，铁矿石离岸价在2019年和2020年会分别下滑到51.9美元和50.7美元。① 澳大利亚的铁矿石出口在2016年和2017年总计下降7.8%，中国的铁矿石需求变化将决定澳大利亚铁矿石的整体需求关系。

中国煤炭需求继续增加，澳大利亚对华煤炭出口延续大幅增长趋势，2016年上涨31.6%，2017年上涨40.5%达到了117.9亿澳元的新高，连续两年成为澳对华出口第二大商品。澳大利亚煤种较为齐全，2017年对华出口突破8000万吨，同比增长13.6%，占澳大利亚煤炭出口总量（3.78亿吨）的21%。其中，动力煤为主要出口中国的品种，出口量4740万吨，占中国动力煤总进口量的25.2%。其次是炼焦煤，出口3038万吨，同比增长13.48%。中国对澳大利亚的煤炭需求体现在多个方面：首先是沿海和华南的下游用户对进口煤在煤种和质量上形成的刚性依赖；其次，中国需要通过

① 澳大利亚工业、创新与科技部，Resources and Energy Quarterly September 2018，2018年10月4日。

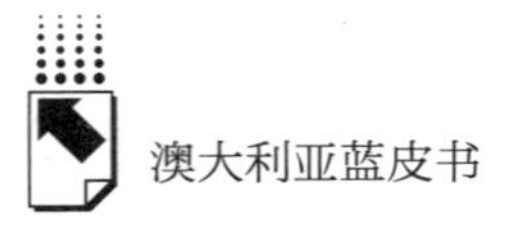

进口煤炭调节国内煤价；最后，2017 年底煤改气过程中天然气供应不足导致对煤炭出现了意外需求。根据《中澳自贸协定》安排，自澳大利亚进口的动力煤关税将逐年减少直至完全取消，关税下降将继续加强澳大利亚煤炭对中国的价格优势，未来煤炭进口有望再创新高。

澳大利亚对华锌出口的大幅增加与黄金和铜出口的剧烈下滑形成鲜明对比。2017 年，澳大利亚对中国的锌出口的增幅为 82.2%，出口达到 6.6 亿澳元，在对华出口中排第 17 位，是出口商品当中增幅最大的初级产品。由于中国对环境治理的加强，特别是为减少环境污染整治采矿业和相关重工业，锌矿开采不足导致中国对锌的巨大进口需求。与此同时，来自澳大利亚的黄金和铜的进口量连续两年出现大幅下降。澳大利亚是仅次于中国的全球第二大黄金生产国，2017 年共出产黄金 301 吨，是世界上重要的黄金出口国。中澳黄金贸易的剧烈下滑有国际国内两方面的原因。首先，中国已经成为全球第一大黄金生产国、第一大黄金消费国、第一大黄金加工国、第一大黄金进口国，通过黄金的进出口贸易影响黄金市场和黄金价格的时机已经成熟。其次，中国自 2016 年底开始通过许可证和配额制度管理黄金进口，旨在防止资本外流，[①] 这一举措大大抑制了黄金的进口。由于以上原因，2016 年和 2017 年中国大陆进口的澳大利亚黄金分别降低了 72.2% 和 52.8%。尽管中国大陆黄金进口量的下降在一定程度上由香港的黄金转口贸易所弥补，但是总体上仍处于下降通道。铜贸易方面，受到国内铜产量增加以及铜产品需求放缓等影响，中国铜进口大幅萎缩，来自澳大利亚的铜进口也经历了高达 31.8% 的降幅。

二　中国能源转型大幅提升中澳液化天然气（LNG）贸易

从 2015 年开始，澳大利亚对华液化天然气出口屡创新高，主要得益于

① 《中国收紧黄金进口以抑制美元流出》，《金融时报》2016 年 12 月 1 日，http://www.ftchinese.com/story/001070384？archive。

中国的能源转型政策。近年来，中国发展清洁能源的速度不断加快，强化了中国对天然气的进口。首先，中国国内空气污染已经到了不可持续的阶段，特别是人民大众在环境保护上的意识觉醒，使得大气污染不仅仅是社会问题，在某种程度上成了政治问题。其次，中央治污决心对地方形成强大压力，一系列新规章制度把绿色 GDP、单位 GDP 能耗作为考核标准，促使地方政府在发展经济的过程中通过能源替代保护环境。最后，中国政府在2015 年巴黎气候大会上做出减排承诺，到 2030 年单位国内生产总值二氧化碳排放比 2005 年下降 60% ~65%，非化石能源占一次能源消费比重达到20%左右。中国经济仍处在中高速的发展阶段，需要大量的能源予以支撑，要完成减排目标只能依靠加大新能源、清洁能源的使用比例。来自美国能源信息署（EIA）的统计报告显示，使用天然气取代煤炭，二氧化碳排放量将减少 44%，二氧化氮排放量将减少 80%，二氧化硫排放量则将减少 99%，因而煤改气所带来的环境改善是极为显著的。因此，中国近年来在全国范围内、相当比例的工业生产中开始了以煤改气为主的能源转型进程，这一进程迅速扩大了全社会对天然气的需求。

液化天然气最初只是作为管道天然气的补充发挥稳定价格、满足弹性需求和特定需求的功能，但是随着中国能源转型的加速，液化天然气已经成为进口天然气中的重要组成部分。

2017 年，中国总共进口 920 亿立方米天然气，其中 57.2% 为液化天然气，超越韩国成为全球第二大液化天然气进口国，来自澳大利亚的液化天然气占到中国天然气总进口的 25.8%，澳大利亚连续三年位居我国第一大液化天然气进口来源国。① 2016 年澳大利亚对华出口液化天然气 157 亿立方米，同比增长 118.1%，2017 年对华出口 237 亿立方米，同比增长 51%（见表 1）。由于日本、韩国天然气进口日趋饱和，按照国际能源署的预测，到 2023 年中国天然气进口量将增加两倍，达到 1710 亿立方米。海关总署的最新统计数据显示，2018 年 1 ~8 月中国共进口天然气 5718.0 万吨，同比

① BP 能源统计年鉴（2017），2017 年 9 月 1 日。

增长34.8%，其中进口液化天然气3300万吨，同比增长50%，有望在2018年成为全球第一大天然气进口国。

表1　2007～2017年中国进口液化天然气的数量

单位：亿立方米

年份	2007	2008	2009	2010	2011	2012	2013	2014	2015	2016	2017
自澳大利亚进口	33	36.1	47.5	52.1	50	48	48	52	72	157	237
总进口	38.7	44.4	76.3	128	166	200	245	271	262	343	526

数据来源：BP能源统计年鉴（2007－2017）。

供给方面，澳大利亚在未来两到三年内将确立其在液化天然气出口领域的世界级优势。从2013年起，澳大利亚就加大了对油气开采的投资，其中在北部和西部新建的4个天然气项目在未来数年将全面释放产能（见表2），加上已有的液化天然气项目，澳大利亚在2018年全年液化天然气出口预计增加至8800万吨，逼近世界第一大液化天然气出口国卡塔尔，在全球液化天然气市场扮演更加重要的角色。① 美国由于页岩气革命带来产能爆发，液化天然气出口能力同样大幅提升，与澳大利亚、卡塔尔位列前三名。中美之间原本有望在液化天然气领域取得突破性的合作，但是由于贸易战的爆发，中国将美国液化天然气列入了征税清单，从2018年9月24日起向美国液化天然气征收10%的关税，给双方的能源贸易蒙上阴影。与中美液化天然气贸易面临不确定性相比，中澳在该领域的合作有着较大的潜力。一方面，中国逐渐将天然气这一清洁能源作为未来能源发展的重点；另一方面，澳大利亚传统能矿产品受全球大众商品价格波动影响较大，旨在通过加大液化天然气的投资和出口推动贸易结构转型和贸易多元化。由此可见，中澳之间能源政策上的高度契合将保证液化天然气贸易在可预见的未来持续增长。

① Australia Closing in on Qatar as World's Top LNG Exporter，路透社，2017年10月5日，https：//www.reuters.com/article/australia-resources-forecast/australia-closing-in-on-qatar-as-worlds-top-lng-exporter-idUSL4N1MG0X9 1。

表 2　2017 年部分国家液化天然气项目计划产能

国家	项目	产能（百万吨/每年）	释放产能时间
澳大利亚	Gorgon Train 3 期	5.2	2 季度
澳大利亚	Wheatstone Train 1 期	4.45	3 季度
澳大利亚	Ichthy = Train 1 期	4.45	3 季度
澳大利亚	Prelude	3.6	4 季度
喀麦隆	Kribi Floating LNG	1.2	4 季度
马来西亚	Petronas FLNG	1.2	1 季度
美国	Sabine Pas = Train3 期	4.5	2 季度
美国	Sabine Pas = Train 4 期	4.5	3 季度
美国	Cove Point	5.3	4 季度

数据来源：GAS Strategies。

三　农产品成为中澳贸易新亮点

《中澳自贸协定》的签署极大地推动了中澳之间的农产品贸易，2017 年澳大利亚农产品的出口潜能不断释放，成为中澳贸易的新亮点。根据自贸协定的安排，中国在 4～11 年内取消对奶制品最高达 20% 的关税，在 9 年内取消对牛肉征收的 12%～25% 的关税，在 8 年内取消对羊肉征收的 12%～23% 的关税，在 4 年内取消对葡萄酒征收的 14%～20% 的关税，在 4 年内取消对海鲜征收的关税，包括分别对龙虾和鲍鱼征收的 15% 和 14% 的关税，取消对所有园艺产品征收的最高达 30% 的关税，取消对众多加工食品（包括果汁和蜂蜜）征收的关税。伴随着关税逐年降低，质高价优的澳大利亚农产品在中国市场的竞争力将不断提升。

澳大利亚畜牧产品出口稳定增长。2017 年中国成为澳大利亚第五大冰鲜牛肉出口市场，仅次于日本、美国、韩国和欧盟，该年度除牛肉以外的肉类出口剧增 82.5% 至 5.2 亿澳元。据《国际商业观察报告》（BMI Research）的数据，预计中国国内牛肉生产和消费差距将从 2018 年的 86.6 千吨增加到 2022 年的 107.2 千吨，涨幅 24%。由于中国居民对牛肉的需求

不断提高，国内牛肉供求之间的差距越来越大，中国只能依靠进口来弥补这一差距。针对中国在高端牛肉领域的巨大需求，2017 年 3 月两国签署《中澳加强检验检疫合作联合声明》，为出口更多的冰鲜牛肉的冷库和工厂提供贸易便利。2018 年 1 月 1 日，《中澳自贸协定》迎来第四轮降税，其中冻羊肉降低 1.3% 的关税，冻牛肉降低 1.2% 的关税。从澳大利亚肉类及畜牧业协会（MLA）2018 年 7 月的报告来看，降税对肉类出口促进作用明显。2018 年 1 月至 5 月，澳大利亚羊肉出口量较 2017 年增长 14%，其中出口中东增长 30%，出口中国增长 10%，出口美国增长 8%。与此同时，牛肉出口量也受到推动，较 2017 年同期增长 15%，其中出口中国增长 40%，出口韩国增长 15%，出口日本增长 12%，中国已经成为澳大利亚畜牧产品出口增长最快的市场。

澳葡萄酒对华出口在 2017 年的增幅为 63.9%，出口额实现了创纪录的 8.4 亿澳元。截至 2018 年 1 月 1 日，葡萄酒出口已经经历了 8.4%、5.6% 和 2.8% 的三次关税下调，这为澳大利亚葡萄酒树立国际竞争优势提供了条件。2017 年全年澳大利亚葡萄酒出口额增长 15%，创 2004 年以来最高年增长率，达到 25.6 亿澳元。对中国的出口占到总出口量的 32.8%，中国位列澳大利亚第一大葡萄酒出口市场，出口量增长 54%，达到 1.53 亿升；平均价格上涨 6% 至 5.55 澳元/升。[①] 澳大利亚是中国第二大红酒进口来源国，位列法国之后。中国大陆目前是 10 澳元/升及以上澳大利亚葡萄酒最大的出口市场，澳大利亚出口到中国大陆的葡萄酒当中，红葡萄酒占 95%。在中国大陆地区，从入门级、商用葡萄酒到顶级优质葡萄酒，所有价格段的澳大利亚葡萄酒板块出口均有增长。来自中国的需求上涨以及自贸协定带来的葡萄酒价格下降将持续推动中澳葡萄酒贸易。

---

① Wine Australia，Australian Wine：Production，Sales and Inventory 2016 – 2017，2018 年 1 月 30 日，https：//www.wineaustralia.com/getmedia/ad0915a4 – dfb3 – 40b4 – a556 – 3b08b9f61880/Australian-Wine-Production-Sales-Inventory-Report – 2016 – 17。

四　旅游和教育继续成为双边服务贸易的焦点

2017 年 2 月 5 日，在中国国务院总理李克强和澳大利亚总理特恩布尔的见证下，“中澳旅游年”开幕式在澳大利亚悉尼举行，两国不仅签署了具有里程碑意义的开放航空协议，进行了重大的签证改革，中澳双方还在 2017 年组织了 100 多场旅游相关的活动，极大地促进了中澳双向旅游。澳大利亚贸易、旅游和投资部发布的国际游客调查（International Visitor Survey）报告指出，国际游客在澳大利亚度假时的消费比以往任何时候都要多，在 2017 年为澳大利亚贡献了 423 亿澳元收入，其中中国游客 2017 年在澳大利亚的消费额增长了 13 亿澳元，总消费达到创纪录的 109 亿澳元。① 从 2017 年 3 月到 2018 年 3 月，中国游客到访澳大利亚的人数超过了其他任何国家，首次超越新西兰成为澳大利亚最大的旅游合作伙伴。中国游客的消费增长额占所有国际游客消费增长额的 52%。与此同时，澳大利亚到访中国的人数增长了 15.5%，中国是澳大利亚最受欢迎的 10 大目的地中增长率最高的国家，两国互访的人数达到了空前的 200 万人次。

中国赴澳游客的创纪录增长一方面得益于中澳互办旅游年所带来的各种便利措施，另一方面，澳大利亚旅游基础设施和旅游服务的完善也发挥了巨大的作用。2016 年，澳大利亚和中国达成航空服务扩容协议，这是中国签订的类似协议中最为开放的协议。目前，中国大陆有 16 个城市开通了直飞澳大利亚的航班，10 余个中国航空公司每周有 150 架直航班机往返澳大利亚的 7 个城市。不仅如此，澳大利亚还在增加机场和海港的投资以满足不断增加的游客和旅游消费，大约有价值 101 亿澳元的 19 个航空基础设施项目正在建设或者扩建。旅游产业出口占到澳大利亚对外出口的 10%，每 13 个工作岗位中就有 1 个与旅游业相关。② 在面向中国游客推出 10 年的“常旅

① 澳大利亚外交贸易部，Trade in Service Australia 2017，2018 年 8 月 2 日。

② 澳大利亚旅游研究网（https://www.tra.gov.au），2018 年 10 月 10 日。

客”签证后，澳大利亚位列中国游客出境游愿望清单上的第 4 名。预计在未来的 10 年，随着中国经济的增长，入澳旅游的中国游客人数将成倍增长，在 2026 ~2027 年有望达到 390 万人次。

澳大利亚是全球第三大受海外大学生欢迎的国家，是第二大受中国和印度大学生欢迎的国家。中国赴澳留学生人数的逐年增加和消费额的大幅提升，是澳大利亚教育服务出口收益扩大的重要因素。2016 年，中国留学生占澳大利亚总留学生人数的 27.5%，2017 年上升至 38.2%，总人数接近 19 万人，使中国成为澳大利亚最大的海外留学生来源国。澳大利亚统计局 2017 年国际商品和服务贸易补充数据显示，澳大利亚有关中国教育的服务出口首次超过 100 亿澳元，较上年增加了 25%。教育相关的服务出口涉及外国留学生在澳大利亚各个方面的消费，包括学费、住宿、饮食等方面的生活成本，以及交通成本、娱乐休闲花费、澳国内度假消费等。此外，中国低龄留学生的迅速增加也成为近年来澳大利亚教育出口的重要增量。

五　中澳双边贸易的前景展望

中国的发展理念和产业政策对中澳贸易影响越来越大。习近平主席在中国共产党十九大报告中指出，我国社会主要矛盾已经转化为人民日益增长的美好生活需要和不平衡不充分的发展之间的矛盾。解决这个矛盾一方面需要依靠中国自身的健康发展和全面发展，另一方面，中国在相当长的一段时间里还需要通过扩大进口来满足国内市场和人民的多样化需要。根据 2018 年的统计数据，中国中产阶级人数已经达到 3.85 亿人，位列全球第一，是美国婴儿潮一代人口数量的 5 倍。[①] 中产阶级的壮大直接提升了中国在教育、医疗、旅游、留学、食品等领域的高端需求，澳大利亚在上述领域具备全球领先的产出能力和巨大的出口优势，与中国日益扩大的消费群体形成良性对接。此外，中国是《联合国气候变化框架公约》缔约方，坚定拥护《巴黎

① 腾讯新闻，《中国中产阶级人数全球第一　达 3.85 亿人》，2018 年 3 月 30 日。

气候变化协定》，为了达到减排目标，中国制定了全面深入的法律法规推动清洁能源的使用和普及，天然气作为清洁能源的关键组成部分在能源转型的过程中发挥着重要作用。按照当前的天然气需求增长速度，中国在 2018 年成为全球最大的天然气消费国，其中一半以上为液化天然气。澳大利亚在液化天然气出口领域的世界级优势逐渐确立，中澳在液化天然气领域的合作正在成为世界新能源贸易的典范。

当前，中国和澳大利亚面临的共同挑战是美国在全球范围内挑起的贸易保护主义。美国为了自身收益的最大化，不惜牺牲贸易伙伴和盟友的利益，先后退出 TTP 和北美自贸协定，以自身压倒性的政治、经济、军事优势逼迫其他国家重新谈判或者重新签署贸易协定，甚至增加“毒丸”条款，以干涉内政的方式破坏其他国家之间的经济合作。[①] 美国当前的做法是否会复制到其他盟友尚不明确，但这种风险伴随着中美贸易战的持续产生的概率越来越大。在复杂的国际经济形势下，中澳双方亟须加强沟通与合作，共同应对贸易保护主义。

中国和澳大利亚的对外贸易在本国经济发展过程中都发挥着非常重要的作用，因而双方在对外开放、自由贸易和互利共赢方面有着强烈的共识。2017 年 3 月，李克强总理访问澳大利亚时重申了中国反对贸易保护主义、继续扩大开放的坚定信念，愿意同澳方共同应对全球化挑战、维护现行全球贸易体系并推动双边经贸关系取得更大发展。澳大利亚总理特恩布尔也表示，澳方愿同中方一道努力，对抗贸易保护主义抬头的态势，维护自由贸易与市场开放，继续造福两国人民。2018 年 11 月，国务院总理李克强在新加坡出席东亚合作领导人系列会议期间，同澳大利亚总理莫里森举行第六轮中澳总理年度会晤，双方都肯定了中澳经贸关系的重要性，也在扩大进一步交

---

① 2018 年 10 月 1 日，加拿大同意加入美国与墨西哥之间的贸易协定，自此北美自贸协定不复存在，新的贸易协定更名为《美墨加协定》（The United States-Mexico-Canada Agreement，USMCA），该协定的最后部分出现了一项普遍认为针对中国的条款：若美加墨三国中有一国与某个“非市场经济国家”签署自贸协定，则其他协定伙伴有权在 6 个月内退出 USMCA，美国商务部长罗斯将该条款形容为“毒丸”（poison pill）。

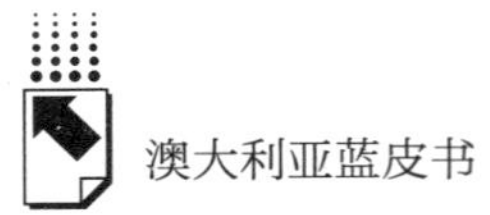

流、共同应对全球性挑战等方面达成了共识。《中澳自贸协定》签订的两年多时间里，中澳之间的贸易自由化和投资便利化水平大幅提升，双边经贸合作硕果累累，这为中澳两国在全球经济治理领域共同发挥积极作用奠定了坚实的基础。2018 年 11 月，澳大利亚超过 80 家企业参加首届中国国际进口博览会，由企业代表组成的贸易委员会和中国国际进口博览局签订了谅解备忘录，此次博览会为双边贸易的深化和拓展提供了新的机遇。

由于初级产品出口越来越多的受到国际市场波动的影响，澳大利亚开始更加关注先进制造业、服务和技术、旅游业、农产品以及基础设施等领域的经济合作，逐步实现从以煤和铁矿石为主导的能矿产品出口向更加多元化的产品贸易转型。农产品、液化天然气、旅游和教育合作在中澳贸易中的地位不断提升为上述转型提供了可能，中澳有望形成更加全面和健康的贸易格局。

与此同时，澳大利亚国内政治正在成为中澳贸易往来的潜在风险。2018 年 2 月，澳大利亚政府赋予外国投资审查委员会更大的权限以审查外来投资，此举被认为针对中国日益增长的对澳直接投资。2018 年 6 月 28 日，澳大利亚国会通过两项反外国干预的法案，直指在澳的中国企业和中国投资。2018 年 8 月 23 日，澳大利亚政府以国家安全为由，禁止华为公司为其规划中的 5G 移动网络供应设备。另外，澳大利亚领导层对中国的外交政策、中国在南太平洋地区的援助所发表的过激言论都给中澳关系蒙上阴影。尽管过去的一年时间里中澳贸易几乎没有受到双边政治紧张态势的影响，但是政治关系和经贸关系相互影响、联系密切，中国和澳大利亚都应细心呵护多年来形成的贸易增长趋势，防止非经济因素对中澳贸易的干扰。近期，澳大利亚外长佩恩访华以及中澳总理新加坡会晤都为双边政治关系良好发展带来积极信号。中澳双边贸易更应发挥“稳定器”的作用，为中澳双边关系的持续健康发展奠定经济基础。

B.11

《中澳自由贸易协定》下对澳投资新热点：农业领域合作的现状与前景分析

陈 颖*

摘 要： 《中澳自由贸易协定》实施近三年以来，中国对澳投资方向呈现出多元化、开放化的趋势。除了传统的商业地产、矿业、自然资源等热门投资项目，中国企业对澳农业领域的投资也实现了快速发展。近年来，中澳两国也纷纷对各自相关法律、法规、政策进行修订，中国对澳农业投资发展势头良好。但是，农业投资未来所面临的挑战也是不容忽视的。企业对外投资决策在很大程度上受政治、外交等外在因素的影响。尤其近年来澳政府对华态度摇摆不定在一定程度上增加了投资风险。两国法律有关保护“国家利益”的规定也赋予了双方随时调整投资政策的权力。此外，随着中国资本大量进入农业领域，澳大利亚政界及民间也担心大规模农业生产将对当地的生态环境、粮食安全等造成恶性影响。展望未来，对澳农业投资依然机遇与挑战并存。但基于中国和澳大利亚长久以来相对稳定的合作伙伴关系，本文认为两国政府有能力在双边互信的基础上解决相关问题，并携手共进推动农业投资合作的持续健康发展。

关键词： 《中澳自由贸易协定》 农业投资 投资法改革 农业可持续发展

* 陈颖，博士，澳大利亚新英格兰大学法学院讲师，主要研究领域为国际贸易法、食品安全法、农业法等。

一　自贸协定下中国对澳农业投资现状

《中澳自贸协定》实施近三年以来，两国在经贸合作等领域取得了前所未有的突破性进展。2017～2018 年，两国双边贸易总额达到 9234.1 亿元人民币，同比增长 29.1%。[①] 其中，中国对澳出口 2805.6 亿元人民币，增长 13.9%；澳大利亚对华出口 6428.5 亿元人民币，增长 37.2%。[②] 与此同时，两国在对外直接投资（Foreign Direct Investment）方面也进入了新的合作阶段。虽然中国在 2017～2018 年对全球的直接投资出现整体回落的趋势，但对澳投资仍保持相对稳定，直接投资规模总量庞大。此外，中国对澳投资近年来也呈现出多元化、开放化的趋势。除了传统的商业地产、矿业、自然资源等热门投资项目，中国企业对澳在农业领域的投资也实现了快速发展。

中国对全球的直接投资在 2016 年创历史新高，与 2015 年相比增长 34.7%。[③] 但随之而来的是大规模对外投资所出现的一系列问题，如盲目投资、洗钱等。针对 2016 年对外投资用力过猛所出现的各类问题，中国政府于 2017 年采取了相应的措施以整顿和规范对外投资，并引导中国企业实现由非理性投资向理性投资的转变。政府对投资秩序的集中治理导致中国对全球的直接投资在 2017～2018 年呈整体下滑趋势，逐步由高速增长期进入稳步调整期。据毕马威与悉尼大学联合出版的《解密中国对澳投资》（*Demystifying Chinese Investment in Australia*）指出，2017 年，中国对全球的直接投资下降 29%，其中，对美国的投资减少了 35%，对欧洲的投资减少

① 官志雄：《去年中国对澳大利亚进出口 9234.1 亿元　同比增 29.1%》，中国新闻网，2018 年 1 月 12 日，http://www.chinanews.com/cj/2018/01-12/8422396.shtml。

② 官志雄：《去年中国对澳大利亚进出口 9234.1 亿元　同比增 29.1%》，中国新闻网，2018 年 1 月 12 日，http://www.chinanews.com/cj/2018/01-12/8422396.shtml。

③ 中华人民共和国商务部：《中国对外投资合作发展报告 2017》，2017，第 3 页。http://fec.mofcom.gov.cn/article/tzhzcj/tzhz/upload/zgdwtzhzfzbg2017.pdf。

了 17%。[①] 相比较而言，中国对澳直接投资仅缩减了 11%，大大低于 29% 的平均值；而对澳投资总额仍高达 133 亿澳元。[②] 其中，对澳农业投资与 2016 年相比只下降 8%，实现 11.01 亿澳元的直接投资。[③] 虽然中国企业海外投资整体下滑，对澳投资尤其是农业领域的投资在 2017 ~ 2018 年依旧保持相对稳定的态势，投资总量仍然十分庞大。

中国对澳农业投资的快速发展主要体现在以下几个方面。首先，农业投资规模扩大。作为投资新热点，农业在 2017 年已占中国对澳投资总额的 8%，并一跃成为继矿业（35%）、房地产（33%）、医疗卫生保健（12%）之后的第四大投资项目。[④] 相比较 2015 年自贸协定实施之前的 3%，中国对澳农业投资总额在短短两年多的时间内增长了 5 个百分点。[⑤] 其次，中国投资者在澳大利亚农业用地的持有量呈不断上升的趋势。2018 年 5 月 29 日，澳大利亚外国投资审查委员会（Foreign Investment Review Board）发布了年度报告。报告指出，至 2017 年末为止，英国仍是外资持有澳农业土地量最大的国家，占农业用地的 2.6%。中国以 2.5% 的占比紧跟其后，大大超过了第三位的美国（0.7%）。[⑥] 再次，农

① Hans Hendrischke and Wei Li, "Demystifying Chinese Investment in Australia", June 2018, pp. 4 – 6, http://demystifyingchina.com.au/reports/demystifying-chinese-investment – 2018 – June.pdf.

② Hans Hendrischke and Wei Li, "Demystifying Chinese Investment in Australia", June 2018, pp. 4 – 6, http://demystifyingchina.com.au/reports/demystifying-chinese-investment – 2018 – June.pdf.

③ Hans Hendrischke and Wei Li, "Demystifying Chinese Investment in Australia", June 2018, p. 13, http://demystifyingchina.com.au/reports/demystifying-chinese-investment – 2018 – June.pdf.

④ Hans Hendrischke and Wei Li, "Demystifying Chinese Investment in Australia", June 2018, p. 12, http://demystifyingchina.com.au/reports/demystifying-chinese-investment – 2018 – June.pdf.

⑤ 毕马威、悉尼大学：《解密中国对澳投资——新常态下的新主题：健康、幸福、生活方式和服务》，2016 年 4 月，https://home.kpmg.com/content/dam/kpmg/pdf/2016/05/demystifying-chinese-investment-in-australia-april – 2016 – chinese.pdf。

⑥ Australian Government Australian Trade and Investment Commission, "A look at the Foreign Investment Review Board 2016 – 2017 Annual Report", 18 June 2018, https://www.austrade.gov.au/international/invest/investor-updates/2018/a-look-at-the-foreign-investment-review-board – 2016 – 17 – annual-report.

业投资呈现出多领域、全方位的发展趋势。一是投资领域逐步拓宽，由传统的种植业和畜牧业扩展到包括农产品加工业、农产品贸易、辅助性农化产品生产等其他的相关行业。[①] 二是投资地域逐步扩大。虽然 2017 ~ 2018 年农业投资主要集中在新州、西澳、南澳和维州，[②] 但中国投资者逐步向澳大利亚的北部和西北部等相对欠发达地区推进。[③] 三是投资主体发生实质性转变，自贸协定实施前，农业领域的投资主体主要为国有企业；近年来，中国私营企业对农业资产并购兴趣高涨，已成为对澳投资不可忽视的重要力量。

二 对澳农业投资环境的经济法律分析

中国对澳农业投资快速增长由两方面因素决定。从经济学角度来讲，中国庞大的市场需求以及澳大利亚高度发达的农业生产体系决定了两国在农业方面的合作必然是互惠互利。从法律、政策角度来讲，自贸协定放宽了中国企业对澳大利亚投资的限制，为中国投资者进入农业领域创造了一个良好的环境。两国在投资方面的法制建设也对中国资本进入澳大利亚市场起到了积极的推进作用。在市场需求和国家政策双重刺激下，目前来看，对澳农业投资发展势头良好。

（一）经济分析：互惠互利的合作关系

从经济学角度来讲，农业领域迅速成为中国对澳投资的新热点主要有两方面原因。其一，中国市场对农产品质和量的需求进一步提升。其二，高端

① 中澳联合研究工作组：《中国与澳大利亚关于加强农业投资与技术合作提高粮食安全水平联合研究报告》，2012 年 12 月，第 35 页，http：//images. mofcom. gov. cn/www/accessory/201212/1355969277422. pdf。

② 各州农业投资详情，参见 Hans Hendrischke and Wei Li，“Demystifying Chinese Investment in Australia”，June 2018，pp. 24 – 26，http：//demystifyingchina. com. au/reports/demystifying-chinese-investment – 2018 – June. pdf。

③ 中澳联合研究工作组：《中国与澳大利亚关于加强农业投资与技术合作提高粮食安全水平联合研究报告》，2012 年 12 月，第 35 页，http：//images. mofcom. gov. cn/www/accessory/201212/1355969277422. pdf。

化和高品质的澳大利亚农产品进入中国市场，一定程度上满足了中国消费者对“质”的需求。但澳大利亚现有的农业产业结构无法满足日益庞大的中国消费群体对“量”的需求。虽然澳大利亚有着丰富的农业资源、先进的农业科学技术及管理方式，但资本的制约导致澳大利亚无法在短期内大幅度提升农产品产量。毋庸置疑，中国雄厚的资本支持将为澳大利亚农业经济的进一步发展注入一针强心剂。同时，此项合作也将会极大地满足中国消费者对优质农产品“量”的需求。

1. 中国国内市场需求的刺激

中国现有的耕地面积仅占全球的 9%，却要养活近 21% 的世界人口。[①]随着城市化、工业化的不断推进，人多地少的问题日益严峻。近年来，水资源压力也愈加凸显。此外，肥料、农药的过量及不当使用造成严重的农业和农村环境污染。全球气候变化等因素也进一步加剧了中国农业生产力的下降。虽然自新中国成立以来中国始终立足于实现粮食基本自给自足的指导方针，农产品市场供应压力不断上升已经成为不争的事实。与此同时，中国经济迅猛发展，中等收入群体日益壮大。统计数据显示，目前，中国的中等收入群体已超过 3 亿人，预计到 2022 年将至少翻一倍以上。[②] 中等收入群体的日益壮大促使中国的消费结构快速升级；人民的消费理念也发生根本转变，从追求吃饱为主转向追求吃好为主，对食品品质的需求持续提升。近年来中国食品安全问题层出不穷，虽然政府加大监管和执法力度并取得一定成效，重拾消费者对本土产品的信心仍需更多努力。在此大背景下，日益富裕的中国消费者对优质外国农产品颇为青睐，扩大农产品进口及投资海外农业成为中国理所当然的选择。

---

① 中澳联合研究工作组：《中国与澳大利亚关于加强农业投资与技术合作提高粮食安全水平联合研究报告》，2012 年 12 月，第 17 页，http：//images. mofcom. gov. cn/www/accessory/201212/1355969277422. pdf。

② Lisa：《KMPG 之中国对澳农业投资：小荷才露尖尖角》，澳华财经在线，2013 年 12 月 9 日，http：//www. acbnewsonline. com. au/html/2013/azjujiao_ 1029/8955. html。

在过去的一年里，中国农产品进口保持快速增长。[①] 据海关统计，2017年中国的农产品进口总额达到1246.8亿美元，占全球农产品贸易总额的10%。[②] 与去年同期相比，实现了12.7%的增长。[③] 与此同时，中国消费者对进口农产品的需求也呈现品种多样化的趋势。消费者对肉、蛋、奶等高蛋白食品的需求日益旺盛。除了传统的大豆进口，优质牛肉、羊肉等肉类以及鳕鱼、墨鱼、鱿鱼等水产品进口增长迅速。[④] 另外，樱桃、葡萄、柑橘、榴梿、香蕉等水果进口也在过去一年里继续保持高位。[⑤] 针对日益旺盛的市场需求，2018年7月，商务部、外交部、农业农村部等几大部委联合发布《关于扩大进口促进对外贸易平衡发展的意见》（以下简称《意见》）。《意见》指出，中国仍需要继续"增加农产品、资源性产品进口，配合国内农业供给侧改革和结构调整总体布局，适度增加国内紧缺农产品和有利于提升农业竞争力的农资、农机等产品进口；加快与有关国家签订农产品检验检疫准入议定书，推动重要食品农产品检验检疫准入"。[⑥] 此外，专家学者们也纷纷建议中国采取主动有效的措施来扩大农产品进口规模。扩大进口规模一方面有利于保障中国农产品的有效供给，满足国内市场的需求；另一方面也为丰富百姓餐桌提供更多更优质的选择，提高广大人民群众的生活水平。

中国市场对优质农产品需求的快速增长也直接推动了中国对外农业投

---

① 中华人民共和国中央人民政府：《农业部通报2017年主要农产品市场运行情况》，2018年1月17日，http：//www.gov.cn/xinwen/2018-01/17/content_5257524.htm#1。

② 中华人民共和国农业农村部：《扩大农产品进口 提升发展质量》，央视网，2018年6月7日，http：//www.moa.gov.cn/xw/shipin/201806/t20180607_6151279.htm。

③ 刘慧：《进口稳步增长优化我国农产品供给结构》，中华人民共和国中央人民政府网，2018年5月21日，http：//www.gov.cn/zhengce/2018-05/21/content_5292354.htm。

④ 林丽鹂：《专家学者热议我国扩大农产品进口，为丰富百姓餐桌提供更多选择》，人民网-人民日报，2018年5月22日，http：//finance.people.com.cn/n1/2018/0522/c1004-30004188.html。

⑤ 中华人民共和国中央人民政府：《农业部通报2017年主要农产品市场运行情况》，2018年1月17日，http：//www.gov.cn/xinwen/2018-01/17/content_5257524.htm#1。

⑥《国务院办公厅转发商务部等部门关于扩大进口促进对外贸易平衡发展意见的通知》，国办发〔2018〕53号，2018年7月2日，http：//www.gov.cn/zhengce/content/2018-07/09/content_5304986.htm。

资。据商务部统计，中国海外农业投资主要集中在亚洲，其次是欧洲、非洲和美洲。① 自2015年底《中澳自贸协定》实施以来，中国投资者目光也逐步转向澳大利亚。大量境外生产的优质农产品运回国内销售，同时满足了中国消费者“质”和“量”两方面的需求。

2. 中澳农业领域合作的必然性

澳大利亚丰富的农业资源、先进的农业科学技术及管理方式大大地吸引了中国投资者的兴趣。首先，澳大利亚生态环境优良，自然资源丰富，有着广阔的可耕地和畜牧场。作为全球重要的农业生产国，澳大利亚的优势农产品主要集中在牛羊肉、海鲜、小麦、大麦、糖、乳制品、油菜、豆类、各类水果、蔬菜、葡萄酒以及其他加工农产品等。② 在中国市场上，澳大利亚出产的农产品一直以绿色、清洁、安全、健康的形象享有极好的口碑。因此，澳大利亚农业产业本身的优势决定其成为中国境外农业投资的首选地之一。其次，在农业科学技术方面，澳大利亚雄厚的研发能力使其在许多相关领域都凸显优势。例如，其“可持续发展农业、动植物基因资源、动物疾病卫生、植物生物技术、农业加工、环境修复，以及农业遥感”③ 等技术均处于世界领先地位。农业科技的研发与应用有效地保障了农业生产的顺利进行。再次，澳大利亚先进的农业管理方式也令中国投资者信心倍增。在生产方面，澳大利亚重视食品安全与生物安全，政府要求农场采取严格的管理措施以确保农产品的质量。相关部门也积极推广农业服务，为广大农民提供有效的农业生产培训等。④ 在供应运输方面，澳大利亚拥有高效的农业供应链以

---

① 《农企海外投资调查：“政治稳定性”风险最大》，第一财经，2016年6月7日，https：//www.yicai.com/news/5024443.html。

② 中澳联合研究工作组：《中国与澳大利亚关于加强农业投资与技术合作提高粮食安全水平联合研究报告》，2012年12月，第25页，http：//images.mofcom.gov.cn/www/accessory/201212/1355969277422.pdf。

③ Ibid. p. 9.

④ 中澳联合研究工作组：《中国与澳大利亚关于加强农业投资与技术合作提高粮食安全水平联合研究报告》，2012年12月，第26页，http：//images.mofcom.gov.cn/www/accessory/201212/1355969277422.pdf。

保证农产品可靠、安全并及时地运送到目的地。[①] 除上述优势以外，澳大利亚与中国相反的南半球季节使得两国农产品有效互补；地理位置上靠近中国的区位特点也很大程度上吸引了中国投资者的兴趣；澳大利亚健全的法律体系一定程度上降低了投资风险，为中国投资者提供了有力的制度保障。[②] 综上所述，澳大利亚整体农业投资环境优良，是吸引中国投资者的一个关键因素。

扩大中国农业投资对澳大利亚农业生产力的提高和农业经济的发展有积极意义。如前所述，澳现有的农业产业结构无法在短时期内生产出更多的农产品以满足中国消费者在“量”上的需求。生产能力不足归根结底是因为澳国内资本积累无法满足农业生产快速发展的需要。大量中国资本的输入将有效提高澳大利亚农业生产力并扩大生产和出口规模，从而满足中国市场日益增长的需求。此外，中资进入农业领域也可帮助澳当地的“农民、农业企业、食品加工商和制造商实现多元化，提高竞争力，增加收入，帮助澳大利亚在更大范围内维持农业生产率和经济繁荣”。[③]

由此可见，中澳在农业领域的合作属于强强联手，两国汇集了影响农业生产的最关键因素，包括资本、土地、其他农业资源、先进农业技术和农业管理优势、完善的法律保障等。这一战略性合作是双方互惠互利的必然选择，一方面满足中国市场对农产品“质”和“量”两方面的需求，另一方面也有利于促进澳农业经济的繁荣。

---

① 中澳联合研究工作组：《中国与澳大利亚关于加强农业投资与技术合作提高粮食安全水平联合研究报告》，2012 年 12 月，第 25 页，http：//images. mofcom. gov. cn/www/accessory/201212/1355969277422. pdf。

② 中澳联合研究工作组：《中国与澳大利亚关于加强农业投资与技术合作提高粮食安全水平联合研究报告》，2012 年 12 月，第 28 页，http：//images. mofcom. gov. cn/www/accessory/201212/1355969277422. pdf。

③ 中澳联合研究工作组：《中国与澳大利亚关于加强农业投资与技术合作提高粮食安全水平联合研究报告》，2012 年 12 月，第 27 页，http：//images. mofcom. gov. cn/www/accessory/201212/1355969277422. pdf。

（二）法律政策分析：自贸协定的实施及中澳两国在投资方面的法制建设

1.《中澳自贸协定》下的投资政策

《中澳自贸协定》的实施为中国资本进入澳大利亚市场起到了积极的推进作用。协定规定，中国投资者在澳大利亚投资享受国民待遇和最惠国待遇。在国民待遇方面，“澳大利亚在其领土内投资的设立、获得、扩大、管理、经营、运营、出售或其他处置方面，应给予（中国投资者）涵盖投资不低于在同等条件下给予其本国投资者的投资的待遇”。① 在最惠国待遇方面，澳大利亚在其领土内，“设立、获得、扩大、管理、经营、运营、出售或其他处置方面给予另一方（中国）投资者及涵盖投资的待遇，应不低于在同等条件下给予在其领土内的任何非缔约方投资者及其投资的待遇”。② 与此同时，自贸协定也放宽了澳大利亚对中国投资审查的限制。③ 自 2015 年 12 月 20 日协定生效起，中国非政府（私人）投资者正式成为“协议国家投资者”，享有更高的审批门槛。除此以外，中澳两国也互相约定“在协定生效后三年内审议双方之间的投资法律框架”④，以确保投资符合两国人民根本利益，实现互利共赢。

2. 中国对外投资法规政策的修订

中国对外投资是在2001 年“走出去”战略实施后才逐步发展壮大起来的。⑤ 因起步较晚，迄今为止，中国尚未颁布实施全国统一的对外直接投资法。一

---

① 《中澳自贸协定》，第九章第一节第三条：国民待遇，http://fta. mofcom. gov. cn/Australia/annex/xdwb_ 09_ cn. pdf。

② 《中澳自贸协定》，第九章第一节第四条：最惠国待遇，http://fta. mofcom. gov. cn/Australia/annex/xdwb_ 09_ cn. pdf。

③ 澳大利亚驻华使馆：《更为健全的外资政策生效》，2015 年 12 月 1 日，http://china. embassy. gov. au/bjngchinese/CHFOREIGNINVESTMENT. html。澳大利亚（前）国库部长斯科特·莫里森指出：“澳大利亚致力于通过自由贸易协定实现贸易投资自由化，并将恪守在这些协定内做出的承诺。”

④ 《中澳自贸协定》，第九章第一节第九条：未来工作计划，http://fta. mofcom. gov. cn/Australia/annex/xdwb_ 09_ cn. pdf。

⑤ 《关于国民经济和社会发展第十个五年计划纲要的报告（2001 年）》，中国人大网，2001 年 3 月 5 日，http://www. npc. gov. cn/wxzl/wxzl/2001 -03/19/content_ 134506. htm。

直以来，对外投资事务由相关中央部委以办法、通知等形式进行管辖。近年来，随着对外投资的快速发展，商务部、发改委和其他有关部门纷纷出台或修订相关的对外投资管理办法。其中，商务部于2014年修订《境外投资管理办法》，由第3号令代替2009年的第5号令。① 国家发展和改革委员会（“发改委”）也于2017年下半年在其网站上正式发布《企业境外投资管理办法》（“发改委第11号令”）。第11号令于2018年3月1日起正式实施。此外，发改委、商务部、人民银行、外交部于2017年联合发布《关于进一步引导和规范境外投资方向指导意见的通知》。国务院办公厅也于同年8月转发此通知，并对其各项指导方针予以肯定。

（1）商务部《境外投资管理办法》（商务部第3号令）（2014）

相比较商务部2009年发布的《境外投资管理办法》（“商务部2009年第5号令”），2014年第3号令有诸多进步之处，有效提高了中国企业对外直接投资的效率。首先，商务部进一步简化对外直接投资的审核程序，取消了大部分境外投资项目的核准要求，转为“备案为主、核准为辅”的管理模式。② 其次，对于需要核准的项目，第3号令大幅度缩短了审核时限，要求对所有核准申请在15～20个工作日内予以回复。③ 第3号令也明确了备案程序，规定境外投资项目在3个工作日内即可获得备案。④ 再次，政府加强了对中国企业在对外投资方面的预警和保护。第3号令第27条要求“商务部会同有关部门为企业境外投资提供权益保障、投资促进、风险预警等服务”。⑤ 遵循上述规定，为进一步完善相关服务，商务部先后发布《对外投资合作国别（地

① 中华人民共和国商务部：商务部令2014年第3号《境外投资管理办法》，2014年9月6日，http：//www. mofcom. gov. cn/article/swfg/swfgbl/gz/201802/20180202715515. shtml。

② 中华人民共和国商务部：商务部令2014年第3号《境外投资管理办法》，2014年9月6日，http：//www. mofcom. gov. cn/article/swfg/swfgbl/gz/201802/20180202715515. shtml。

③ 中华人民共和国商务部：商务部令2014年第3号《境外投资管理办法》，2014年9月6日，http：//www. mofcom. gov. cn/article/swfg/swfgbl/gz/201802/20180202715515. shtml。

④ 中华人民共和国商务部：商务部令2014年第3号《境外投资管理办法》，2014年9月6日，http：//www. mofcom. gov. cn/article/swfg/swfgbl/gz/201802/20180202715515. shtml。

⑤ 中华人民共和国商务部：商务部令2014年第3号《境外投资管理办法》，2014年9月6日，http：//www. mofcom. gov. cn/article/swfg/swfgbl/gz/201802/20180202715515. shtml。

区）指南》、《国别产业指引》等文件，“帮助企业了解投资目的地投资环境；加强对企业境外投资的指导和规范，会同有关部门发布环境保护等指引，督促企业在境外合法合规经营；建立对外投资与合作信息服务系统，为企业开展境外投资提供数据统计、投资机会、投资障碍、风险预警等信息”。[①]

（2）发改委《企业境外投资管理办法》（发改委第11号令）（2017）

发改委于2004年首次颁发《境外投资项目暂行管理办法》（“发改委第21号令”）。之后分别于2014年及2017年两次对第21号令进行修订。现行的《企业境外投资管理办法》（“发改委第11号令”）于2017年下半年公布，并于2018年3月1日起正式实施。

相比较发改委2014年发布的《境外投资项目核准和备案管理办法》（“发改委第9号令”），现行的第11号令主要对以下几个方面内容进行修订。其一，第11号令放宽了适用范围。中国境内企业（“投资主体”）“直接或通过其控制的境外企业，以投入资产、权益或提供融资、担保等方式，获得境外所有权、控制权、经营管理权及其他相关权益的投资活动”都属于境外投资的9。[②] 其二，与商务部现行的2014年第3号令相一致，发改委的第11号令也注重“降低时间成本，增强交易确定性，简政放权”。[③] 例如，为便利企业境外投资，发改委第11号令第14条规定，若投资主体是地方企业，且中方投资额在3亿美元以下的，无须向国家发改委报送项目信息报告，只需向投资主体注册地的省级政府发展改革部门备案即可。[④] 此外，国家发展改革委及省级政府发展改革部门也“根据其掌握的国际国内经济社会运行情况和风险状况，向投资主体或利益相关方发出风险提示，供投资

① 中华人民共和国商务部：商务部令2014年第3号《境外投资管理办法》，2014年9月6日，http：//www. mofcom. gov. cn/article/swfg/swfgbl/gz/201802/20180202715515. shtml。

② 中华人民共和国国家发展改革委员会：《企业境外投资管理》，2017年12月26日，第二条，http：//www. ndrc. gov. cn/gzdt/201712/t20171226_ 871563. html。

③ 王开定、黄梦婷、汤馨然，《热点解读：国家发改委正式发布第11号令企业境外投资管理办法》，2017年12月16日，https：//www. chinalawinsight. com/2017/12/articles/corporate/热点解读：国家发改委正式发布第11号令《企业境外/。

④ 中华人民共和国国家发展改革委员会：《企业境外投资管理》，2017年12月26日，http：//www. ndrc. gov. cn/gzdt/201712/t20171226_ 871563. html。

主体或利益相关方参考”。[①]

商务部以及发改委近年来颁布的这些新办法体现了政府对境外投资的态度已经由过去的严格管制转向宏观调控。这一转变极大地简化了企业境外投资项目的程序和审批要求，降低了制度性交易成本，配合了营商的实际状况，便利企业的境外投资。与此同时，政府也加强优化境外投资的综合服务，逐步完善境外投资的风险预警制度及全程监管等。

（3）《关于进一步引导和规范境外投资方向指导意见的通知》（2017）

“为加强对境外投资的宏观指导，进一步引导和规范境外投资方向，推动境外投资持续合理有序健康发展，有效防范各类风险，更好地适应国民经济与社会发展需要”，[②] 2017 年 8 月，国家发改委、商务部、人民银行、外交部联合发布了《关于进一步引导和规范境外投资方向指导意见的通知》（以下简称“《通知》”）。在境外投资方面，《通知》强调“支持境内有能力、有条件的企业积极稳妥开展境外投资活动，推进‘一带一路’建设，深化国际产能合作，带动国内优势产能、优质装备、适用技术输出，提升我国技术研发和生产制造能力，弥补我国能源资源短缺，推动我国相关产业提质升级”。[③] 遵循上述指导方针，境外投资被大致分为三类：鼓励开展的境外投资，限制开展的境外投资，禁止开展的境外投资。针对不同类别的投资项目，政府进行分类指导。对于鼓励开展的境外投资项目，政府在“税收、外汇、保险、海关、信息等方面进一步提高服务水平，为企业创造更加良好的便利化条件”。[④] 而对于限制

---

① 中华人民共和国国家发展改革委员会：《企业境外投资管理》，2017 年 12 月 26 日，http：//www. ndrc. gov. cn/gzdt/201712/t20171226_ 871563. html。

② 中华人民共和国中央人民政府：《国务院办公厅转发国家发展改革委商务部人民银行外交部关于进一步引导和规范境外投资方向指导意见的通知》，2017 年 8 月 4 日，http：//www. gov. cn/zhengce/content/2017 - 08/18/content_ 5218665. htm。

③ 中华人民共和国中央人民政府：《国务院办公厅转发国家发展改革委商务部人民银行外交部关于进一步引导和规范境外投资方向指导意见的通知》，2017 年 8 月 4 日，http：//www. gov. cn/zhengce/content/2017 - 08/18/content_ 5218665. htm。

④ 中华人民共和国中央人民政府：《国务院办公厅转发国家发展改革委商务部人民银行外交部关于进一步引导和规范境外投资方向指导意见的通知》，2017 年 8 月 4 日，http：//www. gov. cn/zhengce/content/2017 - 08/18/content_ 5218665. htm。

开展的境外投资项目，政府“引导企业审慎参与，并结合实际情况给予必要的指导和提示”。[①] 同时，对于禁止开展的境外投资项目，政府采取“切实有效的措施予以严格管控”。[②]

农业一直是中国“走出去”和“一带一路”倡议的重要组成部分。现阶段，政府鼓励“扩大农业对外合作”，尤其是“开展农林牧副渔等领域互利共赢的投资合作”。[③] 对相关农业投资项目，政府提供各类政策上的支持，包括专项资金支持、产业投资基金支持、信贷融资支持、税收优惠支持等。其中，信贷融资和税收优惠是政府最常用的刺激农业领域对外投资的手段。在信贷融资方面，政府对相关的农业投资项目提供优惠贷款，例如，“中国进出口银行对境外农业投资提供境外投资专项贷款和援外优惠贷款；国家开发银行根据国家总体战略对农业进行投融资政策倾斜，支持包括农业国际合作等多个现代农业发展领域”。[④] 此外，政府对农业投资企业提供税收优惠政策，例如，通过对税收体系中具体税别（增值税、关税、所得税及相关税收协定）的调整，“对特定农业项目、特定区域和特定农产品”给予特别的税收支持。[⑤]

中国近年来在对外投资方面的法制建设具有深远的意义。一方面，政府支持有能力的中国企业走出国门走向世界，为中国及世界经济的繁荣做出巨大的贡献；另一方面，对境外投资的分类指导也最大程度上优化了中国企业

① 中华人民共和国中央人民政府：《国务院办公厅转发国家发展改革委商务部人民银行外交部关于进一步引导和规范境外投资方向指导意见的通知》，2017 年 8 月 4 日，http：//www. gov. cn/zhengce/content/2017 – 08/18/content_ 5218665. htm。

② 中华人民共和国中央人民政府：《国务院办公厅转发国家发展改革委商务部人民银行外交部关于进一步引导和规范境外投资方向指导意见的通知》，2017 年 8 月 4 日，http：//www. gov. cn/zhengce/content/2017 – 08/18/content_ 5218665. htm。

③ 中华人民共和国中央人民政府：《国务院办公厅转发国家发展改革委商务部人民银行外交部关于进一步引导和规范境外投资方向指导意见的通知》，2017 年 8 月 4 日，http：//www. gov. cn/zhengce/content/2017 – 08/18/content_ 5218665. htm。

④ 中国农业发展银行：《“走出去”支持政策》，2015 年 10 月 24 日，http：//www. adbc. com. cn/n6/n20/c16298/content. html。

⑤ 中国农业发展银行：《“走出去”支持政策》，2015 年 10 月 24 日，http：//www. adbc. com. cn/n6/n20/c16298/content. html。

对外投资的结构。尤其是2017年8月四部委联合发布的《通知》在对房地产、酒店、影城、娱乐业、体育俱乐部等传统热门投资项目进行限制的同时，明确表示了国家对农业投资项目的鼓励与支持。此《通知》的颁布为中国投资者进入澳大利亚农业资本市场提供了政策上的保证。中国企业开展对澳农业投资符合现阶段中国发展需要，面临良好机遇。

3. 澳大利亚外商投资法及相关法规的修订

总体来看，澳大利亚政府欢迎外国投资，认为“外国投资对澳大利亚的经济增长、创新和就业至关重要”。[①] 农业作为澳大利亚的五大经济支柱之一，需要大量的外资补给。[②] 为进一步推动农业经济的繁荣，澳大利亚政府一方面积极优化外商投资的整体大环境；另一方面逐步规范投资尤其是农业投资的程序，从而有效地保护投资方与被投资方各自相关利益。

为建立一个高效、现代化的外商投资管理制度，澳大利亚国会于2015年底通过了新外商投资法以取代之前的《外商收购与兼并法案》。[③] 此次改革是澳大利亚外商投资法实施40年以来最全面的一次修订。[④] 新法积极鼓励外国投资，致力于简化投资程序，降低复杂性，增加透明度，提高投资的确定性，并尽可能完善为外国投资者提供投资相关的服务。[⑤] 与此同时，为避免外国投资者非正规操作或违反法律法规投资而搅乱澳资本市场损害国家利益，新法进一步加强对特定项目的外资审查，并加大相关的处罚力度。[⑥] 例如，在审核方面，新法强调国家利益测评（National Interest Test）的重要

① 澳大利亚驻华使馆：《更为健全的外资政策生效》，2015年12月1日，http：//china. embassy. gov. au/bjngchinese/CHFOREIGNINVESTMENT. html。

② Australian Government，“Agricultural Competitiveness White Paper”，July 2015，p. 5，http：//agwhitepaper. agriculture. gov. au/Pages/white-paper0702 – 124. aspx.

③ 澳大利亚驻华使馆：《更为健全的外资政策生效》，2015年12月1日，http：//china. embassy. gov. au/bjngchinese/CHFOREIGNINVESTMENT. html。

④ 中国国际经济合作学会：《澳大利亚新外商投资法对中国投资者的影响》，2016年1月4日，http：//cafiec. mofcom. gov. cn/article/zcfg/201601/20160101226177. shtml。

⑤ 澳大利亚驻华使馆：《更为健全的外资政策生效》，2015年12月1日，http：//china. embassy. gov. au/bjngchinese/CHFOREIGNINVESTMENT. html。

⑥ 澳大利亚驻华使馆：《更为健全的外资政策生效》，2015年12月1日，http：//china. embassy. gov. au/bjngchinese/CHFOREIGNINVESTMENT. html。

性。在处罚方面，新法一方面扩大了行政部门对违法投资行为做出处理的权力；另一方面也对违法行为进行更加严格的民事和刑事处罚，相关责任可以“追究到授权或允许违法行为的公司管理人员，以及故意对外国投资者违法行为予以协助的第三方”。① 这一系列改革，据澳大利亚前国库部长斯科特·莫里森介绍，并非针对任何特定国家，更不是针对中国投资者的歧视。② 相反，新法的实施旨在优化资本市场法治生态环境，规范投资秩序，从而进一步提升澳大利亚整体的外商投资吸引力。

在农业领域，新法设置相应的审查门槛。其中，外国非政府（私人）投资者农业用地投资的免审门槛为1500万澳元，农业综合企业投资的免审门槛为5500万澳元。③ 这意味着总价值超过上述额度的外国私人投资项目必须得到澳大利亚外国投资审查委员会（Foreign Investment Review Board）的批准。此外，外国政府的农业投资项目，无论价值大小，必须经过外国投资审查委员会的审核批准。④ 与其他领域的投资相比，显而易见，新法对农业投资的监管仍较为严格。但实际上此措施并不是为了阻碍外国企业投资澳大利亚农业领域。相反，澳大利亚政府鼓励农业投资；而审核的目的是规范农业投资并努力实现双方利益的最大化。对于需要审核的投资项目，外国投资审查委员会采用个案审查的方式对各个申请逐一进行审核。审核主要考量以下几方面内容：国家利益，与澳政府政策的一致性，对澳经济和社会的影响，以及外国投资者本身的特点，等等。⑤ 灵活的投资审查机制“给外国投

① 中国国际经济合作学会：《澳大利亚新外商投资法对中国投资者的影响》，2016年1月4日，http：//cafiec. mofcom. gov. cn/article/zcfg/201601/20160101226177. shtml。

② 澳大利亚驻华使馆：《更为健全的外资政策生效》，2015年12月1日，http：//china. embassy. gov. au/bjngchinese/CHFOREIGNINVESTMENT. html。

③ Australian Government Foreign Investment Review Board，“Agricultural Investment”，http：//firb. gov. au/investment/agricultural/.

④ 中国国际经济合作学会：《澳大利亚新外商投资法对中国投资者的影响》，2016年1月4日，http：//cafiec. mofcom. gov. cn/article/zcfg/201601/20160101226177. shtml。

⑤ 中国国际经济合作学会：《澳大利亚新外商投资法对中国投资者的影响》，2016年1月4日，http：//cafiec. mofcom. gov. cn/article/zcfg/201601/20160101226177. shtml。

资审查委员会提供筛选投资项目的机会”,[①] 在最大程度上保护了澳大利亚的国家利益免受不正当投资的侵害；另外，也避免了“一刀切”模式所可能造成的决策失误，有利于推动农业投资的多元化发展，同时也保证外商经济利益的最大化。

澳大利亚政府也积极提高农业投资的透明度。国会于2015年通过《农地与水权外资登记法案》（*Register of Foreign Ownership of Water or Agricultural Land Act 2015*）。此外，《农地与水权外资登记条例》（*Register of Foreign Ownership of Water or Agricultural Land Rules 2017*）也于2017年颁布实施。依据规定，水资源和农业用地外国所有权必须进行登记。[②] 登记制度一方面增加了农业投资透明度，有利于政府适当监测资源分配从而实现资源优化配置；另一方面，也再次肯定了政府对国家利益的保护，缓解了澳广大民众对外商投资的担忧。[③]

2015年以来一系列新法的实施，有效地优化了澳大利亚的投资大环境。在农业领域，从表面上看，此次改革似乎是在收紧农业投资政策，而实际上是政府促进农业投资尤其是实现农业投资规范化的一个过程。新法为外国投资者提供更为明确、清晰的农业投资规则，有利于保护投资方与被投资方各自相关利益。

三　对澳农业投资未来面临的挑战

然而，对澳农业投资所面临的挑战也是不容忽视的。虽然自贸协定的实施以及两国投资法的修订为农业投资提供了便利的平台，但不可否认的是，企业的对外投资决策很大程度上受投资国与被投资国两国政治、外交等外在

① 澳大利亚驻华使馆：《更为健全的外资政策生效》，2015年12月1日，http://china.embassy.gov.au/bjngchinese/CHFOREIGNINVESTMENT.html。

② “Register of Foreign Ownership of Water or Agricultural Land Act 2015”，https://www.legislation.gov.au/Details/C2016C01145.

③ 澳大利亚驻华使馆：《更为健全的外资政策生效》，2015年12月1日，http://china.embassy.gov.au/bjngchinese/CHFOREIGNINVESTMENT.html。

因素的影响。这是中国对澳农业投资所面临的一个重大挑战。近年来澳政府对华态度摇摆不定，虽然目前来看还未影响到实际投资，但从长远来看，如果相关问题得不到解决，政治、外交争议的升级将会对投资合作产生负面影响。一方面投资者的信心将受到严重打击；另一方面，在国家层面上，如果两国关系恶化，各自政府必将采取相关措施对投资项目进行遏制。其中，保护“国家利益”是政府对投资政策进行调整惯用的理由，符合国际法的基本原则。具体来看，中澳相关法律、法规、政策中均包含保护“国家利益”的规定，但与此同时未对“国家利益”做出明确的定义。在此情况下，两国均对“国家利益”的解释享有极大的自由裁量权，一定程度上成为政府为实现政治、外交等目的而采取更加严格投资审核措施的合法理由。此外，中国对澳农业投资还面临其他严峻的挑战。随着中国资本大量进入澳大利亚农业领域，当地居民担心大规模农业生产对生态环境造成恶性影响。另外，农业土地本身的敏感性也使得澳大利亚政界及民间担心中国资本控制本国农业生产，损害当地的粮食安全。

（一）对澳农业投资所面临的政治、外交风险

1. 澳对华态度的摇摆不定

企业对外投资决策在很大程度上受投资国与被投资国两国政治、外交等外在因素的影响。在过去的一年里，澳政界对中国的态度一直摇摆不定。先是2018年初副总理巴纳比·乔伊斯（Barnaby Joyce）抛出“中国威胁论”，指出中国具有足以“毁灭”澳大利亚的军事实力。[①] 紧接着国防部长马莉斯·佩恩（Marise Payne）也对中国“日益增长的威胁”表示担忧。[②] 借此，澳大利亚主流媒体纷纷炒作所谓的“中国威胁论”。考虑到中国对澳经济发

---

① Primrose Riordan, “Russia, China no military threat to Australia, Julie Bishop says,” The Australian, 29 January 2018, https://www.theaustralian.com.au/national-affairs/foreign-affairs/russia-china-no-military-threat-to-australia-julie-bishop-says/news-story/e0fdccd4a263bee7783e98033c1c9183.

② Primrose Riordan, “Russia, China no military threat to Australia, Julie Bishop says,” The Australian, 29 January 2018, https://www.theaustralian.com.au/national-affairs/foreign-affairs/russia-china-no-military-threat-to-australia-julie-bishop-says/news-story/e0fdccd4a263bee7783e98033c1c9183.

展的重要性，总理马尔科姆·特恩布尔（Malcolm Turnbull）紧急出面撇清了这一说法，纠正“中国威胁论”，指出中国虽然有强大的经济、军事、外交实力，但并没有任何“威胁”澳大利亚的敌意；因此，澳大利亚不存在区域内来自中国的“威胁”，也不会把中国视作威胁。① 虽然澳前副总理、前国防部长及媒体的言论伤害了中国人民的感情，特恩布尔的及时补救一定程度上修复了两国的关系。但是，在中澳关系刚刚稍有缓和的情况下，一波未平一波又起，澳政界又开始指责中国“通过情报、间谍、政治捐款等手段干涉澳大利亚内政”（“中国渗透说”），特恩布尔政府积极推进反对外国干涉法案的立法。2018 年 6 月，澳国会投票表决通过《外国影响透明度计划法案》（*Foreign Influence Transparency Scheme Act 2018*）。② 随后，国会又对 1986 年颁布的《情报和安全监察长法案》（*Inspector-General of Intelligence and Security Act 1986*）③ 以及 2001 年颁布的《情报服务法》（*Intelligence Services Act 2001*）④ 进行修订。澳政界对中国的指责以及随后一系列法案的颁布实施对两国政治互信造成了严重的负面影响。中国方面对反华言论表示强烈不满，对此做出相关回应。特恩布尔在接受采访时也承认，中澳关系处于低潮，尤其是一系列反外国干涉法的颁布及修订影响了双边友好关系。

2. 2018年中澳政治、外交关系对中国投资者信心的影响

政治、外交的不信任对投资者的信心产生负面影响，是目前中国投资者对澳进行农业投资所面临的重大挑战之一。如前所述，虽然“中国威胁论”“中国渗透说”的散布现在看来只是氛围上的变化，并未影响到投资项目的实际进行。但不可否认的是，2018 年两国在政治、外交上的争议使得中国

① David Crowe, “Malcolm Turnbull says China does not present a ‘threat’ to Australia”, 22 February 2018, https://www.smh.com.au/politics/federal/malcolm-turnbull-says-china-does-not-present-a-threat-to-australia-20180222-p4z177.html.

② “Foreign Influence Transparency Scheme Act 2018”, https://www.legislation.gov.au/Details/C2018A00063.

③ “Inspector-General of Intelligence and Security Act 1986”, https://www.legislation.gov.au/Details/C2018C00291.

④ “Intelligence Services Act 2001”, https://www.legislation.gov.au/Details/C2018C00297.

投资者在对澳投资问题的态度上变得更加谨慎。2018 年，毕马威与悉尼大学联合出版的《解密中国对澳投资》指出，目前，中国投资者仍然视澳大利亚为理想的投资目的地，但中澳两国政治、外交关系的紧张，尤其是“中国渗透说”的指控，使得中国投资者觉得澳大利亚不再欢迎中国投资。[①] 调查结果显示，2018 年，仅有 35% 的中国企业感到在澳投资受欢迎，这与 2014 年的 52% 相比，呈现明显下滑趋势。[②]

3. 国家层面上投资政策的调整及“国家利益”的保护

从国家层面上来看，政府有权使用合法手段对投资规划进行战略性“指导”。而指导方针的制定，全面考虑投资国与被投资国在政治、外交等方面的关系。良好的双边关系对两国投资合作有推动作用；相反，恶化的双边关系对两国投资合作有抑制作用。政府常以“保护国家利益”为由对投资规划进行战略性“指导”，这一行为是符合国际法基本原则的。就中澳来讲，两国的法律法规均强调保护国家利益的重要性，但与此同时又未对“国家利益”有明确的定义。在此情况下，中澳任何一国都有可能以“保护国家利益”的理由，采取更加严格的投资审查措施来限制或阻止对特定领域的投资。如果中澳政治、外交争议升级，以“保护国家利益”为由的“战略性指导”将会是中国投资者进入澳大利亚农业领域可能面临的重大挑战之一。

（1）中国有关保护国家利益的规定

在境外投资方面，商务部 2014 年第 3 号令《境外投资管理办法》有关于“保护国家利益”的规定，指出中国企业在境外投资不得出现以下情形：“（一）危害中华人民共和国国家主权、安全和社会公共利益，或违反中华人民共和国法律法规；（二）损害中华人民共和国与有关国家（地区）关系；（三）违反中华人民共和国缔结或者参加的国际条约、协定；（四）出

① Hans Hendrischke and Wei Li, “Demystifying Chinese Investment in Australia”, June 2018, p. 32, http://demystifyingchina.com.au/reports/demystifying-chinese-investment - 2018 - June.pdf.

② Hans Hendrischke and Wei Li, “Demystifying Chinese Investment in Australia”, June 2018, p. 5, http://demystifyingchina.com.au/reports/demystifying-chinese-investment - 2018 - June.

口中华人民共和国禁止出口的产品和技术。”[①] 显而易见，商务部上述规定相对笼统，只是对国家利益的保护有基本的概括。在具体实施上，很大程度上取决于政府如何对“国家利益”进行解释。

此外，国家发改委2017年发布的《企业境外投资管理办法》（以下简称《办法》）也对“敏感国家和地区”以及“敏感行业”重新定义，聚焦于保护国家利益和国家安全。依据此《办法》，“敏感国家和地区”除了包括“与我国未建交的国家和地区、发生战争、内乱的国家和地区，根据我国缔结或参加的国际条约、协定等需要限制企业对其投资的国家和地区”，还新增了“其他敏感国家和地区”。[②] 如果中澳两国外交、政治关系进一步恶化，中国政府完全可以凭“中国威胁论”“中国渗透说”将澳大利亚归于“其他敏感国家和地区”并限制中国资本进入澳大利亚农业领域。在“敏感行业”方面，根据第十三条规定，主要包括：“（一）武器装备的研制生产维修；（二）跨境水资源开发利用；（三）新闻传媒；（四）根据我国法律法规和有关调控政策，需要限制企业境外投资的行业。”[③] 其中，第四条规定“根据我国法律法规和有关调控政策，需要限制企业境外投资的行业”，再次为中国政府限制企业对澳投资留出了相当大的解释空间。

（2）澳大利亚有关保护国家利益的规定

澳大利亚法律明确要求外商投资不得违反国家利益，对于违反国家利益的投资项目，政府有权力进行干预。2015年澳大利亚国会通过《外商收购与兼并法案》（*Foreign Acquisitions and Takeovers Legislation Amendment Act 2015*），强调外国对澳投资必须符合国家利益。[④] 法案授予澳国库部长极大的

---

① 中华人民共和国商务部：商务部令2014年第3号《境外投资管理办法》，2014年9月6日，第四条，http：//www. mofcom. gov. cn/article/swfg/swfgbl/gz/201802/20180202715515. shtml。

② 发改委：《企业境外投资管理办法》，第13条，http：//www. ndrc. gov. cn/zcfb/zcfbl/201712/W020171226340410103048. pdf。

③ 发改委：《企业境外投资管理办法》，第13条，http：//www. ndrc. gov. cn/zcfb/zcfbl/201712/W020171226340410103048. pdf。

④ The Parliament of Australia，“Foreign Acquisitions and Takeovers Legislation Amendment Act 2015”，No. 150，2015，https：//www. legislation. gov. au/Details/C2015A00150/Download.

自由裁量权，允许国库部长拒绝违反澳大利亚国家利益的投资申请；同时，为解决国家利益的相关问题，允许国库部长对投资者施加相关条件。此外，澳国库部于2018年发布《外国投资政策》（*Australia's Foreign investment Policy*），要求澳大利亚外国投资审查委员会必须对投资申请进行国家利益测试，以确保外商投资符合澳大利亚国家利益。[①] 但该政策明文规定不对“国家利益”进行定义，而只是列举了测试的一系列考虑因素，如国家安全、竞争力、对经济与社会的影响、投资者本身的情况等。[②] 对“国家利益”的不定义为投资审批提供了极大的自由裁量权。在此情况下，外国投资审查委员会灵活的个案审核成为一把双刃剑。一方面此审核方式避免了“一刀切”可能造成的问题；但另一方面，委员会可以随时以危害“国家利益”为由拒绝投资申请。

2018年中澳政治、外交关系的紧张虽然影响到中国投资者的信心，但并未影响到中国对澳的实际投资，中国对澳农业投资仍热情高涨。在国家层面上，矛盾也并未升级到全面展开贸易投资战的地步。尽管如此，我们也必须意识到，如果澳对华态度继续摇摆不定，如果两国关系得不到进一步改善，中国资本撤出澳农业领域将不可避免。中国投资对澳大利亚农业经济的贡献是巨大的，政治、外交互信直接影响到未来投资走向。因此，出于双方利益的考量，中澳两国有必要携手共进，克服困难，努力推动两国农业投资合作再上一层楼。

（二）对澳生态环境与粮食安全问题的影响

农业投资具有较高的特殊性与敏感性，对于被投资国来讲，涉及环境、土地、粮食安全等多方面的问题。从长远来看，中国投资者需要面对这些问题并积极寻找解决方案。首先，种植、养殖等消耗大量的农业资源，包括水资源、土地资源、生物资源等；现代农业生产对化肥、农药的依赖以及禽畜

---

① Australian Government Foreign Investment Review Board，“Policy Documents-Australia's Foreign Investment Policy”，http：//firb. gov. au/resources/policy-documents/.

② Australian Treasurer，“Australia's Foreign Investment Policy”，pp. 8－9，http：//firb. gov. au/resources/policy-documents/.

业污染物排放等必然对环境造成不良影响。虽然澳大利亚有先进的农业科学技术，如土壤复耕、养殖废弃物处理和再利用技术等，大大提高了资源的有效利用并降低了农业生产对环境造成的污染，但大规模农业投资或多或少给澳大利亚广大民众带来了忧虑情绪。因此，作为投资者，中国企业必须意识到农业生产可能造成的生态环境问题，积极采取应对措施，以减少当地居民的恐慌与不安。是否重视被投资地的环境保护是影响中国投资项目能否顺利进行的一个重要因素，无视农业环境污染势必造成投资的失败。例如，2015年，宁波乳业集团在维多利亚州的乳制品生产投资计划受阻，而受阻的一个主要原因是集团对农场的扩大有可能会造成水环境污染的恶化。[①] 当地居民还担心畜群规模的翻倍和工业规模的牛棚对当地自然景观的改变以及对旅游业造成负面影响。[②] 此外，2016 年，中国私人投资公司月亮湖收购塔斯马尼亚土地公司的申请通过了澳大利亚外国投资审查委员会的审核。但在 2018 年，公司董事会成员大批辞职，而辞职的主要原因，据当地媒体报道，是公司无法履行其对当地投资和环境保护的承诺。[③] 随着中国资金大量涌入澳农业领域，如果中国企业继续无视农业投资对当地生态环境的影响，上述类似紧张局势将愈演愈烈。

其次，外商对澳农业用地的投资具有极强的政治敏感性。尤其随着“中国威胁论”和“中国渗透说”的时隐时现，澳大利亚政界及部分社区忧心忡忡。一方面担心中国“控制”过多土地而对澳经济、政治、社会等造成负面影响，另一方面也担心中国掌握澳大利亚农产品的生产与供应会“威胁”到澳本国的粮食安全。

---

① 《牛奶直输中国引郡府不满　宁波乳业扩张计划受阻》，《澳大利亚日报》，2015 年 9 月 6 日，http：//www. myactimes. com/actimes/plus/view. php? aid =970612。

② Dylan Welch and Jeanavive McGregor，“China free trade agreement expected to tip billions into Australian farms，dairy industry to be popular with investors”，1 September 2015，http：//www. abc. net. au/news/2015 - 09 - 01/china-fta-deal-tipped-to-transform-australian-farming-sector/6741560.

③ 《中国人 13 亿收购澳大利亚乳业巨头，承诺却成“空头支票”》，澳财网，2018 年 5 月 1 日，https：//www. aocai. com. au/wordpress/aocaiPost/tag/% E6% 9C% 88% E4% BA% AE% E6% B9% 96% E6% 8A% 95% E8% B5% 84% E5% 85% AC% E5% 8F% B8。

四 结语

中国对高品质农产品庞大的市场需求以及澳大利亚高度发达的农业生产体系决定了两国在农业方面的合作必然是互惠互利的。中国对澳农业投资提高全球农业资源配置，一方面有利于投资国（中国）掌握农产品的生产与供应，给广大中国人民带来更多实惠；另一方面也有利于被投资国（澳大利亚）农业经济在短期内实现快速发展。在自贸协定框架下，中国私人投资者获得澳大利亚“协议国家投资者”身份，其投资项目享有更高的投资批准门槛。此外，两国对各自的投资法律、法规、政策等的修订，也在法律层面上为中国资本进入澳大利亚市场起到了积极的推进作用。良好的投资大环境吸引着大批中国投资者进军澳大利亚农业领域。目前来看，对澳农业投资发展势头良好。

但是，对澳农业投资未来所面临的挑战也是不容忽视的。2018 年澳政府对华态度摇摆不定，虽然现阶段并未影响到两国的实际投资，但从长远来看，如果两国关系得不到进一步改善，投资的政治、外交风险将会是两国进行农业投资合作所面临的重大挑战之一。此外，随着中国资本大量进入澳农业领域，大规模农业生产对当地生态环境、粮食安全、土地所有权等方面的影响引起澳政界及部分民众的不安。中澳两国需要积极面对这些挑战，努力寻找解决方案。

为进一步推动中澳在农业投资领域的合作，两国政府的首要任务是修复外交、政治关系，健康稳定的双边关系是中澳进行任何经贸投资合作最基本的前提。其次，在合作模式上，中澳应将农业投资领域的合作进一步具体化。例如，两国政府可以鼓励各自州/省级政府甚至市级政府之间签署相关的《合作备忘录》（MOU）。“一对一”的合作模式一方面有助于推动中澳民间的互动，增进企业间的了解和信任，为投资创造更好的条件；另一方面，双方州/省级政府或市级政府可针对澳当地居民有关土地、环境、粮食安全等具体问题的担忧，进行特别的解释和说明，并提供可靠的事实依据。

此举措将大大提高澳民众对中国投资项目及管理理念的认识，为中澳农业投资合作建立良好的群众基础。再次，为确保农业投资的顺利进行，两国政府应致力于为投资者提供全面、及时、准确的信息服务。例如，具体的投资流程、农业生产监管政策，以及“环境保护、土地及水资源管理、检疫与食品安全、税收政策以及法律体系等”。① 另外，两国政府还需跳出原有的思维模式，寻找农业投资合作新契机。例如，政府采取措施鼓励引导投资多样化，不仅涉及传统的种植、养殖、农产品加工等方面的投资，也包括农业基础设施方面的投资。道路、桥梁、码头、仓库、包装材料库、动植物保护专业服务等生产性基础设施为农业生产和流通提供了极大的便利。而农村地区的非生产性基础设施，例如农村住宅、学校、医疗机构等，为促进农业生产提供了重要保障。相关设施的完善有利于提高农业劳动者的生活水平和劳动效率。

综上所述，对澳农业投资机遇与挑战并存。但从本质上讲，农业领域的合作是符合两国共同利益的。基于中国和澳大利亚长久以来相对稳定的合作伙伴关系，本文认为两国政府有能力在双边互信的基础上“充分利用一切机遇，合作应对一切挑战”，② 携手共进推动农业投资合作的持续健康发展。

① 中澳联合研究工作组：《中国与澳大利亚关于加强农业投资与技术合作提高粮食安全水平联合研究报告》，2012 年 12 月，第 9 页，http://images.mofcom.gov.cn/www/accessory/201212/1355969277422.pdf。

② 陈哲皓：《澳大利亚贸易部长谈中澳自贸协定：势头良好　前景广阔》，人民网—澳大利亚频道，2018 年 6 月 29 日，http://australia.people.com.cn/n1/2018/0629/c408038-30096373.html。

B.12

2018年中资企业在澳投资调查

李 薇 〔澳〕汉斯·杭智科*

摘 要： 本文展示了悉尼大学商学院于2018年进行的对中资企业在澳投资调查的结果，本次调查由悉尼大学商学院与澳大利亚毕马威会计师事务所（KPMG Australia①）共同合作完成。结果显示，2014～2018年，人们对澳大利亚作为安全投资市场的信心有所下降。尤其是在澳中资企业对于政治不确定性和地缘政治紧张局势的负面影响的考虑要比以往更加谨慎。同时调查还发现，中国投资者在澳大利亚的投资方式已日渐成熟。与之前的调查结果相比较，本次调查分析发现：自2013年矿业投资热潮过后，中国投资者的投资动机、面临的挑战和投资成效向更加专业化和本地化的方向发展。总之，本文认为，中国投资者将面临来自本地化和当前全球环境中合法化进一步加强的挑战。

关键词： 澳大利亚 中资企业 对外投资 中澳关系

一 引言

中国政府自2016年11月开始加大了对资本外流的监管力度，如今又将

---

* 李薇，澳大利亚悉尼大学商学院讲师，主要研究领域为中澳经贸关系等；汉斯·杭智科，澳大利亚悉尼大学商学院中国工商管理学教授，主要研究领域为中国在澳投资等。

① KPMG &The University of Sydney，"Demystifying Chinese Investment in Australia，" June 2018，http：//demystifyingchina. com. au/reports/demystifying-chinese-investment－2018－June. pdf.

对外投资划分为鼓励型、限制型和禁止型交易。2017 年，全球范围内掀起了一场关于中国投资在全球扮演的角色以及中国对外直接投资法规变化的影响的政治辩论。而这一年也出现了一些具有重大影响的外交波动。中国商务部的数据显示，2017 年中国全球对外直接投资下降了 29%，① 其中对美国和欧盟的投资分别下降了 35%②和 17%③。相比之下，中国对澳直接投资以美元计算下降了 11%，从 2016 年的 115 亿美元（154 亿澳元）降至 103 亿美元（133 亿澳元）。然而，中国对澳直接投资减少并非一个出人意料的结果。

澳大利亚经济经历了一次重要转型，从由中国主导的矿业投资热转变为后矿业经济。中国对澳大利亚的矿业投资热潮持续十年之久，而后矿业经济仍然受中国经济转型的驱动：中国实行了消费者导向的经济政策，这一政策促使中国在澳投资多元化，与矿业投资热期间的投资处于相同甚至更高水平。中澳经济政策中的这种平行变化使得中国对澳投资开始逐步从国有企业主导向私有企业主导转变。

从宏观层面来看，中国对外直接投资的分布比预想的更为多样化，投资也从采矿和能源转向了更为广泛的领域。毕马威/悉尼大学最新报告显示，中国对澳投资从采矿和能源转向商业房地产、医疗保健、农业综合企业和基础设施领域。如 2017 年采矿业对外直接投资总额达到 45.98 亿美元，其次是商业房地产（44 亿美元）、医疗保健（16.3 亿美元）和食品与农业综合企业（11 亿美元）（见表 1）。中方投资企业来自各个领域，包括房地产、采矿业、农业综合企业、可再生能源、健康和基础设施产业。

---

① 《商务部合作司负责人谈 2017 年全年对外投资合作情况》，中华人民共和国商务部，http：//www.mofcom.gov.cn/article/ae/ag/201801/20180102699398.shtml。

② Thilo Hanemann，Daniel H. Rosen：“Chinese FDI in the US in 2017：A Double Policy Punch”，*Rhodium Group*，January 17，2018，https：//rhg.com/research/chinese-fdi-us－2017－double-policy-punch/.

③ Thilo Hanemann，Mikko Huotari：“Chinese FDI in Europe in 2017：Rapid recovery after initial slowdown”，Mercator Institute for China Studies，April 17，2018，https：//www.merics.org/index.php/en/papers-on-china/chinese-fdi-in-europe.

表 1　2013 年和 2017 年中国在澳投资（按行业划分）

单位：百万美元

行业＼年份	2013		2017	
	总额	占比	总额	占比
采矿业	2222	24%	4598	35%
商业房地产	1344	14%	4400	33%
医疗保健	—	—	1630	12%
食品与农业综合企业	99	1%	1101	8%
基础设施	3819	40%	485	4%
交通	—	—	400	3%
服务业	—	—	270	2%
能源（石油和天然气）	2010	21%	184	1%
制造业	—	—	155	1%
可再生能源	—	—	124	1%
总计	9494	100%	13347	100%

资料来源：毕马威/悉尼大学数据库。

鉴于日本和美国早在几十年前就呈现了类似的发展轨迹，澳大利亚各行业的多样化本身并不令人惊讶，但实现这种行业多样化的速度十分显著。然而，自 2013 年矿业投资热逐渐退去，中国对外直接投资的扩大和多元化发展经历却鲜为人知。在此背景下，悉尼大学商学院同毕马威会计师事务所合作，于 2018 年 4 月开展了两年一度的针对中资企业在澳投资的调查，调查对象为澳大利亚 45 家中方投资公司的高级管理人员。该调查为揭示中国投资者对澳大利亚投资环境的态度与认知提供了独特见解，更重要的是，这份调查展现了他们在 2017 年在澳大利亚实现投资多元化的经历。本文将对这一调查的主要发现进行介绍。

二　研究方法

中资企业在澳投资调查（CHIAS）是对在澳的中国投资者的投资经历和观点进行的全面调查，深入揭示中国投资者对澳大利亚投资环境的看法以及他们在澳投资所面临的主要挑战。

本研究中的数据由企业投资者自主填写的问卷调查获得，问卷问题是基于现有文献的基础上对中方管理层进行探究式访谈而设计的。与二手数据不同的是，我们自己设计的问卷可以使研究设计更适用于我们所提出的企业层面问题。本文数据是在毕马威的支持和帮助下采集的。调查问卷发给了各个领域的企业，包括能源、采矿、贸易、金融、通信、运输、房地产、制造业、旅游业、农业和畜牧业等。本次调查于2018年4～5月进行，有效回收问卷总计45份。

对于受访者的人口特征统计，如表2所示，受调查的企业在行业或行业从属关系方面存在差异。在所有受访者中，有61%的企业投资额低于5亿澳元，39%的企业高于5亿澳元。大多数受访企业（69%）在新南威尔士州设有办事处，其次是维多利亚州（16%）和西澳大利亚州（7%）。在企业所有权方面，44%的企业是国有企业，56%的企业是私营企业和上市公司。

表2　受调查公司特征统计

类型	变量	被调查企业数量	百分比
投资规模	0～2500万澳元	2	5%
	2500万澳元～1亿澳元	5	11%
	1亿～5亿澳元	20	45%
	5亿～10亿澳元	8	18%
	10亿澳元以上	9	20%
领域	农业综合企业	3	7%
	基础设施	3	7%
	采矿业	6	13%
	石油和天然气	1	2%
	可再生能源	8	18%
	金融	6	13%
	房地产	14	31%
	医疗保健	1	2%
	其他	3	7%
州	澳大利亚首都领地	0	0%
	新南威尔士州	31	69%
	维多利亚州	7	16%
	昆士兰州	2	4%
	南澳大利亚州	1	2%
	西澳大利亚州	3	7%
	塔斯马尼亚州	1	2%
	北领地	0	0%

续表

类型	变量	被调查企业数量	百分比
母公司所有权	央企	15	35%
	省级国企	4	9%
	私企	17	40%
	上市公司	7	16%

三　中国投资者对澳大利亚投资环境的看法：微观察

2018 年的问卷调查捕捉到了中国投资者对澳大利亚投资环境的谨慎乐观又忧虑不安的情绪。2017 年是充满不确定性和政府更迭的一年。一方面，中国与澳大利亚之间的双边关系有所恶化，澳大利亚对中国试图“干涉”国内政治进行了激烈辩论。2017 年 1 月，联邦政府内政部关键基础设施中心（CIC）正式启动，在电力、水力、港口和电信基础设施投资各领域对国家安全风险进行评估并加强安全审查。另一方面，中国政府加大了对境外投资和资本外流的审查力度，现将境外投资分为鼓励型、限制型和禁止型交易。继中国和东道国监管机构逐步收紧资本输出和进口规则之后，中国国务院于 2017 年 8 月 18 日发布了一系列海外投资准则，打击房地产、酒店、电影制片厂、娱乐、体育俱乐部等领域的“非理性”投资。

CHIAS 调查结果证实了中国监管制度变化和对投机性投资的限制对中国在澳大利亚的投资产生了影响。四分之三（77%）的受访者表示，监管制度变化使得在澳大利亚的投资变得更加困难（见图 1），货币出口管制收紧也使得中国企业更难从中国融资。

有三分之二（65%）的受调查公司表示 2017 年从中国获得资本更加困难（见图 2），私企和上市公司受资本控制的影响最大。尤其是中国房地产开发公司在澳大利亚投资时，在获得中国监管机构批准以及获得融资方面面临重大阻碍。承担高额公司债务的万达被要求处置其在澳大利亚房地产资产。超过三分之一的受访者（主要是受资本管制影响的私企）认为中国政

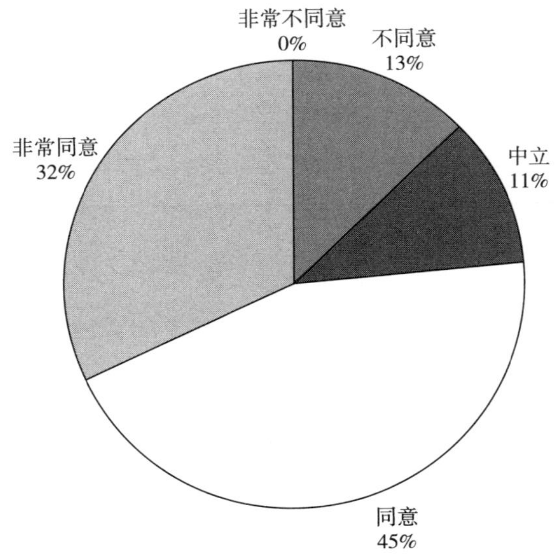

图 1　2017 年中国对外投资法规的调整使得在澳大利亚投资变得更加困难

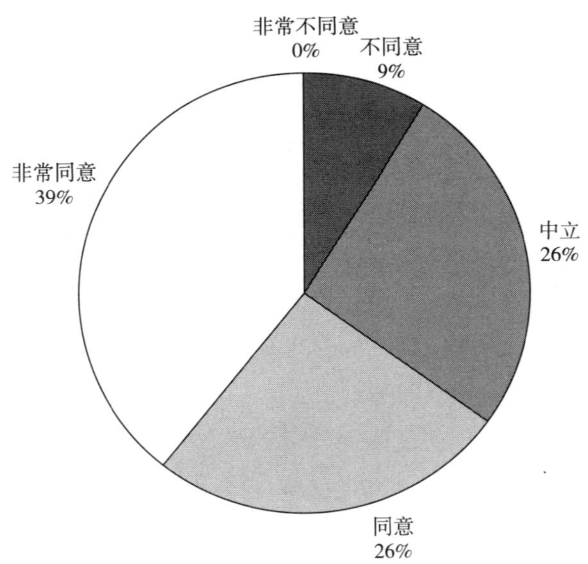

图 2　对本公司而言，自 2017 年从中国获得资本更加困难

府对中国投资者在澳大利亚投资的支持力度远低于从前。然而，境外直接投资监管的调整并非只针对澳大利亚，而是对投机性“非理性”投资的管控。

此外，CHIAS 调查结果显示，虽然中国投资者认为澳大利亚的投资环境比许多其他国家更为安全，但是他们也会担心政治不确定性及其对投资审查程序产生的潜在影响。例如，70% 的受访者表示，2017 年澳大利亚国内关于中国的政治辩论使中国企业在澳大利亚的投资变得更加谨慎（见图 3）。在所有政府相关方中，中国投资者对联邦政府的信任处于最低水平。超过三分之二（67%）的受访者认为澳大利亚联邦政府对中国投资的支持程度要低于之前（见图 4）。国有企业、私营公司和上市公司对联邦政府的信任度差别不大。

此外，CHIAS 调查结果表明中国投资者对投资更加谨慎，并且感到受欢迎程度不如从前。中国日益增长的影响力以及紧张的外交局势让中国企业感到在澳投资不太受欢迎。约 35% 的受访中国企业表示在澳大利亚投资受

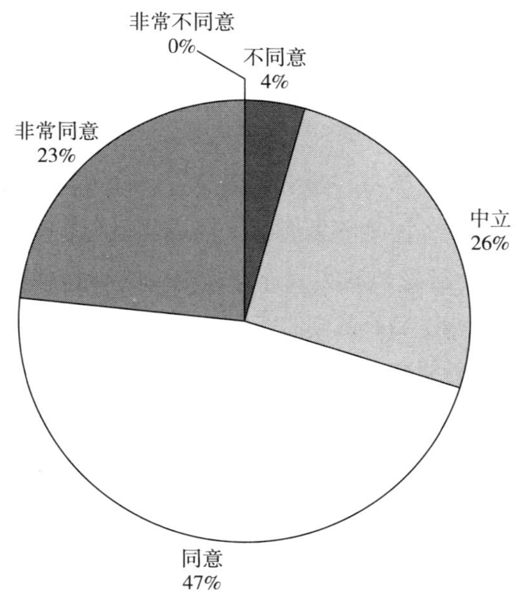

图 3　2017 年澳大利亚国内的政治辩论使中国企业在澳大利亚的投资变得更加谨慎

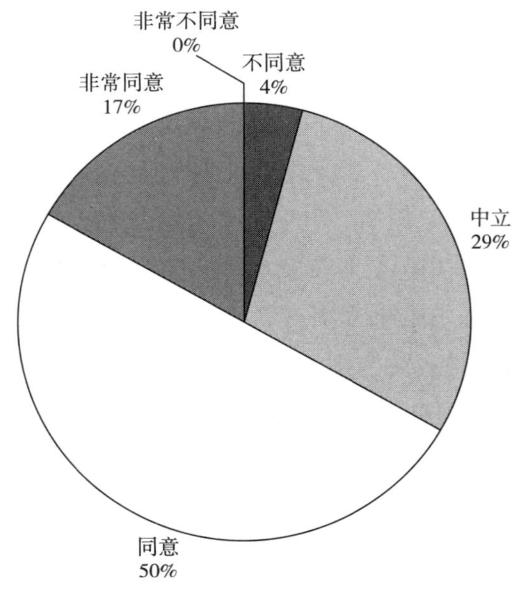

图4　澳大利亚联邦政府对中国投资的支持程度要低于之前

到欢迎（见图5），比2014年的52%有所下降。现有的研究发现，不稳定性是对外直接投资的重要阻碍因素。① 这些研究的主要观点为，在动荡的环境中，企业最好限制其资源承诺。减少资源承诺，特别是在波动和风险环境中的固定投资，可以在不可预测的事件对公司造成不利影响时减少金融资产的损失。② 我们进行的后续采访证实了一点，中国国有和私营企业认为中国与澳大利亚之间紧张的外交局势其实毫无根据且没有任何好处。中国投资者经常讨论政治局势，在中国的总部也很关心这些负面报道的影响。特别是，国

① Agodo, O, "The determinants of U.S. private manufacturing investments in Africa," *Journal of International Business Studies*, 3 (1978): 95 – 107.
Maclayton, M. Smith, J. Hair, "Determinants of Foreign Market Entry: Multivariate Analysis of Corporate Behaviour Management," *International Review*, 3 (1980): 40 – 52.
Schneider, F., & Frey, B. S., "Economic and Political Determinants of Foreign Direct Investment," *World Development*, 2 (1985): 161 – 175.

② Hill, C. W. L., Hwang, P. and Kim, C. W., "An eclectic theory of the choice of international entry mode," *Strategic Management Journal*, 2 (1990): 117 – 128.

有企业高管表示，紧张的外交局势使得从总部获得后续投资批准变得更加困难。在没有收到来自联邦政府的积极信号的情况下，国有企业的投资力度（例如基础设施建设）不太可能继续加大。从事跨境业务的私营公司认为，紧张的外交局势加剧了不确定性，使长期规划变得更加困难。

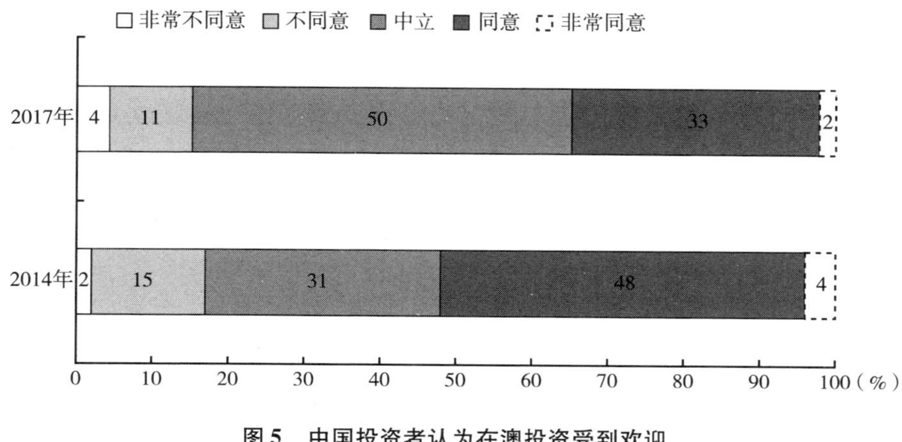

图 5　中国投资者认为在澳投资受到欢迎

最后，CHIAS 调查结果表明中国企业对各利益相关方的支持有不同看法。澳大利亚各行业的商业领袖被视为最支持中国投资者的利益相关者群体，其次是州政府和地方政府、当地社区和外国投资审查委员会（FIRB）。中国企业高管又一次表示澳大利亚媒体对中国投资的支持度最低（见图 6）。

总之，中澳之间的商业合作是战略性的，而不是纯粹的交易性。这意味着双边外交关系对于两国长期和大规模投资具有重要的指向性。澳大利亚需要建立供应链和基础设施，以保持其竞争优势，并提高农业和服务业等出口产业增长的能力。而这需要吸引大量投资。到目前为止，州政府和企业对中国投资被视为持支持态度，但一个可预见的外交环境对于保证长期投资是不可或缺的。

然而，2018 年的 CHIAS 调查结果显示，2017 年不断变化的监管制度、政治和经济格局影响了澳大利亚吸引新投资，并使得中国投资者对在澳投资产生更多顾虑。澳大利亚政府在经济利益和地缘政治不同战略目标上的“纠结”造成了一种不确定感，这种不确定感又常常被媒体进一步夸大。中

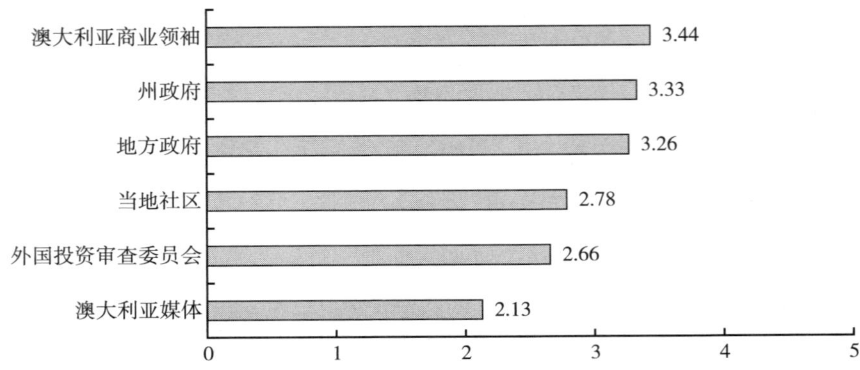

图6　利益相关方支持中国投资的情况

（1 = 完全不同意，2 = 不同意，3 = 中立，4 = 同意，5 = 完全同意）
受访者数量：46

国对澳大利亚对外直接投资的下降伴随着近年来强劲增长的全球趋势，但整体而言，澳大利亚相较其他同等经济体而言，已经有了更稳定更长足的发展。对于澳大利亚而言，与2016年基数相比，下降幅度并不像美国和欧盟那么严重。然而，CHIAS调查结果显示，中国投资者对澳大利亚市场作为安全投资目的地的信心在2014年至2018年期间有所下降。虽然大多数中国投资者对在澳投资持乐观态度，但一些投资者，特别是国有企业，受紧张外交局势的影响而感到忧虑和不受欢迎。

澳大利亚没有加大引入中国鼓励发展的重点产业（即服务业、农业和基础设施）投资的事实就证明了这一点。澳大利亚在这些产业领域具有强大的竞争优势且与中国经济利益高度互补。根据最新的毕马威会计师事务所/悉尼大学系列报告，中国对澳大利亚农业综合企业、基础设施、可再生能源和服务业的投资在2017年减少了一半。商业房地产是2017年仅次于采矿业的第二大投资领域，投资量已经连续两年减少。鼓励发展的重点产业中仅有采矿业和医疗保健的投资量有所增长。澳大利亚锂矿公司和兖煤澳大利亚公司以34亿澳元收购力拓的动力煤资产，推动了矿业投资。医疗服务和设施的几个大型投资拉动了增长，使医疗保健投资增长了20%。

四　采矿业繁荣时期后中国投资者的多元化经验

2013～2018年，中国对澳直接投资中，国有企业投资和矿产资源大型交易呈减少趋势（毕马威会计师事务所/悉尼大学，2018年）。另外，民间投资不断增加，采矿业实现投资多元化，小型交易越来越多（毕马威会计师事务所和悉尼大学，2018年）。例如，2017年，民间投资占交易数量的82%，占交易总价值的三分之二，高于2013年的62%和16%（见表3）。2017年，国有企业平均交易为2.94亿澳元，而民间投资平均交易为9600万澳元。

表3　2013年和2017年中企在澳投资所有权变化

单位：百万澳元，%

年份	2013				2017			
所有权	投资总价值	占比	没有交易	占比	投资总价值	占比	没有交易	占比
国有企业	8022	84	15	38	5296	40	16	18
私人企业	1473	16	25	62	8051	60	84	82
总额	9495	100	40	100	13347	100	100	100

资料来源：毕马威/悉尼大学数据库。

为了理解潜在的企业战略，我们将2018年的结果与2014年和2016年的调查结果进行了对比。经过分析发现，自2013年矿业投资热潮过后，中国投资者的动机、挑战和表现朝着更加专业化和本地化的方向发展。

（1）动机：从资源获取到能力建设

中国对外直接投资的第一阶段侧重于寻求资源，主要通过收购进入澳大利亚市场，而位于澳大利亚的子公司的作用是实现总部确立的生产目标和成本控制措施。[①] 2018年的许多受访者认为，这种动机和方法在第二阶段国际化中就失效了，这一阶段中国投资受到了更加多样化的行业、参与者和成熟

① Huang, X., & Austin, I., "Chinese investment in Australia: Unique insights from the mining industry", *Springer* (2011).

度的驱动。因此，尽管在采矿和农业领域有一些寻求资源的投资，但中国投资者越来越热衷于借助早期打入澳大利亚市场的优势条件进行更深入的本土化学习和获得外部效应。

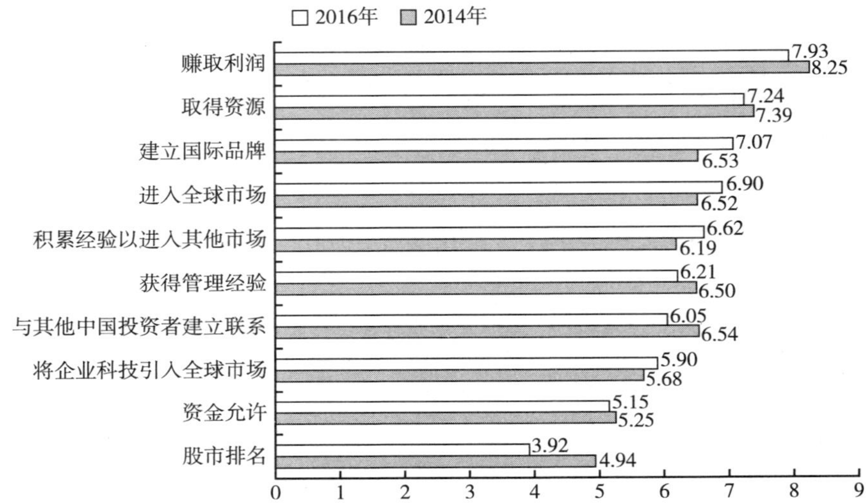

图 7　2014 年和 2016 年中国投资者在澳大利亚的投资动机

问题：以下几点对于您在澳大利亚的投资有多重要？（0 = 不重要，10 = 非常重要）
资料来源：中国企业在澳大利亚投资调查（2014 年和 2016 年）。

2014 年和 2016 年的调查结果表明，投资澳大利亚并非投机主义。越来越多的中国投资者在澳大利亚投资，以建立国际品牌，进入全球市场，并获得在其他市场经营的经验。一方面，澳大利亚的体制特征，如国际竞争力、自由灵活的外国投资政策体系及其与亚太地区的密切联系，使中国企业能够在澳大利亚深度整合和积累资源；另一方面，在进入主要成熟市场之前，中国企业以提升自身能力为目标，将澳大利亚作为产品和技能的“试验地”。澳大利亚市场能够提供更快的市场反馈和更低成本的试验机会。[①] 澳大利亚

① Fan, D., Zhu, C. J., &Nyland, C., “Factors affecting global integration of Chinese multinationals in Australia: A qualitative analysis,” *International Business Review*, 1 (2012): 13 - 26.

的国际环境，与中国相距不远的地理位置以及多元文化人口使其成为中国企业学习和探索先进技术、管理和知识的“便利”窗口。中国企业更容易尝试创业活动，并将在澳大利亚经营的成功业务扩大到其他新市场。

例如，中国医疗保健投资的增长反映了澳大利亚在开发、测试和生产可内销和出口的高端产品和服务的良好声誉。自由贸易协定，加上澳大利亚政府的“医学研究和创新战略”以及“国家创新和科学议程”等国内政策，被中国投资者视为其提高高级医疗产业相对优势的利好举措。

（2）从面临外部挑战到解决内部适应问题

在矿业繁荣时期，寻求资源的中国企业倾向于关注组织外部的挑战和不确定性。2014 年的 CHIAS 调查提出了中国企业在澳大利亚面临的五大挑战（见图 8）。

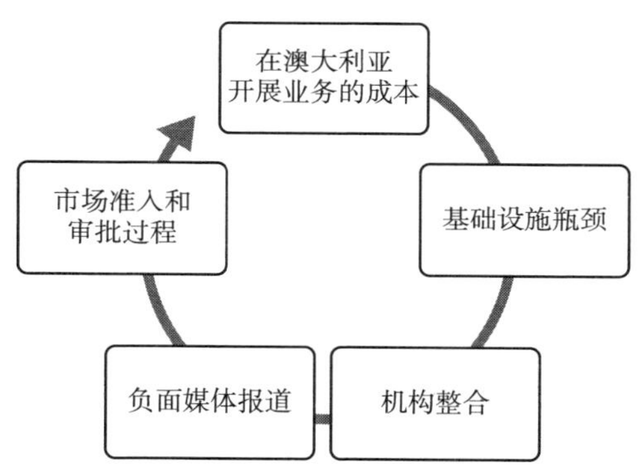

图 8　中国投资者在澳大利亚面临的主要挑战（2014）

第一，在澳大利亚开展业务的成本，中国投资者将澳大利亚排在第三位，仅次于美国和加拿大，成为更具成本效益的地区。

第二，基础设施瓶颈，中国投资者认为澳大利亚的基础设施正在限制其运营。

第三，机构整合，中国投资者需要通过学习与正式和非正式利益相关者（包括地方规划部门、环境保护机构、工会和社区代表）合作，来适应澳大利亚的法律和监管环境。

第四，负面媒体报道，中国投资者认为澳大利亚媒体不支持中国投资。

第五，市场准入和审批过程，中国投资者认为外国投资审批流程变得更加容易和快捷。然而，仍然存在与歧视和不平等待遇相关的问题。

从2014年开始，中国投资者发现自己面临的挑战越来越与企业机构运转和内部管理相关。许多受访公司认为，开发有用的资源和当地知识资产是他们的首要关注点。他们的目标是在母公司已经建立的联系网络之外，与当地合作伙伴建立密切的互动。他们表示，初始投资只是整体投资的一部分。以商业房地产投资为例，整体投资包括土地购买、房地产营销、开发建筑项目和设计、获得必要的公众认可和融资、房屋建设，并最终出售。澳大利亚的中国房地产开发商们通常采取与当地合作伙伴共同管理和分工的方式，为当地企业创造发展和就业机会。

2016年CHIAS调查结果显示中国投资者们开始越发致力于管理他们不熟悉的澳大利亚市场和制度环境。中国投资者通过保留澳大利亚管理团队和被收购公司的当地员工，采取本地化战略来克服外来身份所带来的障碍；聘用具有跨文化工作经验的员工；与当地承包商、设计师和服务提供商（包括当地银行）合作；采用综合会计系统、成本控制系统和绩效评估系统，以加强总部与当地子公司之间的联系。然而，中国公司的企业结构通常是等级制的，高层决策，中间管理层实施，相对西方企业，中国的中间管理层的权力较小。中国总部热衷于在运营和决策中发挥关键作用，但有时缺乏具体的本地知识与信息。许多企业认为他们不得不花费额外的精力与总部沟通，以便了解到一些会妨碍本地子公司灵活高效运营的决策。

与此同时，中国本土管理人员也面临着与当地董事会、管理层和其他利益相关方的沟通问题。一些中国企业承认他们发现平衡不同利益相关者的观点和利益并不容易。根据调查结果，我们发现，与董事会成员和工会的沟通是最难以处理的，与管理层的沟通位居其次，与当地员工的沟通则是相对最容易的（见图9）。

过度监管被视为某些行业的负担。中国投资者认为，他们面临的法规数量，包括议会法案、授权立法、表格、执照、司法解释、行业规则、法规和行政政

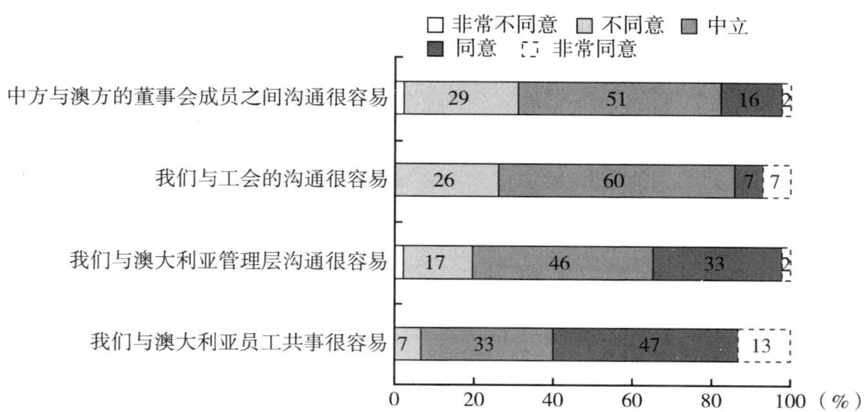

图 9　2016 年中国投资者在澳大利亚面临的主要挑战

受访者 =38

策，已成为在澳大利亚经商的隐性成本。然而，在与澳大利亚政府合作方面，他们又普遍认为澳大利亚政府和监管机构对中国投资表现出了支持和专业性。

2018 年 CHIAS 调查结果进一步证实，中国企业所面临的挑战来自企业内部。例如，招收到合格的员工被视为中国企业面临的最大困难，其次是信任澳大利亚管理层和与工会合作（见图 10）。可再生能源相关的企业认为缺乏合格的员工是他们在澳大利亚开展业务的瓶颈。

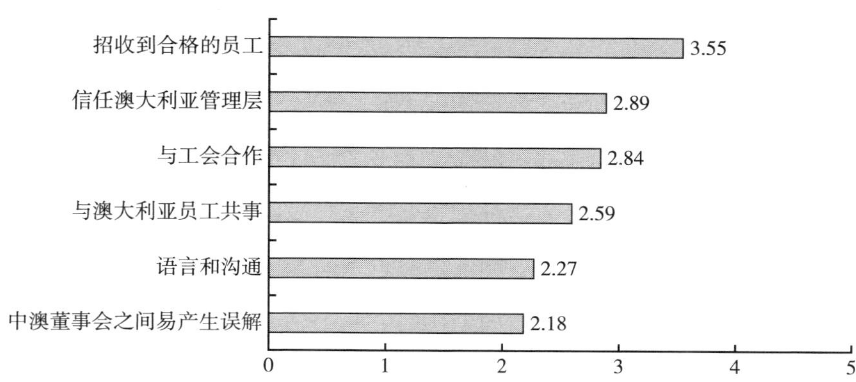

图 10　2018 年中国投资者在澳大利亚面临的主要挑战

受访者 =44

中国企业除了做出投资，最重要的问题是取得中国和澳大利亚政府的批准，其次是低盈利问题（见图 11）。

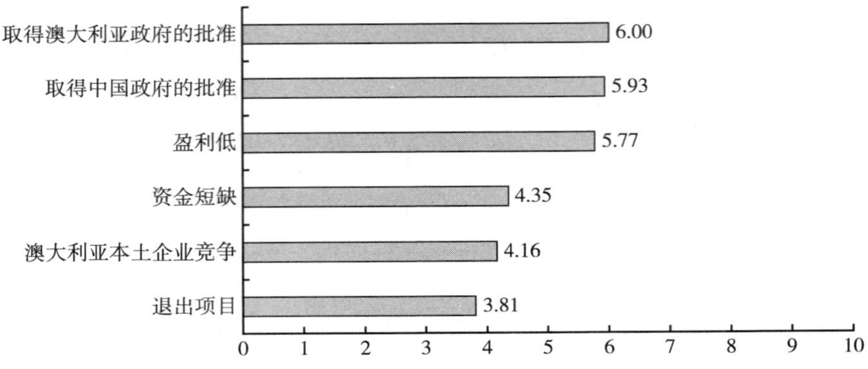

图 11　你在澳大利亚投资时都遇到过哪些问题?

（0 = 不重要，10 = 非常重要）
受访者 = 43

（3）绩效

过去三年对于在澳大利亚的中国投资者来说是一个很好的投资时期。22 家在澳投资的中国企业的高层管理人员回答五分制表，以此来衡量绩效。主观感知性衡量绩效的方法有大量文献支持，而且已被证明与客观的基于计算的方法高度相关（Nitsch，et al.，1996）。

表 4 展示了受访者的绩效评价，有必要指出两个经验事实。首先，显而易见的是，中国企业的国际化道路各不相同，而且一些企业的表现要好于其他企业。结果表明，虽然可再生能源和金融部门的企业表现往往优于其他部门，但各行各业的绩效均存在差异。其次，一个意料之外的发现是，与一些媒体关于中国对外直接投资在发达市场的高失败率的报道相反，我们的结果显示，在国际化的第二阶段，我们采访的一些中国企业已在澳大利亚成功运营并在竞争中居于领先地位。受调查企业中有三分之二（16 家）表示其营业额在过去 3 年中持续增长，近一半（9 家）表明其利润有所增长。相比之下，22 家公司中有 2 家表示其营业额有所缩减，7 家公司表示其利润在过去

3 年持续缩减。这些调查结果支持了这样一种观点，即一些中国企业摆脱了他们在澳大利亚的外来身份带来的负担，他们的动态能力可以有效地改善投资后的业绩。

表 4　中国企业在澳大利亚子公司的绩效

	大幅缩减	缩减	不变	增长	大幅增长
过去三年里企业营业额	0	2	4	14	2
过去三年里企业利润	1	6	6	8	1

受访者 =22

有三分之二（65%）的受访者表示营业额在过去 3 年里有所增长（见图 12），是 2014 年调查结果的两倍（32%）。这反映了中国投资者卓有成效的长期战略。只有 13% 的受访者表示营业额下降。可再生能源行业的业绩增长势头尤其强劲。

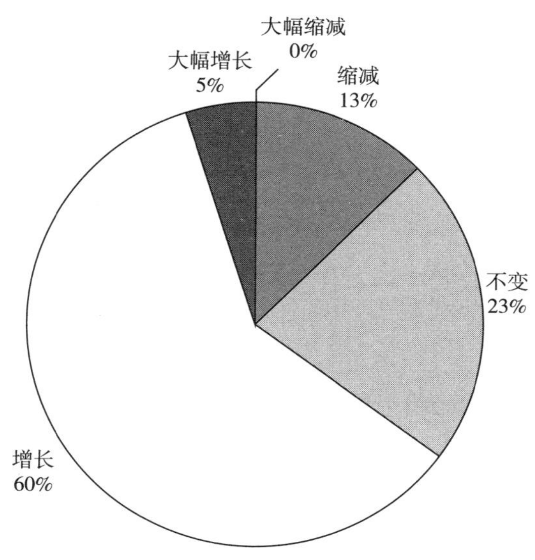

图 12　过去三年里企业营业额

受访者 =40

45%的受访者表示利润有所提升（见图13），这些结果反映了澳大利亚经济的强劲表现以及中国企业应对在澳企业运营挑战的能力增强。

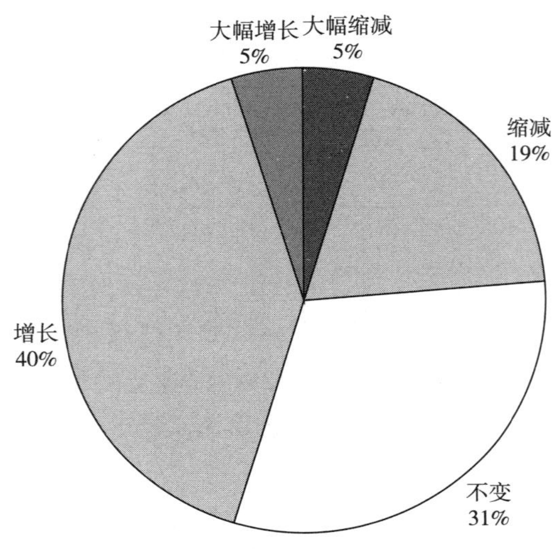

图13　过去三年企业利润

受访者 =42

65%的受访者认为企业营业额在2018年有所增长，5%的人认为企业营业额会缩减（见图14）。

43%的人预计企业利润在2018年有所增长，而只有3%的人预计利润将下降（见图15）。

49%的受访者对明2019年企业在澳大利亚的发展持乐观态度（见图16）。

有趣的是，2018年CHIAS调查结果表明中国投资者将“长期融资能力”和“快速决策力”作为在澳投资和竞争的关键优势（见图17）。这可能与一些澳大利亚供应商和顾问的看法不一致。中国企业的三大优势是长期融资能力、快速决策力和便捷的商业网络。

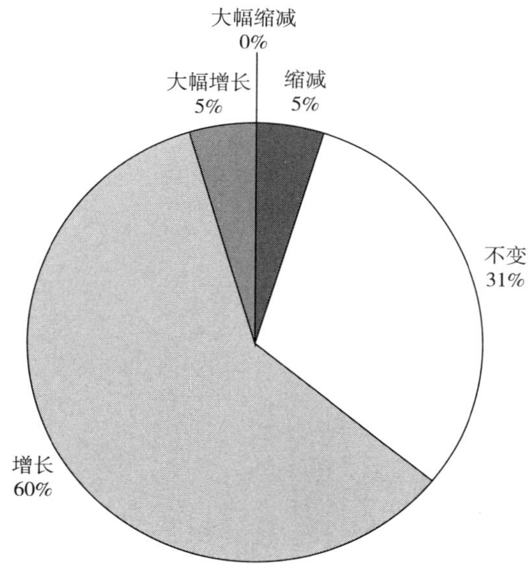

图 14　我预计 2018 年企业营业额将……

受访者 =42

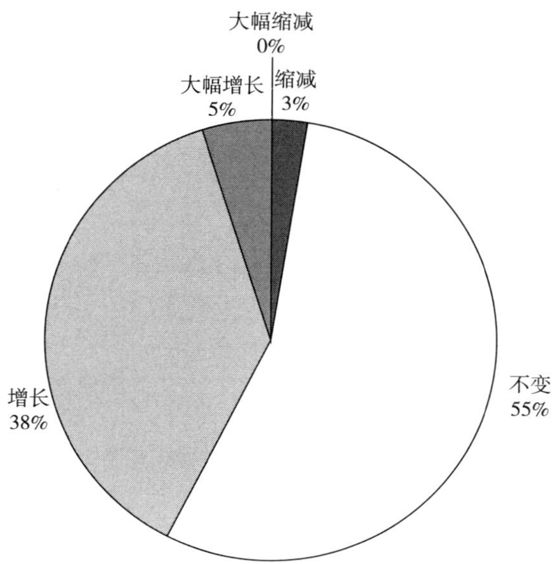

图 15　我预计 2018 年企业利润将……

受访者 =40

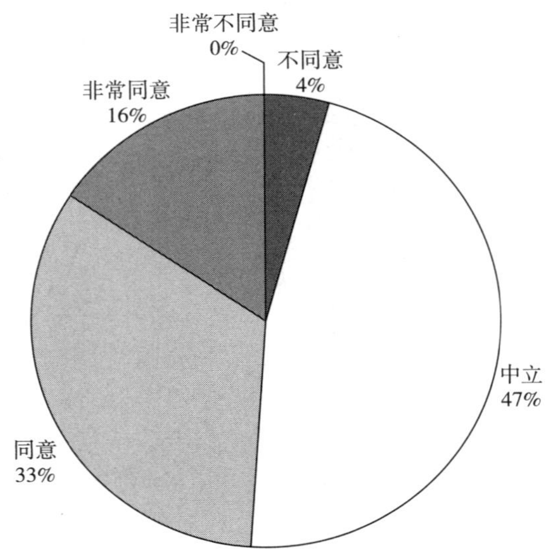

图 16　我对 2019 年企业在澳的发展十分乐观

受访者 =45

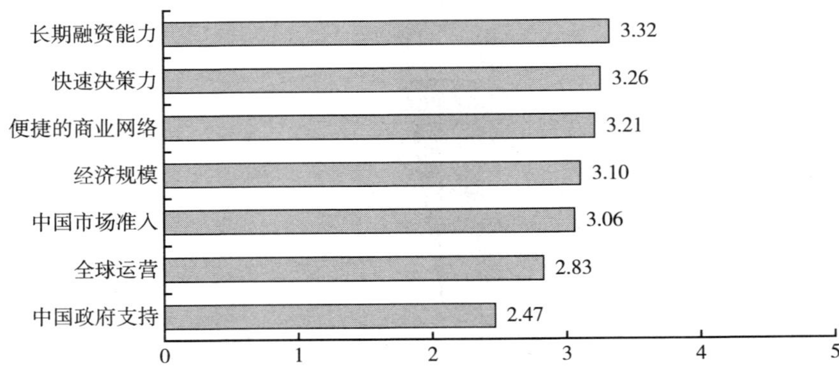

图 17　你们公司在澳大利亚有什么竞争优势?

(1 = 非常不同意，2 = 不同意，3 = 中立，4 = 同意，5 = 非常同意)
受访者 =47

总而言之，我们的分析显示了中国和澳大利亚之间经济关系的明显成熟。投资关系的成熟和常规化最能体现中国投资本地化程度的提高以及对未来盈利增长的预期。特别是私营企业和一些中国投资已融入澳大利亚商业环境的行业，如商业房地产和农业，正在引领本地化趋势。

然而，自 2017 年以来，澳大利亚与中国的外交关系紧张，很多关于地缘政治和安全的考量正在影响中国投资者在澳大利亚的投资。

五　前景：新一轮挑战

CHIAS 调查结果表明，中国投资者意识到本地化以及更好地与当地企业和股东合作的必要性。过去几年他们在本地化方面取得的进展得益于投资转向房地产和医疗保健等新产业，这些产业不像基础设施和通信产业那样具有战略相关性。

达尔文港等基础设施交易以及联邦政府拒绝与澳大利亚电网和华为等通信相关的交易引发的争议，都指出了企业在未来面临的新挑战，尤其是全球对数据安全和信息保护的关注。随着中国技术提供商在技术开发方面处于领先地位并在越来越多的行业中实现数字化，中国投资者将获得更多商业和个人数据。随着数字化和互联互通将商品和服务流转化为信息流，例如通过将农业与机器人、医疗保健服务与信息技术联系起来，将卫生、食品、基础设施、金融、旅游、教育等行业的边界模糊化，他们将面临本地整合的新领域。

中国投资者必须证明他们是良好的国际化企业公民，以避免这种技术和合法化挑战摇身变成政治或安全挑战。

六　结论

中国企业在澳投资越来越多地针对满足中国消费者需求增长以及与中国政府优先举措有关的项目。这一趋势反映了中国投资者的长期关注点，他们越来越意识到收购资产、知识和技术，然后利用他们与中国市场的联系实现盈利性增长的必要性，而不是单单将他们的投资建立在对澳大利亚国内经济增长的预期上。

中澳关系虽然经历了一段时期的紧张局势，但在贸易和投资方面的合作已经十分成熟，而社会和文化方面的关系通过教育、旅游和移民的发展也渐入佳境。

澳大利亚的长期经济利益仍然与中国密切相关，中国是一个在机会或机会成本方面不容低估的市场。除了高端需求，我们相信拥有优质食品和健康产品、领先技术和服务以及先进制造能力的中型澳大利亚公司在贸易和投资上也有着很大的发展潜力。澳大利亚中小企业已经表现出了向这方面发展的意图，但仍需要政府的支持。

外部形象在中国非常重要，澳大利亚政府和企业界必须共同努力，鼓励在适当领域的进一步投资。通过培养澳大利亚企业与中国投资者之间的长期合作关系，澳大利亚将在经济、社会和外交方面不断取得成果。与此同时，中国投资者将不得不通过进一步增强本地合法性来应对全球数据安全和互联互通所带来的挑战。

附　录

B.13
澳大利亚大事记（2017年7月~2018年6月）

刘欣蕊　整理

2017年

7月　澳大利亚绿党副党魁拉里萨·沃特斯（Larissa Waters）和前西澳参议员斯科特·卢德兰（Scott Ludlam）因拥有双重国籍而从参议院辞职，绿党党魁纳塔尔（Richard Di Natale）称二人不需要归还自选举以来所赚得的酬劳。

7月11日~14日　澳大利亚文学研究会年会在墨尔本举行，本次会议的主题是“内省与外瞻：中国和澳大利亚”。作为澳大利亚文学领域最有权威的会议之一，这是该年会近年来第一次以中、澳文学交流为主题，来自中国的澳大利亚文学研究专家和澳大利亚本土学者将就文学教育、澳大利亚华语文学、澳大利亚文学在中国等主题进行交流。

7月17日 在获得联邦内阁及国家安全委员会的批准后，澳大利亚总理特恩布尔和国防部长佩恩（Marise Payne）宣布了澳国家安全法律改革新内容。其中，澳部队将被给予广泛的权力，从而能够在未来的恐怖袭击中在国内部署军力，甚至主导对恐怖分子的打击。

7月18日 总理特恩布尔宣布，澳大利亚安全情报组织、联邦警局及边境保护处等安全机构在维持法令独立性的前提下将被并入新内政部中。除安全情报组织、联邦警局和边境保护处外，新内政部还将包含刑事犯罪委员会、事务报告和分析中心和交通安全办公室。新内政部将主要负责安全政策及战略规划。

8月7日 澳大利亚外交部长朱莉·毕晓普在菲律宾马尼拉出席东亚合作系列外长会议，并在会上表达了澳大利亚在地区挑战上的观点。在此次会议期间，毕晓普也会见了中国外交部长王毅。

8月20日 澳大利亚总理特恩布尔公布了一项针对公共场所的反恐计划。新的反恐措施主要针对人员密集的一些政府大楼、商业场所、体育场馆等公共区域，确保袭击发生时保护民众。澳大利亚将这一计划公布在网站上，供民众浏览。其中提出的具体措施包括在重点场所附近安装隔离桩等。

8月28日 澳大利亚贸易、旅游和投资部长史蒂文·乔博（Steven Ciobo）在北京主持澳大利亚旅游部长会议，该会议是中澳旅游年的一部分。此次旅游部长会议聚集了澳大利亚各州和领地的旅游部长，以合力促进澳大利亚旅游业的发展。

9月15日 澳大利亚投资部长乔博与中国商务部部长钟山共同主持中澳部长级联合经济委员会会议。

9月16日 澳大利亚国库部长莫里森（Scott Morrison）、澳贸易、旅游与投资部长乔博参加中国国家发改委主任何立峰主持第三届战略经济对话，就全球及两国宏观经济形势、经济改革、中澳双向投资的机遇与挑战、中澳合作挖潜等进行了深入交流。

10月5日　为防范“独狼”式恐怖袭击事件，澳大利亚总理特恩布尔宣布，澳大利亚政府将收集全国的驾驶执照持有人的相片，建立面部识别数据库，并通过闭路摄录镜头识别目标人物，以便于警方在公共场合拍摄的监控画面中快速识别恐怖分子。

10月11日　中国国家基因库与澳大利亚中央昆士兰大学10月11日在澳大利亚布里斯班签署《中国－澳大利亚树袋熊气候变化生态基因组学联合科研》战略合作协议。双方将对澳方的这一“国宝”联合展开基因组学研究，为保护树袋熊提供科学指导。

10月16日　澳大利亚在第72届联合国大会全会人权理事会成员选举中，当选为人权理事会成员，任期三年。

10月20日　伴随最后一辆霍顿轿车下线，通用汽车公司将关闭在澳大利亚阿德莱德的汽车生产工厂。自此，澳大利亚汽车制造时代宣告终结。

10月24日　澳大利亚联邦国库部长莫里森委托生产力委员会发布第一份五年报告。这份报告旨在刺激澳大利亚经济，及在未来数十年内为澳大利亚国内生产总值贡献数十亿澳元增长。

10月27日　澳大利亚联邦高等法院27日对7名卷入双重国籍争议的澳联邦议员做出裁决。澳大利亚副总理、国家党党魁乔伊斯（Barnaby Joyce）、国家党参议员菲欧娜·纳什（Fiona Nash）、“单一国家党”参议员马尔科姆·罗伯茨（Malcolm Roberts）、前绿党参议员拉里萨·沃特斯以及斯科特·卢德兰被判议员身份无效。

11月1日　澳大利亚参议院议长帕里（Stephen Parry）11月1日宣布辞职，他之前已经被证实拥有双重国籍。

11月1~4日　在华澳大利亚研究基金会第五届国际研讨会在江苏师范大学召开，来自澳大利亚、中国、日本、越南等国的近二百位学者，围绕本届研讨会主题“跨国互通”发表了自己的观点并讨论。

11月6日　为终结双重国籍风波，特恩布尔宣布提出了终极解决方案，即要求联邦参众两院议员在当选后，必须拿出证据自证身份，证明自己并未拥有除澳大利亚之外的其他国籍。否则，除了将被取消议员资格之外，他们

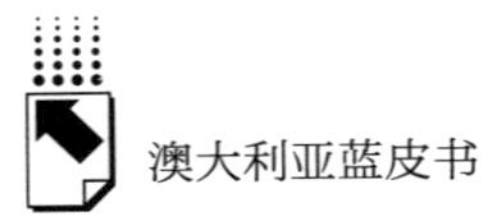

还可能面临5000元罚款或最高6个月监禁。

11月9日 第六次中澳卫生与植物检疫高层对话在澳大利亚悉尼举行，本次会议就多个领域的农产品和食品市场准入达成了新的或改善性的市场准入条件协议，预计将使总价值达132亿澳元的中澳双边农业贸易特别是这些行业进一步增长。澳大利亚农业和水资源部助理部长卢克·哈苏伊克（Luke Hartsuyker）就有关协议发表声明。

11月14日 在东盟地区论坛期间，澳大利亚总理特恩布尔与中国国务院总理李克强在菲律宾马尼拉会面。在会面中，李克强总理表示中澳都将对方的发展视为重要机遇。特恩布尔总理表示，澳大利亚愿同中方加强经贸、电子商务、执法安全等领域合作，推动两国关系发展得越来越好。

11月15日 澳大利亚统计局15日宣布，超过六成参与邮寄公投的选民对修改婚姻法投了赞成票。这意味着澳大利亚朝同性婚姻合法化迈出了重要一步。澳大利亚统计局发布的数据显示，此次参加邮寄公投的选民人数超过1272万，投票率达79.5%，赞成修改婚姻法、允许同性婚姻合法化的票数占61.6%，反对票占38.4%。在澳大利亚所有州和地区中，赞成票比例都超过反对票。

11月21日 中澳“一带一路”经贸文化论坛在南澳阿德莱德开幕。论坛旨在为双方交流互动搭建平台，把澳大利亚特别是南澳大利亚州的优质产品和服务推向中国及海外市场，把中国最新发展成果和趋势引入本地，同时探索双方合作共赢的新机遇。

11月21日 澳大利亚农业日设立。农业是澳大利亚最重要的产业，澳大利亚农业和水资源助理部长安妮·拉斯顿（Anne Ruston）表示，澳大利亚农业日的设立让澳大利亚人有机会去认可和感谢几代的农业家庭。

11月23日 澳大利亚时隔14年再次发布外交政策白皮书。主要列出的五大目标是：促进开放、包容及繁荣的印度洋－太平洋地区，尊重区域内所有国家及地区的权益；反对保护主义、推动商业发展；在面对恐怖主义等威胁时，确保澳大利亚人的安全及自由；推行及保护国际规则；增加对更加稳定和繁荣的太平洋的支持。

11 月 24 日　中国驻澳大利亚使馆与澳外交部、贸易部和维多利亚州政府合办的中澳建交 45 周年纪念晚宴暨中澳高级别对话第四次会议在墨尔本举行。

11 月 28 日　澳大利亚国防部长佩恩与国防工业部长克里斯托弗·派恩（Christopher Pyne）联合宣布，澳大利亚政府批准了“陆地 200”第二阶段计划，该计划价值 14 亿澳元（1 澳元约合 5 元人民币），旨在加强澳大利亚国防军的指挥、控制和通信系统，尽快将澳大利亚国防军建设为数字化部队，提高澳大利亚国防军作战能力。

12 月 7 日　凭借绝对多数的赞成票，澳大利亚联邦议会通过了一项使同性婚姻合法化的法案。由此，同性婚姻将正式写进澳大利亚法律。在 2017 年 11 月 29 日，这一法案已在澳联邦参议院获得通过。

12 月 19 日　澳大利亚总理马尔科姆·特恩布尔宣布改组内阁。

12 月 19 日　中国驻澳大利亚各使领馆网站上发布了一条同样的消息，称近期澳大利亚不同地方发生数起侮辱、殴打中国留学人员的事件，提醒所有赴澳中国留学人员注意防范在澳期间可能面临的安全风险。

12 月 21 日　中澳建交四十五周年纪念日，两国于 1972 年 12 月 21 日正式建立外交关系。

2018年

1 月 18 日　澳大利亚总理特恩布尔出访日本，双方将就签署军事互访协议展开高层对话，方便两国军事人员、设备长期往来、部署。

1 月 29 日　澳大利亚总理特恩布尔宣布了一项价值 38 亿澳元的全新国防出口战略，旨在使澳大利亚 10 年内达到与英国、法国、德国等世界主要军事出口国不相上下的水平。

2 月 1 日　澳大利亚国库部长莫里森表示，澳大利亚将收紧外国投资者收购该国电力基础设施和农业用地的规定，政府将针对关键能源基础设施和优质农田领域的外国投资加大审查力度，赋予该国交易审查机构基于国家安

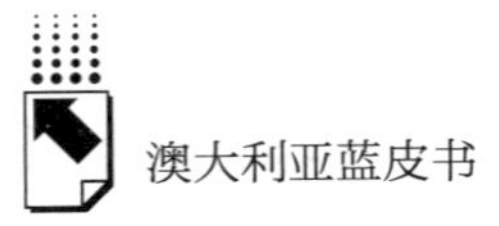

全考量评估交易的新权限。

2月23日 澳大利亚总理特恩布尔访问美国，与美国总统特朗普在白宫会晤，双方就反恐、贸易、军事等议题进行商讨。在会晤后的新闻发布会上，特恩布尔肯定了中国发展的积极作用。

3月15~24日 第11届澳大利亚文学周在华举办，2014年布克奖得主理查德·弗兰纳根（Richard Flanagan）、原住民作家亚历克西斯·赖特（Alexis Wright）、“澳大利亚最具争议的作家之一”夏洛特·伍德（Charlotte Wood）、关注厌食症的诗人菲奥娜·赖特（Fiona Wright）4位澳大利亚作家在中国多地与读者面对面交流，并与中国作家围绕不同的文学话题展开谈话。

3月16日 21届悉尼双年展正式开幕，主题是“叠加：平衡与参与”。本届双年展约有来自35个国家70位艺术家和艺术家集体参与。

3月16~18日 首届澳大利亚-东盟特别峰会在悉尼举行，峰会主要聚焦安全和经济领域的合作。与会各方联合发布了《悉尼声明》。声明说，此次特别峰会标志着东盟和澳大利亚走进关系日益紧密的新时代。

4月11日 《澳大利亚蓝皮书：澳大利亚发展报告（2016~2017）》在悉尼举行发布会。

4月4~18日 第二十一届英联邦运动会在澳大利亚昆士兰的黄金海岸举行。

4月18日 澳大利亚反倾销委员会发布公告，正式对原产于中国的铁道轮毂发起反倾销反补贴调查，同时对原产于法国的该产品发起反倾销调查。

5月 全球高等教育分析机构QS发布了最新的全球最佳求学城市排名，澳大利亚城市悉尼和墨尔本跻身前10名，分别名列第三和第九，排名与上一年相比均有所提升。

5月 澳大利亚5名新当选的国会议员因双重国籍而离职。自2017年以来，澳大利亚已有10名国会议员和参议员因涉及“双国籍”而辞职。

5月7日 澳大利亚八校联盟（Go8）大学的校长来到北京，参加北京大学120周年校庆及世界大学校长论坛。

5月17日 澳大利亚贸易部长史蒂文·乔博在上海参加了中澳商会－西太平洋银行中澳杰出企业奖颁奖仪式并发表了主题演讲，庆祝中澳日益密切和不断增长的经济关系。

5月21日 在布宜诺斯艾利斯出席二十国集团外长会期间，澳大利亚外长毕晓普会见国务委员兼外交部长王毅。

6月 泰晤士高等教育近日发布了2018年全球年轻大学排行榜。共有16所澳大利亚大学进入榜单，其中七所大学较去年的位置有了提升。堪培拉大学进步最大，从去年的第91名跃升至今年的第58名，科廷大学也较去年的排名前进了16位。詹姆斯库克大学上升10位，进入全球前30名。西悉尼大学、南澳大学、南十字星大学、昆士兰科技大学在该榜单上的位置也都在稳步上升。

6月6日 第65届悉尼电影节6日在澳大利亚悉尼开幕，来自66个国家和地区的334部优秀影片参加展映。

6月19日 澳大利亚中国总商会阿德莱德分会成立仪式在南澳州首府阿德莱德举行。这是继悉尼、墨尔本、珀斯和布里斯班后，澳大利亚中国总商会在澳设立的第五家分会。

6月15日 澳大利亚乳业局（Dairy Australia）、澳大利亚肉类及畜牧业协会（Meat & Livestock Australia）、澳大利亚园艺创新管理局（Horticulture Innovation Australia）与澳大利亚葡萄酒管理局（Wine Australia）在上海联合开展了澳大利亚高级食品与葡萄酒协作项目，以便巩固澳大利亚“中国高端消费者食品供应国”的地位。

6月21日 澳大利亚议会批准了规模达1440亿澳元（合1060亿美元）的减税计划。据报道，这项法案是澳大利亚议会通过的最大规模的个人所得税减税方案。议员们以37票赞成、33票反对的表决结果通过了这项减税方案。这一调整将使得澳大利亚目前的税收体系扁平化和精简化，覆盖大约94%的就业者。到2025年中期，大多数就业者的所得税税率将从目前的37%下调至32.5%。

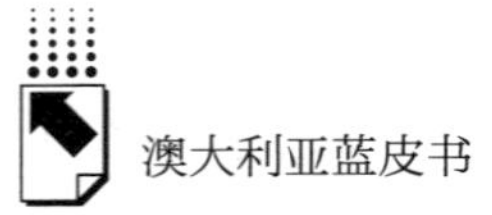

6月22~23日 北京外国语大学和内蒙古师范大学合办的第十六届中国澳大利亚研究国际学术研讨会在北京召开。本次研讨会的主题是“澳大利亚与变化中的世界”。

6月27日 澳大利亚－中国青年商会与澳大利亚国会澳中友好委员会在澳大利亚国会大厦（堪培拉）举行2018金合欢奖——澳大利亚十大杰出华人青年评选新闻发布会。金合欢奖是一个全澳范围内、非营利、非政治性的奖项。从2018年开始，金合欢奖每两年举办一次。

6月28日 澳大利亚参议院正式通过包括“间谍和外国干涉”以及“外国影响透明度计划”的反外国干涉相关法案。法案旨在防止外国势力获取有关澳军事、经济和能源系统的机密信息，同时防止外国势力干预澳地方选举和政治决策。

Abstract

Year 2017 – 2018 saw Australia in constant political turmoil, with fierce fight going on between and within parties. Turnbull's coalition government was confronted with decreasing popularity and repeated challenges, which eventually led to a change of government. Australia's economy still projected an upward trend and its economic relations with China maintained momentum. For regional relations and relations with major powers, Australia adopted a balanced and prudent approach, with small adjustments. Domestic politics and economy will be the focus of attention next year.

Domestic political fight in Australia was fierce and turbulent. The Liberal-National Coalition led by Malcolm Turnbull found itself constantly having to work on its extremely narrow advantage against the Opposition. The Labor Party won overwhelmingly in this year's parliamentary by-elections and even moved a motion of no confidence against the sitting government. Opinion polls indicated the popularity of Turnbull's coalition government continued to decline, which is now lower than that of the opposition Labor Party. In addition, division within the ruling party has become increasingly prominent, best reflected in the obstacles faced by Turnbull in formulating energy policies. As a result, Turnbull's leadership was repeatedly challenged, until Scott Morrison became the leader of the Liberal Party as well as the 30th Prime Minister of Australia on 24th August 2018, after another leadership spill. With the previous Turnbull government having failed to deliver what it promised, the new Morrison government will not only have to deal with division within the party but also challenges from the Labor Party in next year's Federal election. Australia's party politics has been and will continue to be affected by the upcoming election.

Australia's economy remained stable during this year, projecting growth and optimism. Despite a slight decline in 2017, 2018 saw a higher economic growth rate than expected. Employment and income improved, with a reduced unemployment rate and increased wages. Foreign trade has showed a strong momentum and foreign direct investment rebounded sharply. However, as inflow of foreign capital remained insufficient against domestic demand, the country still recorded a net capital outflow. Australia maintained a balance of fiscal revenue and expenditures, with a relatively low risk of debt. The Australian dollar fell sharply against the US dollar and may see further depreciation. The stock market performed well and hit a new high during the year examined. China-Australia trade relations maintained momentum, with China still being Australia's largest trading partner, export market and source of imports. For 2019, Australia's economy will continue to grow but may be at a slower rate.

Australia kept itself within the diplomatic framework based on Western values and strived to maintain a balance within the region and with major powers. It established an agency for its Indo-Pacific Strategy under DFAT. Australia also valued and enhanced its relations with ASEAN countries so as to raise its influence in Indo-Pacific. For South Pacific island countries, Australia adopted a new approach of involvement to strengthen cooperation and exchange, in order to promote its standing in South Pacific. Though the US suffered from declining influence in Asia-Pacific, Australia continued to follow the US closely and safeguard its alliance with the US, casting China-Australia relations in the shadow. Australia's relations with China saw new frictions and turbulence in 2017 – 2018. With reemergence of the "China threat" claims in Australia, leading to accusations of Chinese "interference" in Australia's economy and politics, as well as questioning over Chinese "expanding" influence in Australia, bilateral relations witnessed a downward turn. Nevertheless, late in his term, the Turnbull government made adjustments, after pressure mounted over maintaining a good relationship with Australia's most important economic partner. This has been followed by the ensuing Morrison government, who has also sought to improve China-Australia relations.

For the following year, as Australia will be preoccupied with the federal election, its foreign policies are expected to remain stable and prudent, thus tension between China and Australia will be eased. The two countries should focus on long-term interests for bilateral relations and regional cooperation and avoid the zero-sum mentality, towards a mutually beneficial and win-win relationship.

Keywords: Australia; Turnbull Government; Morrison Government; China-Australia Relations

Contents

Abstract: During 2017 − 2018, Australia has suffered from the internal political tension, especially inside the ruling party, the Liberal Party of Australia. The Liberal Party top leader was changed, and so was the Prime Minister for the government. More seriously, several factions were competing for the power within the Liberal Party, leading to the party split. Eventually, the ruling party lost the following by-election and only kept 75 seats from 150 seats in the Parliament. The Government is in a difficult and instable status. Fortunately, Australian economy has been in a good health for its development in 2018 and it can be in the same shape in 2019. Since the new foreign White Paper coming out at the end of 2017, Australia has pushed forward its new foreign policy, the Indo-Pacific promotion and balance among the big powers and the regions in particular.

Keywords: Australia; Scott Morrison; Liberal Party of Australia; By-election

B. 2 Australia's Domestic Politics 2017 –2018 *Chris Aulich* / 014

Abstract: Fundamental differences between the conservative and liberals in the Liberal-National Coalition government were exposed during the period, culminating in the removal of Prime Minister Malcolm Turnbull giving Australia its sixth Prime Minister since 2007. The removal of Turnbull underlined the ongoing internal problem that the LNP Coalition has faced for more than a decade in developing an agreed energy policy.

While international relations were relatively uncontested between the major parties, domestic politics continued to be volatile. Battle lines were drawn between the parties in relation to energy and tax policies (and economic policy more broadly). These battles have been played out in the Senate, in particular, where the government does not have a majority and must seek support from minor parties and independents to secure their policies. Neither the tax policy nor the energy policy was passed by Parliament during the period.

A very specific High Court interpretation of Section 44 of the Constitution forced the resignation of 14 members of parliament, of whom nine were Senators. The new alignments and affiliations in the Senate added further difficulty to the government's efforts to set new policies especially in relation to both personal and company taxation.

After a tortuous and often unpleasant and polarising campaign, in December 2017 the Australian people voted overwhelmingly to accept same-sex marriage. This decision was celebrated by all the major parties bringing a rare bipartisan decision to fruition.

Keywords: Australian Politics; Energy Policy; Taxation Policy; Marriage Equality; Constitution (S. 44)

Abstract: Since 2017, the Australian economic growth has fluctuated, but its good trend has not changed. The situation of low prices has been further alleviated, and employment and income have generally improved. The growth momentum of foreign trade has been significantly enhanced, and international direct investment has rebounded. The fiscal revenue and expenditure has tended to be balanced, and the rapid rise in public debt has been suppressed. The Australian dollar exchange rate has fallen sharply, the stock market has performed well, and the yield of government bonds has fluctuated at a high level. Looking forward to the future of the Australian economic growth, the development trend of global protectionism, the rising strength and rhythm of US interest rate, the development of China-Australia economic and trade relations, and sudden natural disasters are worthy of attention. In 2019, the Australian economic growth rate will decline to 3%.

Keywords: Economic Growth; Exchange Rrate Depreciation; China-Australia Relationship

Abstract: Australian diplomacy has stressed stability because of the domestic politics and the Government weak position during 2017 - 2018. Australia is maintaining the balanced the power relations on one hand, and promoting the new diplomatic policies and arrangement on the other. The priorities among them can be seen as the Sino-Australia relations up and downs, and the Indo-Pacific building up. Apart from the traditional power relations, Australia paid more attention to the regions of Southeast Asia and South Pacific.

Keywords: Australia Diplomacy; The Indo-Pacific; Power Relations; Sino-Australia Relations

B. 5 Australia-China Relations: The Underlying Drivers of the China Narrative in Australia, and Where to Now?

Elena Collinson / 066

Abstract: The mercury has risen in the debate in Australia on how the country ought to engage with China. Disagreement on the matter-across, and within, government, academia and business-is nothing new in and of itself, but the tone and character of the discussion has taken on a rather different form in recent times. This paper will examine the underlying drivers of the China narrative in Australia and the current state of the relationship, and. What factors have contributed to the present narrative? Most obvious, and most fundamental, is the fact that Australian foreign policy is, and historically has been, aligned to the West, and that "great and powerful" Western friends have occupied a position of primacy. Any potential challenge to this status quo-here, the rise of China and developments in the country, and a reordering of US priorities under the Trump administration and potential carry-over of this beyond the Trump presidency-is naturally going to be met with resistance and generate debate. This paper will also consider the role of an increasing focus on values in the formulation of foreign policy and how these may have contributed to the tenor of the debate today.

Keywords: Australian; Foreign Policy; China Narrative; China-Australia Relations

B. 6 How Australians View the Relationship between Major Countries and the Global Situation: An Analysis of the 2018 Lowy Poll

Cai Yuan / 085

Abstract: The Lowy Institute is an independent Australian think tank with a global outlook. Its annual Lowy Poll which started from 2005 has been one of the most important indications of the Australian public opinion. According to the 2018 Lowy Poll, among all major countries in the world, Australia still trusts its traditional Western allies most, but it also maintains dual attitude towards the United States. On the one hand, many Australians have less trust in the US due to their dissatisfaction with President Trump. On the other hand, most Australians firmly support the Australia-US Alliance. This dual attitude also applies to China. Australia recognizes China's economic status and attaches huge importance to China being one of its vital trading partners, but some Australians worry about whether China's increasing foreign investment and growing military power would damage Australia's national interests. Moreover, how to balance the relationship with China and the US also adds uneasiness to Australians. Besides these topics, international terrorism, and Australian immigration policies are all widely concerned problems of Australians.

Keywords: Australia-US Relations; China-Australia Relations; International Security; Poll

B. 7 Australian Trade Policy Changes and Its Impact

Huang Meibo, *Li Zezheng* / 100

Abstract: Since Turnbull became Prime Minister of Australia in 2015, the government has introduced a series of trade policies aimed at promoting export-driven employment, including domestic export promotion policies and internationally signing bilateral or multilateral trade agreements with all parties.

Under the three-year efforts of the Turnbull government, Australia has achieved its first trade surplus in recent years. The free trade policy has brought tangible economic benefits to Australia, but the Australian economy still faces long-term structural problems and short-term uncertainties that have a more or less impact on both Australia and China. In August 2018, when Australia's new Prime Minister Morrison came to power, it is still unclear whether he can inject new vitality into Australia's economy and trade in today's complex international trade situation.

Keywords: Australia; International Trade; China-Australia Relations

Abstract: The year 2017 saw a very unfortunate decline in China-Australia relations. The Australian government re-raised the spectre of the "China threat".

From June 2017 some media reports highlighted excessive Chinese economic and political influence. Some accused Chinese officials of using the Chinese students to try and undermine Australian academic values of free enquiry.

Turnbull's August 2018 speech focused on China. It raised many positive evaluations of the role of Chinese people in Australia, and decisively sided with China on the issue of protectionism at precisely the time Trump was inaugurating a trade war with China. It seemed to be an attempt to "reset" Australia-China relations.

Economic relations remained very positive. China continued to be by far Australia's largest trading partner. It is also the largest source of international students and of tourists in Australia. Cultural and educational relations also remained strong and positive.

This chapter argues that Australia should act more independently and less subject to the United States in its foreign policy. The paper suggests that, for Australia, China is of extreme importance, not only economically but also strategically and in other ways.

Keywords: China-Australia Relations; Politico-Strategic Issues; Economic Issues; Educational/Cultural Issues

Abstract: As a top destination for Chinese investment overseas, Australia has been an important country to engage for the purpose of Belt and Road Initiative. China's capital inflow into this sector topped A $ 4. 34 billion in 2016, accounting for 28% of Chinese investment in Australia that year. However, as predicted in last year's report, "uncertainties emerged for Australia to remain an attractive FDI destination" given ongoing shifts in domestic politics. In fact, for year 2017 – 2018 Australia garnered enough support at home to push forward major legislative and administrative responses to tighten up control on foreign investment in infrastructure, especially those identified as critical infrastructure. As a result, Chinese investment in this area saw an 89% plunge in 2017 and hasn't recovered yet this year. This report analyses Australia's legislative, administrative and institutional changes since 2016, but mostly concentrating in 2017 – 2018, to better monitor and guard against national security risks in infrastructure FDI and explores Australia's efficiency in this wave of policy response, as the first country to effect such changes, ahead of countries including the US, Germany and Britain. Against the background of Victoria's newly signed BRI MOU with China, the report also examines prospect of future partnerships under the BRI framework, most notably areas, forms and structures that will be acceptable to both.

Keywords: Australia; Infrastructure; Investment Policy; Belt and Road Initiative

Abstract: In 2017, the positive impact of the China-Australia Free Trade Agreement on Sino-Australian economic and trade relations continued to emerge, the import and export potential of various industrial categories continued to be released, unprecedented bilateral trade growth has been witnessed. In terms of trade in goods, China and Australia have achieved rapid growth in clean energy and agricultural products while maintaining a stable growth on traditional energy sector. In terms of trade in services, education continued to be a key industry for Australia's exports to China. Due to influence of China-Australia Tourism Year, the number of mutual visits and tourism consumption both reached record highs. At present, China is Australia's largest goods trading partner, the largest source of imports and the largest export destination, Australia is the second largest destination for Chinese overseas investment. The tariff reduction brought by the China-Australia Free Trade Agreement will continue to stimulate bilateral trade between China and Australia in the next few years. The consensus on free trade between China and Australia government has laid a clear foundation for deepening future cooperation and trade. At the same time, the Australian economy's reliance on China has been further strengthened. China-Australia bilateral trade is increasingly affected by China's development strategy and industrial policies. The uncertainty of Australia's domestic politics and the spread of international trade protectionism also pose risks on bilateral trade.

Keywords: China-Australia Trade; Energy Transition; LNG; Agricultural Products; Trade in Service

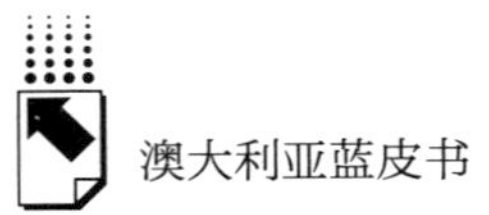

B. 11　The Chinese Agricultural Investment in Australia under the ChAFTA: The Past, Present, and Future

Chen Ying / 171

Abstract: It has been nearly three years since the implementation of the China-Australia Free Trade Agreement. The Chinese investment in Australia has become more diverse. In addition to the traditional investments in real estate, mines, and natural resources, Chinese investors have shown significant interest in agriculture. At present, the collaboration in the agricultural sector has been quite successful. In the meantime, agricultural investment also faces a range of challenges. Commercial diplomacy and political risks are some of the major concerns. Moreover, the potential negative impact of larger-scale agricultural investments on the environment and food security also worries the local communities. Nevertheless, both the Chinese government and the Australian government have demonstrated a strong will to collaborate. They are capable of overcoming any difficulties and challenges that they may come across in the future. This article predicts a promising future for the Chinese agricultural investment in Australia.

Keywords: The ChAFTA; Chinese Agricultural Investment in Australia; Regulatory Reform; Agricultural Sustainable Development

B. 12　Chinese Investors in Australia Survey 2018

Li Wei; *Hans Hendrischke* / 195

Abstract: This paper presents findings from a unique Chinese Investors in Australia Survey (CHIAS) conducted in 2018 by the University of Sydney Business School with the support of KPMG Australia. The survey results show that confidence in the Australian market as a safe investment destination has declined between 2014 and 2018. In particular, China companies in Australia are more cautious about the negative impacts of political uncertainty and geo-political tensions than before. Meanwhile, our survey also finds Chinese investors have gained maturity in their investment approach in Australia. Compare and contrast with findings from previous surveys, our analysis finds a gradual shift in motivations, challenges and performance of Chinese investors since the end of the mining investment boom in 2013 towards greater professionalisation and localisation. In conclusion, we anticipate further challenges to Chinese investment towards deeper localisation and strengthened legitimisation in the current global environment.

Keywords: Australia; Chinese Investors; Foreign Investment; China-Austalia Relations

✤ 皮书起源 ✤

“皮书”起源于十七、十八世纪的英国，主要指官方或社会组织正式发表的重要文件或报告，多以“白皮书”命名。在中国，“皮书”这一概念被社会广泛接受，并被成功运作、发展成为一种全新的出版形态，则源于中国社会科学院社会科学文献出版社。

✤ 皮书定义 ✤

皮书是对中国与世界发展状况和热点问题进行年度监测，以专业的角度、专家的视野和实证研究方法，针对某一领域或区域现状与发展态势展开分析和预测，具备原创性、实证性、专业性、连续性、前沿性、时效性等特点的公开出版物，由一系列权威研究报告组成。

✤ 皮书作者 ✤

皮书系列的作者以中国社会科学院、著名高校、地方社会科学院的研究人员为主，多为国内一流研究机构的权威专家学者，他们的看法和观点代表了学界对中国与世界的现实和未来最高水平的解读与分析。

✤ 皮书荣誉 ✤

皮书系列已成为社会科学文献出版社的著名图书品牌和中国社会科学院的知名学术品牌。2016 年，皮书系列正式列入“十三五”国家重点出版规划项目；2013~2018 年，重点皮书列入中国社会科学院承担的国家哲学社会科学创新工程项目；2018 年，59 种院外皮书使用“中国社会科学院创新工程学术出版项目”标识。

中国皮书网

（网址：www.pishu.cn）

发布皮书研创资讯，传播皮书精彩内容
引领皮书出版潮流，打造皮书服务平台

栏目设置

关于皮书：何谓皮书、皮书分类、皮书大事记、皮书荣誉、
皮书出版第一人、皮书编辑部

最新资讯：通知公告、新闻动态、媒体聚焦、网站专题、视频直播、下载专区

皮书研创：皮书规范、皮书选题、皮书出版、皮书研究、研创团队

皮书评奖评价：指标体系、皮书评价、皮书评奖

互动专区：皮书说、社科数托邦、皮书微博、留言板

所获荣誉

2008 年、2011 年，中国皮书网均在全国新闻出版业网站荣誉评选中获得“最具商业价值网站”称号；

2012 年，获得“出版业网站百强”称号。

网库合一

2014 年，中国皮书网与皮书数据库端口合一，实现资源共享。

中国社会发展数据库（下设 12 个子库）

全面整合国内外中国社会发展研究成果，汇聚独家统计数据、深度分析报告，涉及社会、人口、政治、教育、法律等 12 个领域，为了解中国社会发展动态、跟踪社会核心热点、分析社会发展趋势提供一站式资源搜索和数据分析与挖掘服务。

中国经济发展数据库（下设 12 个子库）

基于“皮书系列”中涉及中国经济发展的研究资料构建，内容涵盖宏观经济、农业经济、工业经济、产业经济等 12 个重点经济领域，为实时掌控经济运行态势、把握经济发展规律、洞察经济形势、进行经济决策提供参考和依据。

中国行业发展数据库（下设 17 个子库）

以中国国民经济行业分类为依据，覆盖金融业、旅游、医疗卫生、交通运输、能源矿产等 100 多个行业，跟踪分析国民经济相关行业市场运行状况和政策导向，汇集行业发展前沿资讯，为投资、从业及各种经济决策提供理论基础和实践指导。

中国区域发展数据库（下设 6 个子库）

对中国特定区域内的经济、社会、文化等领域现状与发展情况进行深度分析和预测，研究层级至县及县以下行政区，涉及地区、区域经济体、城市、农村等不同维度。为地方经济社会宏观态势研究、发展经验研究、案例分析提供数据服务。

中国文化传媒数据库（下设 18 个子库）

汇聚文化传媒领域专家观点、热点资讯，梳理国内外中国文化发展相关学术研究成果、一手统计数据，涵盖文化产业、新闻传播、电影娱乐、文学艺术、群众文化等 18 个重点研究领域。为文化传媒研究提供相关数据、研究报告和综合分析服务。

世界经济与国际关系数据库（下设 6 个子库）

立足“皮书系列”世界经济、国际关系相关学术资源，整合世界经济、国际政治、世界文化与科技、全球性问题、国际组织与国际法、区域研究 6 大领域研究成果，为世界经济与国际关系研究提供全方位数据分析，为决策和形势研判提供参考。